法華經講義

——第十六輯

——平實導師　述

ISBN 978-986-94970-9-1

執著離念靈知心爲實相心而不肯捨棄者，即是畏懼解脫境界者，即是畏懼無我境界者，即是凡夫之人。謂離念靈知心正是意識心故，若離**俱有依**（意根、法塵、五色根），即不能現起故；若離**因緣**（如來藏所執持之覺知心種子），即不能現起故；復於眠熟位、滅盡定位、無想定位（含無想天中）、正死位、悶絕位等五位中，必定斷滅故。夜夜眠熟斷滅已，必須依於**因緣**、**俱有依**緣等法，方能再於次晨重新現起故；夜夜斷滅後，已無離念靈知心存在，成爲無法，無法則不能再自己現起故；由是故言**離念靈知心是緣起法**、**是生滅法**。不能現觀離念靈知心是緣起法者，即是未斷我見之凡夫；不願斷除**離念靈知心常住不壞之見解**者，即是恐懼解脫無我境界者，當知即是凡夫。

——**平實導師**——

一切誤計**意識心為常**者，皆是佛門中之常見外道，皆是凡夫之屬。意識心境界，依層次高低，可略分爲十：一、處於欲界中，常與五欲相觸之離念靈知；二、未到初禪地之未到地定中，暗無覺知而不與欲界五塵相觸之離念靈知，常處於不明白一切境界之暗昧狀態中之離念靈知；三、住於初禪等至定境中，不與香塵、味塵相觸之離念靈知；四、住於二禪等至定境中，不與五塵相觸之離念靈知；五、住於三禪等至定境中，不與五塵相觸之離念靈知；六、住於四禪等至定境中，不與五塵相觸之離念靈知；七、住於空無邊處等至定境中，不與五塵相觸之離念靈知；八、住於識無邊處等至定境中，不與五塵相觸之離念靈知；九、住於無所有處等至定境中，不與五塵相觸之離念靈知；十、住於非想非非想處等至定境中，不與五塵相觸之離念靈知。如是十種境界相中之覺知心，皆是意識心，計此爲常者，皆屬常見外道所知所見，名爲佛門中之常見外道，不因出家、在家而有不同。

——**平實導師**——

如《解深密經》、《楞伽經》等聖教所言，成佛之道以親證阿賴耶識心體（如來藏）爲因，《華嚴經》亦說**證得阿賴耶識者獲得本覺智**，則可證實：證得阿賴耶識者方是大乘宗門之開悟者，方是大乘佛菩提之眞見道者。經中、論中又說：證得阿賴耶識而轉依**識上所顯真實性**、**如如性**，能安忍而不退失者即是**證真如**、即是大乘賢聖，在二乘法解脱道中至少爲初果聖人。由此聖教，當知親證阿賴耶識而確認不疑時即是開悟眞見道也；除此以外，別無大乘宗門之眞見道。若別以他法作爲大乘見道者，或堅執**離念靈知**亦是實相心者（堅持意識覺知心離念時亦可作爲明心見道者），則成爲實相般若之見道内涵有多種，則成爲實相有多種，則違實相絕待之聖教也！故知宗門之悟唯有一種：親證第八識如來藏而轉依如來藏所顯眞如性，除此別無悟處。此理正眞，放諸往世、後世亦皆準，無人能否定之，則堅持離念靈知意識心是眞心者，其言誠屬妄語也。

——**平實導師**——

目次

第九輯：

第十輯：

第十一輯：

第十二輯：

第二十二輯：

第二十三輯：

第二十四輯：

第二十五輯：

自序

大乘佛法勝妙極勝妙，深奧極深奧，廣大極廣大，富麗極富麗，謂此唯一佛乘妙法，意識思惟研究之所不解，非意識境界故，佛說為不可思議之大乘解脫境界，名為大乘菩提一切種智，函蓋大圓鏡智、成所作智、妙觀察智、平等性智；然而此等極勝妙乃至極富麗之佛果境界，要從因地之大乘眞見道始證，次第進修方得。然大乘見道依序有三個層次：眞見道、相見道、通達位。眞見道者位在第七住；相見道位始從第七住位之住心開始，終於第十迴向位滿心；通達位則是圓滿相見道位智慧與福德後，進修大乘慧解脫果，再依十無盡願的增上意樂而圓滿，名為初地入地心菩薩。眾生對佛、法、僧等三寶修習信心，十信位滿心後進入初住位中，始修菩薩六度萬行，皆屬外門六度之行；逮至開悟明心證眞如時，方入眞見道位中；次第進修相見道位諸法以後，直到通達而得入地時，歷時一大阿僧祇劫，故說大乘見道之難，難可思議。

大乘眞見道之實證，即是證得第八識如來藏，能現觀其眞實而如如之自性，名爲證眞如；此際始生根本無分別智，同時證得本來自性清淨涅槃。乃至證悟般若不退而繼續進修之第七住位始住菩薩，轉入相見道位中，歷經第一大阿僧祇劫中三十分之二十有四的長劫修行，同時觀行三界萬法悉由此如來藏之妙眞如性所生所顯，證實《華嚴經》所說「三界唯心、萬法唯識」正理；如是進修眞如後得無分別智，終能具足現觀非安立諦三品心而至十迴向位滿心，方始具足眞如後得無分別智，相見道位功德至此圓滿，然猶未入地。

此時思求入地而欲進階於大乘見道之通達位中，仍必須進修大乘四聖諦，現觀四諦十六品心及九品心後，要有本已修得之初禪或二禪定力作支持，方得相應於慧解脫果；或於此安立諦具足觀行之後發起初禪爲驗，證實已經成就慧解脫果；此時已能取證有餘、無餘涅槃，方得與初地心相應，而猶未名初地。而後再依十大願起惑潤生，發起繼續受生於人間自度度他之無盡願，不畏後世長劫生死眾苦，於此十大無盡願生起增上意樂而得入地，方得名爲大乘見道之通達位，眞入初地之入地心中，完成大乘見道位所應有之一切修證。此時已通達大乘見道位應證之眞如全部內涵，圓滿大乘見道通達位應有之無生法忍智慧，及慧解脫果與增上意樂，方證通達位之無生法忍果，方得名爲始入初地心之菩薩。

然而觀乎如是大乘見道之初證眞如，發起眞如根本無分別智，得入第七住位，成爲眞見道菩薩摩訶薩；隨後轉入相見道位中繼續現觀眞如，實證非安立諦三品心而歷經十住、十行、十迴向位之長劫修行，具足眞如後得無分別智，生起初地無生法忍之初分，配合解脫果、廣大福德、增上意樂，名爲通達見道位眞如而得入地。如是諸多位階所證眞如，莫非第八識如來藏之眞實與如如二種自性，同屬證眞如者。依如是正理，故說未證眞如者，皆非大乘見道之人；證眞如者謂現觀如來藏運行中所顯示之眞實與如如自性故，實相般若智慧依如來藏之眞如法性建立故，萬法悉依如來藏之妙眞如性而生而顯故，本來自性清淨涅槃亦依如來藏之眞如法性建立故。

如是證眞如事，於眞藏傳佛教覺囊巴被達賴五世藉政治勢力消滅以後，由於時局紛亂不宜弘法故，善知識不得出世弘法，三百年間已經不行於人世。及至時局昇平人民安樂之現代，方又重新出現人間，得以繼續利樂有緣學人。然而，縱使末法時世受學此法而有實證之人，欲求入地實亦匪易，蓋因眞見道之證眞如已經極難親證，後再論及相見道位非安立諦三品心之久劫修行，而能一一教授弟子四眾者，更無其類；何況入地前所作加行之教授，而得具足實證大乘四聖諦等安立諦十六品心、九品心者？眞可謂：「善知識者出興世難，至其所難，得值遇難，得見知難，得親近難，得共住難，得其意難，得隨順難。」如是八難，具載於《華嚴經》中；徵之於末法時世之現代佛教，可謂誠言，眞實不虛。

縱使親值如是善知識已，長時一心受學之後，是否即得圓滿非安立諦三品心及安立諦十六品心、九品心而得入地？觀乎平實二十餘年度人所見，誠屬難事；殆因大乘見道實相智慧極難實證，何況通達？復因大乘慧解脫果並非隱居深山自修而可得者，如是證明初始見道證眞如已屬極難，更何況入地進修之後，所應親證之初地滿心猶如鏡像現觀，解脫於三界六塵之繫縛；二地滿心猶如光影之現觀，能依己意自定時程及範圍而轉變自己之內相分，令習氣種子隨於自己施設之進程而分分斷除；三地滿心前之無生法忍智慧，能轉變他人之內相分；以及滿心位之猶如谷響現觀，能觀見自己之意生身分處他方世界廣度眾生，而使無生法忍及福德更快速增長。至於四地心後之諸種現觀境界，更難令三賢位菩薩了知，何況未證謂證、未悟言悟之假名善知識，連第七住菩薩眞見道所證眞如都只能想像者？

雖然如此，縱使已得入地，而欲了知佛地究竟解脫、究竟智慧境界，亦仍無法望其項背，實因初地菩薩於諸如來不可思議解脫及智慧仍無能力臆測故。縱使已至第三大阿僧祇劫之修行——已得八地初心者，亦無法全部了知諸佛的境界，則無法了知佛法之全貌，如是而欲了知十方三世諸佛世界之關聯者，即無其分。以是緣故，世尊欲令佛子四眾如實了知三世佛教之亙古久遠、未來無盡，以及十方虛空諸佛世界等佛教之廣袤無垠；亦欲令弟子眾了知世間萬法、出世間法及實相般若、一切種智無生法忍等智慧，悉皆歸於第八識如來藏妙眞如性者，則必於最後演述《妙法蓮華經》而圓滿一代時教；是故 世尊最後演述《法華經》時，一仍舊貫而如《金剛經》稱此第八識心爲「此經」，冀諸佛子醒悟此理而捨世間心、聲聞心，願意求證眞如之理，久後終能確實進入絕妙難思之大乘法中。斯則 世尊顧念吾人之大慈大悲所行，非諸凡愚之所能知。

然而法末之世，竟有身披大乘法衣之凡夫亦兼愚人，隨諸日本歐美專作學問之學者謬言，提倡六識論之邪見，以雷同常見、斷見外道之邪見主張，公開否定大乘諸經，謂非佛說，公然反佛聖教而宣稱「大乘非佛說」。甚且公然否定最原始結集之四大部阿含諸經中之聖教，妄判爲六識論之解脫道經典，公然貶抑四阿含諸經中之八識論正教，令同於常見外道之六識論邪見；全違 世尊依八識論而解說聲聞解脫道之本意，亦令聲聞解脫道同於斷見、常見外道所說之解脫，則無餘涅槃之境界即成爲斷滅空而無人能知、無人能證。如是住如來家，著如來衣，食如來食，藉其弘揚如來法之表相，極力推廣相似像法而取代聲聞解脫道正法，最後終究不免推翻如來正法；如斯之輩至今依然寄身佛門破壞佛法，而佛教界諸方大師仍多心存鄉愿，不願面對如是破壞佛教正法之嚴重事實，仍多託詞高唱和諧，而欲繼續與諸多破壞佛教正法者**和平共存**，以互相標榜而**維護名聞利養**。吾人若繼續坐令如是現象存在，則中國佛教復興，以及中國佛教文化之推廣，勢必阻力重重，難以達成；眼見如是怪象，平實不得不詳解《法華經》之眞實義，冀能藉此而挽狂瀾於萬一。

如今承蒙會中多位同修共同努力整理，已得成書，總有二十五輯，詳述《法華經》中 世尊宣示之眞實義，因名《法華經講義》，梓行於世，冀求廣大佛門四眾捐棄邪見，回歸大乘絕妙而廣大無垠之正法妙理，努力求證，共爲復興中國佛教文化、抵禦外國宗教文化之侵略而努力，則佛門四眾今世、後世幸甚，中國夢在文化層面即得實現。乃至繼續推廣弘傳數十年後，終能使中國成爲全球最高階層文化人士的歸依聖地、精神祖國；流風所及，百年之後遍於歐美社會各層面中廣爲弘傳，則中國不唯民富國強，更是全球唯一的文化大國。如是復興中國佛教文化之舉，盼能獲得廣大佛弟子四眾之普遍認同，乃至廣有眾人付諸實證終得廣爲弘傳，廣利人天，其樂何如。今以分輯梓行流通在即，因述如斯感慨及眞實義如上，即以爲序。

佛子　**平實**　謹序

公元二〇一五年初春　謹誌於竹桂山居

第十六輯：

《妙法蓮華經》

〈如來壽量品〉第十六（上承第十五輯〈如來壽量品〉未完內容）

這就是說，因為他們放逸而貪著於五欲，才需要毀謗佛教正法。還有密宗人士在網站上公開斥罵，說正覺是阿賴耶外道！竟然敢說咱們正覺是阿賴耶外道。如果實證阿賴耶識的人是外道，那麼所有大菩薩們全都是外道了？因為七地以前都是證得阿賴耶識，那麼七地、六地、五地乃至初地的菩薩們全都是外道了？八地以上的菩薩摩訶薩以及諸佛，也都是證得阿賴耶識而次第漸修成就佛道的，到佛地時把異熟識改名為無垢識，依舊是因為證得阿賴耶識而成就的，那麼八地以上乃至成佛以後也都是外道了？就只有他們密宗四大派才是內道？可是他們那個內道是什麼本質？是只能暗中進行樂空雙運的男女雙修法而見不得人的假內道，這就是「放逸著五欲」的密宗四大派。這種人因爲貪著於五欲，於是故意毀謗正法、故意誣謗賢聖，死後當然要如佛所說「墮於惡道中」。那麼前一句說「而生憍恣心」，這也是眞的；因爲眾生若是常常都可以看見 釋迦如來，就不免生起憍恣心；他們不知道能見到如來是多麼可貴的事，因此他們就生慢而隨意妄語，死後不免墮入畜生道中。

這也有一個眞實的典故，佛世有一個鸚鵡摩納都提，這人是個外道，他也過乞食的生活。可是他乞食過活時，並不是乞求飲食來修道，他乞得好多好多錢財積聚起來，但因爲 佛陀辨正法義時也破斥這一類的行爲不恰當，所以他對 釋迦如來生起瞋恨心。雖然他沒有公開毀謗，但他對 釋迦如來生起瞋恨心，以憍慢及起瞋的緣故，死後墮落畜生道，受生爲一條白狗。雖然那條狗長得也很莊嚴，人見人愛，但畢竟只是一條狗。有一天 世尊托缽，剛好來到那一家乞食；那條白狗才看見 世尊就開始猛吠，世尊就告訴牠：「摩納啊！你不要再吠啦！你是『乞食』（註）啊！」這條白狗一聽，記得上一世的事了，也就不吠了，卻是每天悶悶不樂，主人爲牠做的那個寶床，上面鋪了錦繡織成的很漂亮軟墊，牠也不想坐了。而那寶床上面有個金盤，放著飯跟肉攪拌的美好飲食，牠也不吃了；每天悶悶不樂跑到泥土地上堆材的地方蜷縮著。牠主人回來看見了說：「欸？怎麼這個樣子？」就問家人：「你們誰欺負了我的白狗？」大家說：「沒有人欺負牠。」「那是外面有誰來欺負了牠？」大家說：「也沒有啊！」「不然怎麼可能這樣？」「喔！今天佛陀來乞食，白狗一直向佛陀吠著，佛陀就告訴牠：『白狗啊！你不要再吠，你是乞食啊！』佛陀講完就走了，然後牠就悶悶不樂躲在那堆木材邊。」（註：經文爲「止！白狗！不須作是聲，汝本吟哦（梵志乞食音）！」，意爲從乞食到吠叫。）

這個鸚鵡摩納聽了好生氣說：「釋迦如來竟然對我的白狗這樣子，說話不真不實，誑語。」他就去興師問罪，那時世尊正在說法，遠遠看見那個鸚鵡摩納來了，就先告訴大眾說：「你們有沒有看見啊！鸚鵡摩納來了。」大家一看說：「有啊，看見了！」世尊說：「假使他現在捨報的話，可就要墮落地獄了，因爲他有惡心於如來。」然後這鸚鵡摩納來到佛陀的面前，就問：「世尊你今天去過我家嗎？」世尊說：「有啊。」「那你是跟我的白狗說了什麼話？」世尊就告訴他：「我說：『白狗啊，不要再吠了，你是乞食啊！』」然後這鸚鵡摩納說：「世尊！你爲什麼要這樣說？」世尊說：「你不要再問了。」

「那這條白狗跟我有什麼關係？」世尊說：「這你更不要問。」可是這鸚鵡摩納聽到世尊這麼講，他越發要問，連著問了三遍。

世尊就說：「你既然問了三遍，我就告訴你吧。那條白狗就是你的父親死後往生來當白狗。」哇！這鸚鵡摩納更氣了，他說：「我父親在世的時候，廣有錢財，而且後來也是樂善好施，爲什麼會墮落成白狗？」世尊說：「你父親後來雖然樂善好施，可是他心中有很強烈的憍慢，因此死後墮落成爲白狗。」鸚鵡摩納當然要質問：「你有什麼證據？」「那你就這樣吧，回去跟白狗說：『白狗啊！你如果眞是我的父親，那你就回到那個寶座軟墊上面坐吧！』」世尊一一告訴他應該怎麼作以後，他回去這一問，白狗就上去坐了。這鸚鵡摩納又依照世尊的吩咐，問第二個問題：「白狗啊！你如果眞是我的父親，那你就不要再餓肚子了，把金盤裡面粳米攪拌的肉飯吃了。」牠就把它吃了。然後他又依照世尊吩咐的，又問第三個問題：「白狗啊！你如果眞是我的父親，那你就告訴我：你死的時候來不及告訴我的寶藏，究竟埋在哪裡？」（眾大笑…）

這白狗就跳下寶床，跑到牠原來睡的房間裡，就在那個臥床的床角一直扒著，然後鸚鵡摩納就挖出來，果然好多的金銀財寶。原來他父親跟人家乞食來的錢財眞的藏了起來，竟然還在心中對 世尊說實話產生不滿而賭氣。於是鸚鵡摩納知道說：「啊！佛是眞語者，如實語者，不誑語者。」趕快面向佛陀所在的方向跪下來懺悔說：「我要去向世尊懺悔。」然後就出發。那時佛陀正在說法，看見鸚鵡摩納又來了，佛就說：「假使鸚鵡摩納現在捨報的話，他將會生於善處，生天享福，因爲他對佛有善心。」

你們想，鸚鵡摩納的父親因爲生憍恣之心，對於 佛陀的如實語不滿：說他是乞食而得到人家很多的供養，結果不是布施出去而是累積起來。聽到佛陀說乞食的人應該安貧樂道，他心中不滿。因爲不滿而對 佛生起大憍慢，他想：「哼！你還不是跟我一樣一個頭、兩個眼睛，你跟我有什麼不同？你餓了也得吃，你還不是每天跟我一樣要洗澡、睡覺？」他對 佛有這種憍慢心，雖然他沒有公開毀謗，卻因爲這樣而墮落成爲白狗啊！你看鸚鵡摩納要去質問 佛的時候，如果是當時捨報，就要下墮地獄，因爲他想要公開質疑欸！但是後來弄清楚了，又來見 佛，那時他心中有善心於 佛陀，還沒見到佛，還沒開口，佛就說：「他如果現在捨報就會生到天上享福，因爲對佛有善心。」

諸位想想：對　佛有善心，有惡心，差別這麼大！一個是生天，另一個是墮惡道。那，如果出口毀謗，就不只是墮入畜生道而已；所以眾生往往就像鸚鵡摩納都提一樣，因爲同在一個國度，常常看見　佛在人間，他不覺得珍貴，他想：「佛也一樣是人。」佛當然一樣是人，既然來人間受生，想要讓人類可以親近，當然得要取得人身；可是祂其實不是人，因爲菩薩就已經不是人了，阿羅漢也不是人，那麼　佛陀當然更不是人，怎麼會是人？祂是人天至尊的　佛陀，是爲了利樂眾生才要來取得這個人類的色身，讓人家看起來是一個人，才能夠親近修學，但本質並不是人。可是那鸚鵡摩納都提就是不懂，因此對　佛生起憍慢心。他想：「我每一天要吃飯，佛陀也不能一天不吃飯呀！那不是跟我一樣嗎？」因爲這個憍慢心就會墮落畜生道，如果是起惡心呢？死後可就要下墮地獄了。

起惡心來質疑　如來，就得下墮地獄，如果生起了善心，都還沒開口，佛就知道他死後可以生於天上。那諸位想一想：那些毀謗　釋迦如來的人，他們如果知道了這個事實，是不是腳底應該涼了？所以　世尊就不能讓眾生常常看見，常常看見就會生起懈怠之心；因此得要像一般人類一樣，示現八十幾年以後就過去了，再也見不到了，於是大家就開始懷念，想一想：「佛陀走了，如今學佛沒得依靠了，那該怎麼辦？」其實也很容易，經典在那邊呀！從淺的開始去修學，一步步修上去，然後生死病就可以治好了嘛！

也許有人想：「經典中的道理講得那麼深，你看最簡單的解脫道四阿含諸經都那麼深，我怎麼可能讀懂？」其實那只是一個藉口，因爲現在有《阿含正義》詳細講解了，還能說是很深嗎？不能再說深了吧？所以他們講的只是藉口。所以後來漸漸地就有人說：「是啊！《阿含經》我讀不懂，我可以讀《阿含正義》。」南傳佛法就是這樣子，他們請來《尼柯耶》讀不懂，於是專門去讀覺音論師寫的《清淨道論》。可惜《清淨道論》不清淨，全部知見都落在識蘊裡面，沒有辦法使人斷我見，更別說要證得阿羅漢果。但是我們《阿含正義》把斷我見詳細講解，一直講到證阿羅漢果，全部都說了。那你想：南傳佛法的《尼柯耶》讀不懂，去讀《清淨道論》，打從西元五世紀開始，他們只讀《清淨道論》，反而不讀《尼柯耶》，那麼經過兩、三百年，二乘菩提的實證內涵也就失傳了。北傳地區是不是也如此？如今北傳地區的俱舍宗已經不在了，大家想要學解脫道，把四阿含諸經請出來讀了說：「這經典我怎麼看得懂？」心裡面一個念頭閃過去：「還有《阿含正義》啊！」於是把《阿含正義》讀完了，再回來讀四阿含諸經時就可以懂了，那麼未來就可以實證解脫道。

這就好像說，我們把二乘解脫道的色香味美解脫藥，準備在那邊，未來一兩百年、五百年以後，他們大家願意去吃，便能醫好生死病。所以將來如果有人能夠把它翻譯成泰文、緬文、越文（越文好像比較不需要，因為越南是屬於大乘佛法），還有斯里蘭卡，斯里蘭卡是什麼文字？甚至於翻譯作印度文都好，那麼對大家都是好的。所以世尊說的沒錯，為了不同的眾生，應該說不同的法，所以才說：「我常知眾生，行道不行道，隨所應可度，為說種種法。」所以世尊說法時不是只有演說正法，有時正法說完了，怕大家聽不懂，還得要講很多的譬喻，大家才會醒覺過來說：「啊！還是應該依法而修，否則世尊說完了，大家聽完了也就聽過了，還是繼續在混啊。」

因此，眾生到底行道或不行道？世尊都在觀察，什麼人是可度的，應該如何度？世尊也都在觀察，因此「為說種種法」。例如阿含四部諸經裡面，像剛才說的典故也是《阿含經》中講的；我們再來講一個《阿含經》裡的典故，這個典故不像故事，倒比較像是說教，叫作《木積喻經》。就是說，有一大堆的木材堆積在那邊，然後把它焚燒，用這個作譬喻來勸誡比丘們，所以講完時就有人證得阿羅漢果。

有一天，世尊說法完了，跟弟子們遊行人間時經過一個地方，看到一群人堆了木頭在那邊焚燒，然後人們就圍繞在火堆旁邊唱歌、跳舞，有的人是夫妻、情人摟在一起看人家唱歌跳舞、喝飲料等等。世尊看見了，就到旁邊一個空曠的地方坐下來，讓大家全都坐下來，世尊就說：「你們有沒有看見啊？對面那些人們圍繞著火堆，在那邊唱歌、跳舞享樂啊？」大家說：「有！」世尊說：「譬如有一個人跳入火堆裡面，整個人都燒爛了；又譬如有一個人是跟親愛的人摟在一起喝飲料，或者唱歌跳舞。這兩種人，哪一種快樂？哪一種痛苦啊？」你看 世尊眞有方便善巧，就從這裡切入。

這是現場可以看到的，不是想像的，大家就回答說：「應該像他們這樣與親愛的人摟在一起唱歌跳舞。」世尊就說：「像這樣子耽著於五欲，你就虛受人家的供養。虛受了人家的信施而死了以後，就會像一個人在火堆裡面被燃燒焦爛；因爲死後要下地獄去受苦，比那個還要苦啊！」接著就開示說：「出家修道接受人家信施，應該這樣想：我如果有好好修道，那麼眾生在我身上種福田，他們未來世都可以得到很多世的安樂！我如果沒有好好修行，接受人家的信施，那我死後要下地獄，就好像被人家用焚燒過的鐵條，或是燒得通紅的鐵條、鐵板，把我渾身都給包起來一樣。那麼大家認爲應該怎麼樣才對呢？」當然眾比丘不管情願或不情願，都得要答「應該好好修道，讓人家對我信施的時候，未來無量世得到大福報」，當然要這樣講。然後世尊又作了很多譬喻，大約是講了六、七個譬喻。世尊用這個木積的譬喻來說，意思就是說：出家人四事供養都來自信眾的信施，應該要努力精勤修道，不應該每天在那邊混日子，讓人家的供養成爲白供養，未來世無法得到很好的福報。

其中有一個譬喻是說，如果接受信施以後，沒有好好去證道：沒有去求悟、沒有證果，虛受人家的信施，死了以後去受惡報；就好像活生生的人，被人家把鐵丸燒到通紅，都快要熔化了，然後由大力士把他的嘴掰開，強力丟進他的嘴裡，從嘴一直燒爛到腳底。也就是說，出家人若沒有努力求證菩提，一生受施的食物就如同熱鐵丸、熱鐵床，一天天累積下來一樣多，死後要在地獄中親自領受而吃下肚去，或是躺上去被燒燃一般。世尊這樣子一一訓示，連說了六、七個譬喻，就說：所以出家人應該要怎麼樣努力修道。結果當時就有六十位比丘心得決定而斷除五上分結，從三果轉入四果而證得阿羅漢果。你說好不好？好啊！可是後面也有一句不好的記載，就是「六十比丘捨戒還家」。他們跟在 世尊身邊修學，然而都出家了竟還沒有辦法放棄五欲，聽到 世尊開示以後，又怕接受信眾的信施而都沒有實證，將來死後該怎麼辦？所以他們乾脆就捨戒還俗了。

這是很鮮明的對比，六十比丘證阿羅漢果，六十比丘捨戒還俗。那他們捨戒還俗好不好？好啊！因為未來世不用下墮惡道，否則他們心中沒有辦法改變，無法捨離五欲的貪著，繼續以出家身混下去的結果，死後就是要下墮惡道去還債，因為辜負了信眾對他們的信施。信眾對他們的信是什麼呢？「啊！這是清淨的梵行者，這是證果的聖者。」可是他們其實什麼都沒有實證，不斷接受信施，於是死後就得下墮惡道。因為 世尊說了這六、七個譬喻以後，他們警覺了，反省以後發覺自己無法捨離五欲，作不到就趕快捨戒還俗，那也是救了他們。

這就是世尊的方便善巧：隨所應度的就度他們，為他們演說種種法。這就是「隨所應可度」就度他，於是「為說種種法」。隨所不應度的，隨所不能度的，就說種種法，讓他們捨戒還俗，死後就不會下墮。這在告訴我們什麼？學佛或者學解脫時，並不是單單在法上修學而已，還有很多的次法都要跟著學。法與次法是要並行去實修的，所以教導大眾學法比較容易，但是要教導大眾修學次法可就困難多了，因為大家聽了都覺得刺耳，好像有幾根針在耳朵裡一直刺——所說次法中的每一個字都在刺，於是有些人聽不下去。然而這其實是很重要的東西，這些次法如果不能夠跟著修上來，單單把法一直往上修，結果一隻腳有一丈長，另外一隻腳只有一尺，他能怎麼走路？他在這個佛道上眞的沒辦法繼續走上去欸！

所以說，法與次法都要修，世尊就是告訴大家這個道理，於是「為說種種法」。因此，經過世尊這一次教誡，六十比丘證得阿羅漢果，就是因為他們在次法上面警覺過來，心得決定而當場改正，心轉變了就成為阿羅漢。本來是最後一分思惑一直斷不掉，老是在猶豫要不要斷掉，現在終於眞的斷除了，於是就成為阿羅漢！這就是 世尊的善巧方便，這也是 佛的智慧才能夠作得到！只是看見人家繞著一堆柴火——我們現在叫作營火，看見人們繞著營火在玩樂，藉這個機會教育一下，就多了六十個阿羅漢。那麼少了六十個比丘好不好？也沒不好啊！因為至少托缽的人比較少，信眾的負擔也輕一點，而他們將來捨壽後也不會下墮惡道中，眞的沒有比較差嘛！對不對？

所以最後 世尊作了一個結論說：「**每自作是意，以何令眾生，得入無上慧，速成就佛身。**」世尊說：「**我常常自己生起這樣的作意，應當要用什麼樣的法、什麼樣的善巧而可以幫助眾生，能夠進入無上的智慧之中，將來可以快速成就諸佛的法報化三身。**」那麼諸位想想，世尊所說這些聖教，有沒有欺誑？其實沒有。我們還沒有從大乘經去舉出例子來說，這還只是從四阿含諸經中的解脫道來說而已，就已經足夠證實 世尊這些所說都是如實語；所以在《法華經》這第十六品裡面，告訴我們這麼多的眞相，是學佛人應該知道的眞相：釋迦如來也有淨土，並不是沒有淨土。只是有緣的人可以生到釋迦如來的方便有餘土、實報莊嚴土，那麼沒有緣的人呢，就住在 釋迦如來這個凡聖同居土中，我們這個地球人間就是凡聖同居土之一。那麼諸位是不是也應該在信受之後發個願：我要常常住在這個凡聖同居土來救護有情？為什麼我要問大家願不願發這個願呢？因為 釋迦如來的方便有餘土跟實報莊嚴土，不需要諸位發願去救護眾生，他們的證量比你們高；可是這裡的有情需要諸位，他們絲毫證量都沒有，要依靠諸位的幫忙。不能夠說，你證得無生法忍以後就說：「我要生到釋迦如來的實報莊嚴土去。」那麼 世尊臨行前諄諄咐囑於我們的這個人間正法久住的事情，要給誰來作？大家都很聰明，都往生去實報莊嚴土，沒有人願意留下來，那這裡的有情要怎麼辦？世尊臨行前不斷地咐囑我們要救護眾生，要讓正法久住，讓眾生法身慧命可以繼續延續，但是沒有人要作，怎麼辦？那我不如就趁著諸位還沒有機會去實報莊嚴土，先把諸位拉著：「別那麼快就想要去實報莊嚴土，因為去那邊以後，你修集福德的機會很少啦！」不信的話，現在就讓你去，看你去那邊以後從什麼人身上能修得福德？

你又能救誰？那裡都是初地以上的菩薩，你能救誰？你去給他們救還差不多！（眾大笑…）對不對？他們都不可能有邪見，在你還沒有入地以前可能還有少分的邪見，去給他們救還差不多，那你去了實報莊嚴土中要為誰說法？也不可能。你去那邊能夠對誰布施？人家各個都比你更有福德，不需要你布施。搞不好你去那邊回來時，撈了一大堆金銀珠寶回來（眾大笑…），最後是接受人家布施欸！你能修得什麼福德？所以留在這裡最好修福德，就請大家不要嫌棄，咱們一世又一世繼續相聚，直到月光菩薩來了，正法終於無法繼續在人間弘傳時，咱們一起去見當來下生　彌勒尊佛吧！接下來要進入第十七品。

《妙法蓮華經》

〈分別功德品〉第十七

經文：【爾時大會聞佛說壽命劫數長遠如是，無量無邊阿僧祇眾生得大饒益。於時世尊告彌勒菩薩摩訶薩：「阿逸多！我說是如來壽命長遠時，六百八十萬億那由他恒河沙眾生，得無生法忍；復有千倍菩薩摩訶薩，得聞持陀羅尼門；復有一世界微塵數菩薩摩訶薩，得樂說無礙辯才；復有一世界微塵數菩薩摩訶薩，得百千萬億無量旋陀羅尼；復有三千大千世界微塵數菩薩摩訶薩，能轉不退法輪；復有二千中國土微塵數菩薩摩訶薩，能轉清淨法輪；復有小千國土微塵數菩薩摩訶薩，八生當得阿耨多羅三藐三菩提；復有四四天下微塵數菩薩摩訶薩，四生當得阿耨多羅三藐三菩提；復有三四天下微塵數菩薩摩訶薩，三生當得阿耨多羅三藐三菩提；復有二四天下微塵數菩薩摩訶薩，二生當得阿耨多羅三藐三菩提；復有一四天下微塵數菩薩摩訶薩，一生當得阿耨多羅三藐三菩提；復有八世界微塵數眾生，皆發阿耨多羅三藐三菩提心。」】

講義：好！現在是第十七品〈分別功德品〉，要藉這一品讓大家可以詳細分別：世尊演說出《妙法蓮華經》中有什麼樣的功德，就好像諸位來聽《法華經》這麼久了，也一定有功德，那麼先來看看經文裡面怎麼說？

語譯：【這個時候大會裡面所有的菩薩眾們，聽聞釋迦牟尼佛說明如來的壽命所經歷的劫數長遠到這個地步，因此就有無量無邊阿僧祇眾生依於釋迦如來而得到大饒益。這時世尊告訴彌勒菩薩摩訶薩說：

「慈氏啊！我說出這個如來壽命長遠的眞相時，有六百八十萬億那由他恒河沙的眾生，證得無生法忍；還有一千倍的菩薩摩訶薩，獲得聞持陀羅尼門；還有一個世界磨成微塵數量那麼多的菩薩摩訶薩，獲得了樂說無礙的辯才；還有一個世界微塵數的菩薩摩訶薩，獲得百千萬億無量旋陀羅尼；還有三千大千世界磨成微塵以後的微塵數菩薩摩訶薩，能夠爲大眾轉不退法輪；還有二個千的中千國土微塵數菩薩摩訶薩，能夠爲大眾轉清淨法輪；還有一個千的小千國土微塵數的菩薩摩訶薩，在經歷過八世以後就會證得無上正等正覺；還有四個四天下磨成微塵數目的菩薩摩訶薩，在經歷過四生以後將會證得無上正等正覺；還有三個四天下的微塵數菩薩摩訶薩，再經過三世就會證得無上正等正覺；還有二個四天下微塵數菩薩摩訶薩，再經歷過二世以後將會證得無上正等正覺；還有一個四天下的微塵數菩薩摩訶薩，再經歷一生之後將會證得無上正等正覺；最後還有八個世界微塵數的眾生，都已經發了無上正等正覺之心。」】

講義：如來說法時如果能夠親值，眞是大福報！就怕親值的時候，自己所修集的善根福德還差太遠了。就像說：佛法甘霖如果像豪雨那樣降下來，那就只有身量十丈、二十丈的菩薩們不會被淹死，而且還說：「這大雨下得太好了，再也不怕缺水了！」可是如果像我們這樣的人類呢，早都淹死了。所以才說「龍象蹴踏，非驢所堪」，因此說，同是一場法雨，對於不同的人，收穫就有所不同。佛陀說法時，同樣的一場說法，有的人可以證得無生法忍，但有的人卻只能產生信心而已——願意發菩提心。差別在哪裡？就在於各人的善根、福德具不具足。如果善根福德都具足了，那麼同樣聽那一場法，所獲得的實證就比別人多，否則就是比人家差。

但是這個現象很平等，因爲人家善根福德很多，是因爲很多劫以前就開始修集了；咱們善根福德差，是因爲前兩劫才開始修。所以很公平嘛！因此有人抱怨說：「他們去了同修會，才幾年就開悟了；我們出家修了大半輩子，可就是悟不了！眞不公平！」沒什麼不公平，誰叫他進不了正覺同修會？他們爲什麼進不來？因爲善根、福德不夠，所以進不來啊！有沒有人禁止他們來？沒有啊！可是他們顧著名聞、顧著面子，或者有法眷屬把他們拉著，或者被師父阻擋著，不准他們來學啊！眞的沒辦法，這就是善根、福德不夠，不能怪別人，只能怨自己。

因此，將來值遇 彌勒尊佛的時候，我們能夠得到多麼高層次的證量，跟別人一不一樣？那就是說，我們在剩下這不到九千年中，要如何努力去修集福德，如何去增長我們的善根？正是要爲眾生作事，爲正法久住而作事；這不是爲 佛作的，而是爲自己作的。可是一般學佛人很難相信這個道理，深信因果的人才會信這個道理。如果是初機學人聽了，心裡一定說：「師父在拐我爲他作事。」直說是拐啦！就是這樣啊！有的人學佛經歷很多，我曾經收過一張明信片，他信中說：「我跟隨過好多的師父，那些師父如果開口說：『你要護持道場喔。』我就趕快把口袋抓緊了。」（眾笑……）那你們說，他是不是只有一條路，就是求生極樂世界去，去當中品下生人？沒有別的路可以走的。因爲他老覺得說，師父是在騙他的錢。

問題是，他每天去到寺裡參加念佛會時都在唸佛，難道不該護持一下嗎？即使想要求生極樂世界，也得要有淨業三福啊！他對三寶都不供養，就想去極樂世界喔？這表示什麼？他對於佛法並沒有學進去。可想而知，他的師父在念佛會上的開示，他都當作是在騙他；那你說，他唸佛時怎麼可能唸得好呢？因爲他一面唸佛就一面按著口袋啊！（眾大笑……）師父在開示說：「應該供養三寶、救濟眾生。」他雙手把兩個口袋都按起來，那他唸佛怎麼可能唸得好？這就是善根、福德不夠。那麼這樣的人，往生去極樂世界能獲得什麼樣的品位？依照《觀經》的說法，你們想一想就知道了。

所以，世尊演說了〈如來壽量品〉以後，大家知道「如來壽命無量」，因此就會聯想到一件事情：如來既然壽命無量，是因爲成佛前的三大阿僧祇劫就曾經利益很多人了；然而成佛以後還是壽命無量，繼續利樂眾生永無窮盡，那一定會有無量無邊阿僧祇的眾生因為 如來而獲得大饒益，因此成佛後所得壽命更加無量啊！這還不是普通的饒益，以無量無邊財寶布施給眾生，眾生的所得不過是一世；可是 世尊給眾生的，遠遠超過世間財寶的珍貴啊！單說一個聲聞初果的實證，就可以永離三惡道，盡未來世受用不盡，想想看，這是多麼大的饒益？然而這麼大的饒益，還只是聲聞初果的實證而已；如果是證二果、三果、四果呢？如果又證得緣覺果呢？如果再證得菩薩果呢？再從菩薩的七住位一直進到諸地，想想看，眾生獲得的饒益有多大？這才能叫作「大饒益」。如果只是世間的財富布施給眾生，眾生死後就沒了，就只是擁有一世的饒益，那不是大饒益，相對於演說佛法而使眾生實證而言，那叫作小、小、小饒益，而 世尊這個才眞的叫作「大饒益」。

因此 世尊這時告訴 彌勒菩薩摩訶薩說：「阿逸多！」「阿逸多」就是慈氏，「我演說這個如來壽命長遠的事實，有六百八十萬億不可數的恒河沙數眾生，證得無生法忍；」那麼諸位想想，一個恆河沙數是多少？有沒有辦法精確計算？沒有辦法算，你只能籠統地把它算作一個恆河沙數。好！現在說不可數的恆河沙數，到底是多少數目？不可數的恆河沙數目，而不是一個恆河沙數，那些恆河裡面沙的數目是多少？不可知。而這樣不可知的恆河沙數目的恆河有六百八十萬億，想想看，世尊演說一場佛法，有這麼多的菩薩證得無生法忍。我說法二十年來，還沒有看見誰得無生法忍，這怎麼能與世尊演說一場佛法的功德相提並論？你們有沒有人立下志願說「**我這一世要得無生法忍**」？有啊！眞是不錯。

如果眞的有人這一世證得無生法忍，我這兩個肩膀可就輕了！好期待喔！可就是難。於是龐公又來了，龐蘊居士有一天不是連說三個「難」嗎？忘了嗎？但是，要有這個雄心壯志，因爲這樣才能眞的親自荷擔起 如來的家業；如果你們能夠有一、兩個人證得無生法忍，我就可以邁開步伐了，再也不必擔心什麼了，來世我就算不出世弘法，正法的久住也沒有問題。因爲已經有一、兩個初地菩薩住持在人間了，我還怕什麼？正法眞的不怕斷絕。但是得要大家努力，而我也得要有耐心：遲早等到你。

所以說，我們眞的沒什麼可以驕傲的，想想看，諸佛說一場法，有多少人證得阿羅漢？現在放眼全球，還沒看見一個阿羅漢。我說法二十年，總共說了幾場法了？所以沒有辦法相提並論。如果瞭解到這一點，現觀到這個事實以後，不要說是見到應身佛，就算見到佛的聖像也得要禮拜啊！怎麼還可能心裡在想著說：「哼！佛陀你是這樣，我也是這樣，咱們差不多！哥倆。」有的人眞是這樣想的，其實差遠了！那可不是用一里、兩里的距離來計算的欸！所以這麼多的人得到無生法忍，你沒有辦法計算到底有多少人。

但是另一方面總是有人得不到無生法忍，那也沒關係，能證悟明心也不錯。此外，還有千倍的菩薩摩訶薩「得聞持陀羅尼門」。聞持陀羅尼門是說，對於法的總持已經獲得了。得到佛法的總持，他能夠記誦佛法裡面有哪些法，以後就不會忘失，因爲那個總持就可以使他把佛法記住了。這應該是三地滿心位的事了，是因爲圓滿四禪八定及四無量心，而且有五神通而發起意生身了，不再有胎昧，顯示他的念力成就，不再忘失所學的法。聽完以後發起「聞持陀羅尼門」，對於所聽聞的一切法已經有總持，不會忘失所聽聞過的佛法了，就可以去各世界廣利有緣人。所以「得聞持陀羅尼門」眞是不容易，智慧難可思議。但是這至少要開悟以後努力進修而得無生法忍，再親自聽聞 佛陀說法才能得到，所以當務之急還是要求悟！今天就講到這裡。

過了一個年，還沒有到元宵節，所以我還是在這裡先跟大家拜一個晚年：祝福大家新年愉快，而且道業進展神速，福德快速增長。這個農曆年，應該大家都過得蠻充實的，而我這個年，就關在家裡面趕書，也趕一些文件，總算也趕出來一些；但不能夠期待什麼時候全部作完；因爲永遠作不完，除非死了也就作完了。沒關係！我們沒忌諱，因爲我們不是學生，而是學死，所以新春談死也沒有忌諱。沒有死以前，就是作不完。

《妙法蓮華經》，年前我們講到一百四十九頁第二行中間：「得聞持陀羅尼門」。今天要從最後一句開始：「復有一世界微塵數菩薩摩訶薩，得樂說無礙辯才。」這是說 世尊在開示諸佛如來壽命長遠，特別是在說明 釋迦如來壽命長遠的時候，大家是個個成就道業，因爲有許多我們看不見的菩薩摩訶薩同時在聽受《法華經》。接下來是說：還有一個世界，盡大地磨成微塵以後，與那些微塵數量相同的菩薩摩訶薩們，都得到了「樂說無礙辯才」。這「樂說無礙辯才」，我們也只能高懸爲目標，因爲那是很難到達的。怎麼叫作「樂說無礙」？在「樂說無礙」境界時，是不論什麼法，也不論什麼人來問法，他都「樂說無礙」。

那麼今天有人來問你：「請問菩薩，八地菩薩於相於土自在，這是什麼境界？又該如何修？」」然後再加問期限：「到底多久可以修練成功？」那你要怎麼答？大概只能夠說：「我看你要兩大阿僧祇劫以後再來問我比較恰當，因為我現在沒辦法解說，你也聽不懂。」真是沒辦法樂說啊！在「樂說無礙」的前面要有三個條件：法無礙、義無礙，再加上辭無礙。要先具足這三個無礙，才有辦法「樂說無礙」，所以這是很困難的事。那麼請問，眞正「樂說無礙」是哪一地的境界？是九地菩薩的境界。那你想想，要入地都那麼難了；且不說入地，單說證阿羅漢好了，都是那麼難，想要像九地菩薩那樣「樂說無礙」，什麼時候能夠成功呢？當然是非常非常困難。

那麼九地菩薩於一切法得總持，才能於一切法無礙；得這些總持以後，還要能夠於這些法，對無量無邊法的眞實義也得到無礙，那就是義的總持。不但如此，還得要能為人演說；譬如同樣是開悟，有的人悟後說法滔滔不絕，口若懸河；可是你看雲巖曇晟呢？他悟了以後，也不是因為悟得淺，可是他就不太會說法，口才與思辨能力差，不能口若懸河為人解說。好在他度了個洞山良价禪師，要不然他的名字恐怕就是不見經傳了。所以還得要辭無礙，能夠有種種方便善巧的言辭可以為人解說。解說之不足，還要能施設種種譬喻讓大家可以瞭解，這就是辭無礙啊！所以說，有了這三個無礙才有辦法達成「樂說無礙」的目標，那你說，這「樂說無礙」的實證，哪有那麼容易？

所以說，像這樣一世界微塵數的菩薩摩訶薩，這些人能夠得到「樂說無礙辯才」，已經是快要滿足第三大阿僧祇劫的摩訶薩了，因爲這是九地即將滿心才有辦法作到的。所以九地菩薩都有三種意生身，不是憑空而得的。因此這個「樂說無礙辯才」的眞義，不能夠用字義猜測來加以發揮解釋，不懂的人也就只能依文解義來說；因這不是人間的無明凡夫菩薩所能想像。人間菩薩若是想要知道，那要等待一個時節，就是有佛示現在人間的時候，諸大菩薩們都跟著下來人間了，當然人間就有菩薩能夠具足瞭解這個境界，我們是作不到的。

接下來說：「**復有一世界微塵數菩薩摩訶薩，得百千萬億無量旋陀羅尼；**」一個世界微塵數的菩薩，是跟前面得九地勝解具足成就的菩薩數量一樣多，他們得到的是百千萬億、而且是無量的「旋陀羅尼」。也就是說，他們得到的百千萬億無量的運轉總持。「旋」就是運作的意思，它可以不斷地旋轉，就是不斷地運作。關於「旋陀羅尼」，這讓我想到兩件事；一件是很早期我們有些同修貪愛境界，所以聽信一個老菩薩說他唸佛是怎麼唸的？就是「南無阿彌陀佛」六字在頭上不停地旋轉，說那樣叫作「旋陀羅尼」；然後他就誇口說，不論想要看什麼經、什麼論，往牆壁一看就全部都會出現，所以他不用電腦。可是後來證明全都是假的，因爲那根本不是「旋陀羅尼」，而是妄想陀羅尼。

第二件是電視上有時候報導雪域西藏布達拉宮，很多人去那邊朝拜以後，看到旁邊牆壁上不是有一個又一個圓圓的銅製滾筒可以轉嗎？那上面都刻了一些咒語，有雙身法的六字大明咒，也有雙身法的百字明咒語等等，然後大家走過時就一面走，一面用手撥動它，把它轉動就說是「旋陀羅尼」，都是騙鬼啦。那根本不是陀羅尼，且不說他們那些咒對不對，像那樣轉，轉上三大阿僧祇劫以後依舊是凡夫一個，一點點智慧都不會生起的；所以他們的信徒轉了好幾年以後，對我們寫的書，且不談深的，單說《識蘊眞義》、《阿含正義》他們就讀不懂了，所以密宗布達拉宮那些銅製轉輪並不是「旋陀羅尼」，應該叫作迷信陀羅尼。

這個「旋陀羅尼」表示可以把佛法總持不斷地運轉，意思就是說，一切法都可以時時運作而現在眼前。不管誰來請問，隨時隨地都可以把一切法為你宣說；而且真的是口若懸河，猶如天上的雲不斷地飄過來，無窮無盡。這究竟是哪一地的境界？是法雲地。這就是第十地快要滿心了，所以能夠為大眾說法，如河如雲滔滔不絕。除非你希望他停止說法，否則他就一直演說下去，所以說法猶如大雲一樣沒有止盡，這樣才能叫作「旋陀羅尼」。也就是說，每一個總持都可以引生無量無邊的諸法總持，不斷地來運作而為人解說，所以這個陀羅尼才叫作「旋陀羅尼」。那不是一般人妄想施設所說的所謂旋陀羅尼。

接下來說「復有三千大千世界微塵數菩薩摩訶薩，能轉不退法輪；」他「能轉不退法輪」，《不退轉法輪經》有誰講過？沒有菩薩講過，世尊倒是有講過一部《不退轉法輪經》，可惜結集時沒有很完整。那本《不退轉法輪經》，我認為是不完整的，因為 佛說的《不退轉法輪經》絕對不是只有那一部，因為這是非常深奧的法。但是到了十地即將滿心時就有「旋陀羅尼」，可以為大眾轉不退法輪；只要有誰聽這位十地菩薩演述了不退轉法輪的經典妙義以後，就保證他不會退轉，想不想聽啊？（大眾回答：想。）我也想啊（眾笑…）！

因爲像這樣的不退轉法輪妙義是很難得的，有因緣能夠親自當場聽聞的話，你從信不退就會變爲位不退，位不退就會變爲行不退，行不退就能變爲念不退，你說有誰不想聽？大家都想聽啊！可惜的是很難有機會聽到十地菩薩親自爲你演說。因爲，除了 佛陀在世的時候有這樣的大菩薩可以轉不退轉法輪，然後由 佛陀最後圓滿不退法輪。在沒有佛示現於人間的時候，這些大菩薩們不會受生在人間的。所以人間如果有大菩薩的話，只要有一、二位初地菩薩就不得了了！特別是到末法的時期，不會給你兩位、三位初地菩薩啦，因爲地上菩薩通常要派去各個小世界中度眾生的。所以像這種不退轉法輪是難可得聞的，因爲連初地、二地菩薩都難可值遇，何況是十地即將滿心的菩薩來爲大家轉不退法輪？

在末法時期的人間，這是遇不見的；如果再有人來跟你說，他是十地菩薩、九地菩薩，你得要好好勘驗他；可別聽了就信，一定要先勘驗他的法義對不對再說。我以前都是先信了再說，因爲都是身邊最親近的弟子推薦的緣故；但總是先信了以後，然後再來破人家，不太好（眾笑…）。所以未來都要先勘驗，因此現在我改變了，再有人跟我推薦說誰是初地菩薩、五地菩薩，我都要先勘驗再說。勘驗了然後確定眞的是五地、八地菩薩，眞的沒錯了，我可以拜他爲師啊！如果勘驗的結果，他根本連明心都沒有，還落在離念靈知裡面，我見未斷，像那樣的密宗十地法王有什麼用處？沒什麼用處啦！所以說，只要有人能轉不退法輪，這都是不容易的事情，不要當作小事。

世尊說，有這麼多的菩薩們能夠轉不退法輪，因爲已經得到「**百千萬億無量旋陀羅尼**」。那麼這「**百千萬億無量旋陀羅尼**」，諸位可以聯想十地菩薩即將滿心的時候，放光照耀十方世界諸佛；這個光從菩薩頂門出去以後，照到了十方世界諸佛時，從諸佛腳下進去，這是警覺諸佛如來，因此諸佛如來知道這位菩薩即將滿足十地心了，現在需要諸佛加持，於是諸佛同樣都放光來到這個世界即將滿足十地心的菩薩這裡，爲他灌頂，來加持他滿足十地心。當每一尊佛的光明來到的時候，這個灌入菩薩頂的只是主光，還有許多餘光伴隨而來；那餘光無量無邊，究竟是同時前來要作什麼呢？因爲諸佛放光前會先吩咐座下的菩薩們：「**你們凡是有神足通，有意生身的人，都趕快去那裡等候。**」於是大家就趕快去了，諸佛伴隨著灌頂主光而來的那些其他的光明，就爲其他的菩薩們灌頂，這樣才是眞的灌頂啊！密宗喇嘛拿水幫你噴一噴，澆一澆，那叫作兒戲灌頂。這時只要諸佛這麼一灌頂，這位十地菩薩立即獲得無量百千萬億三昧，可以隨時運轉不斷了，經文中這個「得百千萬億無量旋陀羅尼」就是這個意思，所以這一定就是十地菩薩。其餘的九地和以下的菩薩們，就被餘光所灌頂，也獲得很多的三昧，道業大大增長。

接下來說還有兩個千的「中國土微塵數菩薩摩訶薩，能轉清淨法輪」。一個大千世界有三個千，怎麼說三個千呢？像我們這樣一個太陽系的世界，就是一個小世界；一千個太陽系小世界，就是一個小千世界；小千世界有一千個，就叫作中千世界，這中千世界不就是有兩個千了嗎？這樣的中千世界有一千個，叫作大千世界，就是有三個千了，這樣一千個中千世界就稱爲大千世界。所以一個大千世界就稱爲三個千的大千世界，被稱爲三千大千世界。並不是有三千個大千世界，不要誤會了，因爲數目相差太多了。所以一個娑婆世界就是三個千的一個大千世界，爲什麼有三個千呢？因爲一千個中千世界就是一個千，每一個中千世界又有一千個小千世界，而每一個小千世界有一千個小世界，所以一個大千世界就有三個千了，就稱爲三個千的大千世界，簡稱三千大千世界。

這裡說的是兩個千，兩個千的中千世界便叫作「**中國土**」，不是大國土，大國土就是三千大千世界。把兩個千的「**中國土**」磨成粉末，磨成微塵，像那麼多微塵數的菩薩摩訶薩能夠運「**轉清淨法輪**」。這個數目比剛才那個三千大千世界微塵數的菩薩摩訶薩少了很多，對不對！少了多少呢？少一千倍。正是少了一千倍，因爲只有兩個千嘛。一千個中千世界才成爲擁有三個千的大千世界啊！那現在是兩個千，就表示是大國土的千分之一，數目更少了。說這樣兩個千的「**中國土**」的微塵數菩薩摩訶薩能夠運「**轉清淨法輪**」，「**清淨法輪**」是什麼境界？是等覺地啊！

在《楞嚴經》裡面也這麼說，要一直修行到等覺地的時候才算是六根清淨位，那時識蘊六個識就只是識蘊六個識，與一切染污法都不相應，與行陰的習氣種子也都不相應，所以你想要等覺菩薩被你嚇一跳是不可能的，瞭解嗎？因爲他跟行陰的習氣種子已經不相應啊！行陰的習氣種子已經斷盡了，所以叫作清淨地，所以這就是等覺菩薩。當你能夠運轉清淨法輪時，也就是說，從初地到十地滿心的一切法，都無有不知啦！所以是清淨地。在清淨地可以運轉清淨法輪，那你問我說這是什麼境界？我沒辦法講啊！我只能告訴你：他的行陰習氣種子已經全部斷盡了。色受想行的習氣種子全都斷盡了，就是清淨地，這時是六根即將互通的境界。那到底是什麼境界？這不是我們能猜測的。

好！接下來：「復有小千國土微塵數菩薩摩訶薩，八生當得阿耨多羅三藐三菩提；」小千，比剛才兩個千的「中國土」差了幾倍？還是相差一千倍，剩下千分之一，這個數目更少了！就是說一千個小世界，也就是把一千個太陽系裡面的山河大地都磨成微塵，這些微塵數目的菩薩就是這麼多。雖說又少了一千倍，我們也還是無法計算；而這些菩薩摩訶薩們，再過八生—再經歷八次受生—以後就會成佛了。這個你們更別問我說：「那是什麼境界？」因爲根本不知道。

接下來：「復有四四天下微塵數菩薩摩訶薩，四生當得阿耨多羅三藐三菩提；」四個四天下，這是說，一個須彌山有四個大部洲，包括三惡道及欲界天和初禪天世間，叫作一個小世界；而這一個小世界中的人間四大部洲，叫作一個四天下；這樣的天下有四個，就是四個四天下——「四四天下」。

既說是四個四天下，就表示總共有四個小世界。這是因爲一個小世界有四大部洲，合稱爲一個小世界，又叫作「一四天下」。因爲這是在忉利天之下有四大部洲，所以這只是一個小世界，每一個小世界裡面有四大部洲。但這句經文講的是「四四天下」，也就是四個小世界的人間，上至初禪天爲止。

這四個小世界的微塵，不包括欲界天、色界天的更微細物質，只算人間的。把四個人間小世界的山河大地等等磨成微塵，如同這些微塵數的菩薩摩訶薩，數目顯然比前面說的少很多了，但一樣也是無法以人間的數目計算的，這一些菩薩們再過四生就可以成佛了。我們是應該要羨慕，但是不要打妄想說：「我也要這樣。」因爲那是不可能的，一定得要按部就班；所希望的目標可以懸之高遠，但一定要腳踏實地實修。如果不能腳踏實地而產生了妄想，將來會很麻煩的。這些菩薩是「四生當得阿耨多羅三藐三菩提」。

接著說：「復有三四天下微塵數菩薩摩訶薩，三生當得阿耨多羅三藐三菩提；」這是說，減掉了四分之一的數目。把三個小世界的四大部洲山河大地全部磨成微塵，像這樣數目的菩薩摩訶薩們，再過三生就會成佛了。「復有二四天下微塵數菩薩摩訶薩，二生當得阿耨多羅三藐三菩提；」接著說，還有許多菩薩們，是把兩個小世界的四大部洲，就是總共八大部洲的山河大地萬物都磨成微塵以後，像這些微塵數目的菩薩摩訶薩們，再經過兩次受生就會成佛。接著說：「復有一四天下微塵數菩薩摩訶薩，一生當得阿耨多羅三藐三菩提；」是一個小世界的四大部洲所有山河大地磨成的微塵數目的菩薩摩訶薩，再經過一生就可以得到阿耨多羅三藐三菩提，這就是一生補處的妙覺菩薩了。

我們聆聽　世尊演說如來壽量時，說到祂的座下有許多菩薩們，也許是再過八生、再過三生、再過二生就可以成佛的；聽到最後是許多人已經是妙覺菩薩一生補處，再來人間受生時就可以成佛了。但是比較多的是什麼人？是「八世界微塵數眾生，皆發阿耨多羅三藐三菩提心。」因為有的人有神通，住在　釋迦如來的淨土中，但還沒有開悟，他們也願意行菩薩道，願意一步一步走向成佛之道，這就是「發菩提心」。

這個「發菩提心」也可以解釋作「聽聞〈如來壽量品〉以後證悟了」，這也有可能啊！不能說沒有這個可能。因為如果有智慧的話，聽完　釋迦如來演說「如來壽量無邊無際」時，反觀一下到底自己這個五陰十八界虛妄，全都否定以後還有什麼？那不就知道《妙法蓮華經》如來藏了嗎？當你知道說：「原來就是這個心，這個就是我的自心如來。」那你就知道自己的如來是多麼護念你，是時時刻刻都在護念你，那你這時不就確定要走向佛菩提道了嗎？這時開悟明心也就是勝義說的「發菩提心」啊！而且是發眞菩提心啊！所以這「八世界微塵數眾生」，全都發起了無上正等正覺之心。

那麼這樣看來，值遇諸佛時實在太幸福了！千萬要把那五千個退席的聲聞人作爲前車之鑑，不要像他們那樣一聽到 佛陀即將要開講《法華經》，就退走而失掉大法利。佛陀平常一定曾經說過：「我將來講《法華經》，就會告訴你們如來壽量無盡，二乘菩提並不是眞正的佛法，阿羅漢們都還沒有成佛。」所以定性聲聞才一聽到 佛陀眞的要開講《法華》時，知道這回眞的要開講了，他們都不相信，於是就當場退走了，那他們在法上可就失掉了很多利益。也許他們留下來聽聞以後，也有因緣可以悟入啊！只要悟得「此經」，此經就是《法華經》，就是妙眞如心啊！此經也就是《金剛經》啊！這一悟了，不就是「發無上正等正覺心」了嗎？有這麼大的利益，他們竟然不要，只因爲有增上慢，所以障礙了自己，那就眞是愚癡人。

那麼佛陀即將宣講《法華經》的時候，五千聲聞當場離席抗議，表示說：「我不相信世尊即將演說的《法華經》。」這可是很大的場面哪！五千人當場離席。我們四個講堂全都坐滿了（編案：這是二〇一二年元月十七日所說），如果一個講堂坐三百人，也不超過一千兩百人。五千人是我們今天四個講堂人數的四倍，你們想想，那規模多大？可是世尊「默然而不制止」，因為知道這些人聽聞《法華經》的因緣還沒有成熟，就等他們離開了才開始演講。所以有智慧的人要記取前車之鑑，不要像那五千聲聞一樣，那都只是凡夫。

那麼諸位一定想說：「那麼依照你這麼講，值遇如來是非常好的，可是為何到了今天我都還沒有悟入？」有沒有想過？一定有人在心裡面打上這麼個大問號。可是你們要想一想，證悟般若絕對不是小事欸！自古以來開悟的人是那麼少、那麼少啊！你們看一千多年來的中國禪宗公案，只不過留下一千七百則，其中還有魚目混珠的錯悟禪師沒有被剔除掉。而這些禪師們一世又一世是同一個人，這樣經過一千多年下來能有多少人？禪師們的名號，是每一世都會有一個名號的；前世悟過的人想要再悟一遍都很容易啊！那你們想想，這樣算下來，一千多年來中國證悟的祖師實際上會有多少人？你們想想看嘛！

一般來說，比較寬鬆的說法是五十年一代；若是比較嚴謹的人就說二十年爲一代，我們不要這樣講，好不好？因爲我們要以人壽來算，就算那些祖師每一個人活八十歲好了，這算是高壽了，古人若是這樣就算是高壽了；同一位祖師每一世活八十年就有一個名號，一千多年下來，他要使用幾個名號？然後以一千年去除那個數目，其實沒有多少人啊！那麼爲何般若這麼難悟入？因爲要開悟就是一件很困難的事啊！自古以來就是這樣子，所以眞正的開悟，總是要遇到好的因緣，還要遇到好的善知識，然後還要遇到很好的時節。如果像以前正法弘傳很平順的年代，那個時節對你們是不夠好的；那時禪師手頭都很儉，因爲他不需要用人啊！他覺得說：「我家裡有兩個孩子也就夠啦！我養那麼多幹什麼？一天到晚要去募化，多辛苦！孩子可以養少一點，日子過得輕鬆，只要正法法脈延續不斷就好了。」禪師們都是這樣想的啊！

所以什麼時節是對大家最好的時節？是外道猖狂的時節。當外道猖狂的時節，祖師想要弘揚正法、要護持正法，他想要復興正法就得要用人，所以生了十個兒子還嫌太少，再生十個也還是不夠用，就這樣一直生下去！那你要當他兒子就很容易了！因爲他可能要生上一千個兒子才夠用，那你們就很容易證悟了。如果是遇到那種承平的時代，沒有什麼外道在破法，正法很安隱地弘傳著，他就用不著大力護法，只要法脈能夠延續就好了，所以師徒三、四個人也就夠了；就這樣過日子，蠻逍遙的，那你想要找他求悟，難不難？難啊！所以諸位也不要抱怨說：「我們現在這個年代，外道這麼猖狂，得要護持正法，要與外道奮鬥，眞的好辛苦呀！」不叫你辛苦，你還能有因緣開悟喔？沒有什麼機會可以開悟的了。

正是因爲很辛苦去護持正法，你的福德才能快速累積上來，然後才會有因緣可以開悟，所以我們要不斷地開闢福田。護持正法有很多種福田可以開闢出來，那麼大家都努力去作；作了就有福德，不作就沒福德。有了福德資糧時，你向 佛陀請求：「禪三快到了，請世尊給我個機鋒吧，我悟了就更有能力護持正法。」祂就可能給你！如果你的福德資糧不夠，再怎麼求也沒用，世尊都只能笑一笑：「你的福德資糧都還差這麼多，我怎麼幫你？豈不是會害了你。」就是這樣！

所以說，能值遇佛是很不容易的，但是值遇很多尊佛以後還不一定能夠悟入喔！大家都曾經值遇多尊佛而聽聞過《金剛經》，「信以為實」，不把經中說的當作一切法空；都還沒有辦法開悟，只是相信而已，世尊說：「像這樣的人，當知不於一佛、二佛、三四五佛而種善根，已於無量千萬佛所種諸善根。」都已經值遇無量佛而聽聞《金剛經》，並且都是「信以為實」，都還沒辦法開悟欸！不過，諸位總是比那後末世五百年信受《金剛經》所說是眞實法的人，都要強很多！才能夠走進正覺來聽經，並且都不肯走人。不然，這麼深的《法華經》，這麼難信的《法華經》，你聽得下去？才怪！所以你們也不要氣餒。但是我們會一方福田又一方福田不斷地開闢出來，大家繼續努力去作，只要福德夠了，禪三前 世尊就會給你們機鋒，不必等到去禪三才得我給的機鋒。

假使 世尊給的機鋒你悟不了，那麼到了禪三的時候，也許我給你一個機鋒，你說：「欸！怎麼跟世尊給的一樣！」那時就是你破參的時候了！這是會裡常常有的事。因此能夠值遇佛確實是不容易的，但是當你「已於無量千萬佛所種諸善根」，你的福德滿足了，就是你證悟而發起眞菩提心的時候，就不是事相上的發四宏誓願那個發菩提心了。那麼這樣子，《法華經》講到這裡，就開始要慢慢轉入尾聲了。雖然說，後面還有一、二品，但眞的是要轉入尾聲了，因爲接下來有關於眞實義的部分就比較少，雖然講得更貼切一些。所以接下來看下一段經文怎麼說：

經文：【佛說是諸菩薩摩訶薩得大法利時，於虛空中雨曼陀羅華、摩訶曼陀羅華，以散無量百千萬億衆寶樹下師子座上諸佛，并散七寶塔中師子座上釋迦牟尼佛及久滅度多寶如來，亦散一切諸大菩薩及四部衆。又雨細末栴檀、沈水香等。於虛空中，天鼓自鳴，妙聲深遠。又雨千種天衣，垂諸瓔珞：眞珠瓔珞、摩尼珠瓔珞、如意珠瓔珞，遍於九方。衆寶香爐燒無價香，自然周至，供養大會。一一佛上，有諸菩薩執持幡蓋，次第而上至于梵天。是諸菩薩以妙音聲，歌無量頌，讚歎諸佛。爾時彌勒菩薩從座而起，偏袒右肩，合掌向佛而說偈言：「

佛說希有法，昔所未曾聞，世尊有大力，壽命不可量。

無數諸佛子，聞世尊分別，說得法利者，歡喜充遍身。

或住不退地，或得陀羅尼，或無礙樂說，萬億旋總持。
或有大千界，微塵數菩薩，各各皆能轉，不退之法輪。
復有中千界，微塵數菩薩，各各皆能轉，清淨之法輪。
復有小千界，微塵數菩薩，餘各八生在，當得成佛道。
復有四三二，如此四天下，微塵諸菩薩，隨數生成佛。
或一四天下，微塵數菩薩，餘有一生在，當成一切智。
如是等眾生，聞佛壽長遠，得無量無漏，清淨之果報。
復有八世界，微塵數眾生，聞佛說壽命，皆發無上心。
世尊說無量，不可思議法，多有所饒益；如虛空無邊，
雨天曼陀羅、摩訶曼陀羅；釋梵如恒沙，無數佛土來；
雨栴檀沈水，繽紛而亂墜，如鳥飛空下，供散於諸佛。
天鼓虛空中，自然出妙聲；天衣千萬種，旋轉而來下；
眾寶妙香爐，燒無價之香，自然悉周遍、供養諸世尊。
其大菩薩眾，執七寶幡蓋，高妙萬億種，次第至梵天；
一一諸佛前，寶幢懸勝幡；亦以千萬偈、歌詠諸如來。

如是種種事，昔所未曾有；聞佛壽無量，一切皆歡喜。佛名聞十方，廣饒益眾生；一切具善根，以助無上心。

語譯：【佛陀說明這些無量菩薩摩訶薩們，由於聽聞「如來壽命無量」而得到這麼大法上的利益時，隨即在虛空中猶如下雨一般，降下了白花、大白花，這一些花就散布在無量百千萬億寶樹下的各個師子座上，從十方來的釋迦如來的化身佛身上，並且也向七寶塔中師子座上的釋迦牟尼佛以及很久就已示現滅度的多寶如來散花，也向一切諸大菩薩以及在家菩薩和出家僧眾散花供養。

不但如此，又從虛空中猶如下雨一般，降下磨得很細微的粉末栴檀香、沉水香等。這時在虛空中同時又有天鼓自動開始鳴響，這些天鼓的聲音很微妙，而且能夠傳得很深遠。虛空中又同時如同下雨一般，有千種不同的天衣降下來，而每一件天衣都是「**垂諸瓔珞**」：在這些天衣上的瓔珞都是怎麼樣的瓔珞呢？有眞珠瓔珞、摩尼珠瓔珞、如意珠瓔珞，遍於九方同時降下來。而且還有以眾多寶物所製成的香爐，燒起無價的寶香，自然而然周遍到達任何一個法會上的處所，來供養大會上的諸佛和菩薩摩訶薩們。在每一尊佛的上方，也都有諸菩薩執持著幡蓋，就這樣子，無量無邊十方來的釋迦牟尼佛的化身佛，個個身旁都有菩薩執持幡蓋莊嚴著，就這樣次第而上一直到初禪天。這一些菩薩們個個都用勝妙的音聲，而以歌唱的方式，唱出了無量的偈頌來讚歎諸佛。這時菩薩們即將讚歎完了，彌勒菩薩從座而起，偏袒了右肩，合掌向世尊說了這樣的偈：「

佛陀演說稀有難聞之法，是我們往昔所不曾聽聞的，世尊有這樣的大神力、大福德力、大智慧力，壽命長遠而不可測量。

無量無數佛子們，聽聞世尊這樣詳細演述分別，而說得到法上大利益的人，都是歡喜充滿了全身。

這些人之中，或者有人住於不退之地，或者有人得到了聞持陀羅尼，或者有人得到了樂說無礙辯，或者有人得到了無量百千萬億旋陀羅尼總持。

或者有這麼多數目的人，譬如一個大千世界磨成粉末的微塵數菩薩眾，他們每一個人都能夠獨自運轉，不退轉的大法輪。

或者有中千世界，全部磨成微塵數的菩薩摩訶薩們，他們所有人都能夠運轉，清淨的法輪。

或者有小千世界，磨成微塵數的菩薩摩訶薩們，只要再受生八次，就都可以成佛了。

或者有四個四天下、三個四天下、兩個四天下，像這樣的四天下，磨成微塵數的諸菩薩眾，隨著各人的不同，而在四次乃至二次受生之後，就能夠成佛了。

或者只有一個四天下，磨成微塵數的菩薩摩訶薩們，只剩下再受生一世，就可以成就一切智。

像這樣無量無邊的眾生，聽聞到佛陀的壽命長遠無量，就能獲得無量的無漏法，以及清淨自心的果報。

還有八個世界國土，磨成微塵數的無量無邊眾生，聽聞到佛陀所說如來壽命無量的時候，全都發起了無上心。

世尊爲大眾演說了無量無邊，令人不可思議的佛法，對大眾多多地饒益；這時猶如虛空無邊一樣，從虛空中降下了天上才有的白花，或者降下大白花；

一切釋提桓因和梵天大眾們，猶如恆河沙的數目一般，從那麼多恆河沙數的無數佛土來到這裡；並且也如下雨一般降下了栴檀香、沈水香，猶如繽紛一般四處平匀地飛墜下來，就好像飛鳥從虛空飛下來一樣，來供散於諸佛。天界的天鼓也在虛空中，自然而然顯現出微妙的音聲；並且還有天衣千種萬種，從天空旋轉著紛紛掉下來供養諸佛和一切大眾；由各種妙寶所製成的香爐中，焚燒著無價的寶香，自然而然周遍於大眾所在的每一處地方，也供養了諸佛世尊。而諸佛世尊身後也各有大菩薩眾，執持著七寶製成的幡蓋，既高而又勝妙，有萬億種的差別不同，這樣子奉侍諸化身佛，次第直到初禪天；在每一位化身佛的面前，也都各有寶幢，而且寶幢的兩旁還懸掛著勝妙的幡；還有無量無邊的菩薩眾們，各各都以千萬種不同的偈頌，歌唱著詠歎諸如來。

像這樣種種的事情，是我們以前所不曾看見過的；大家聽聞到如來壽量無邊，一切人全部都發起了歡喜心。

釋迦如來聖名遠聞於十方世界，廣爲無量無邊眾生多所饒益；讓一切眾生見聞者都可以具足善根，用這樣的方法來幫助大眾發起無上心。」】

講義：這一段經文很長，這個意思其實不必作很多詳細的解釋，我們只要作個概略的說明就好。佛陀演說《法華經》的過程中，總是一直有人向佛陀稟報說：「**這部《法華經》講到這裡已經可以圓滿，多寶如來您可以回去了。**」可是世尊沒有這麼容易就讓它圓滿的，因為這是利益很多菩薩眾的大好機會，為什麼要隨意把它結束？就好像諸位聽我演說到現在，如此勝妙的《法華經》，如果我半年就把它講完，諸位願不願意？有沒有人點頭？沒有，為什麼四個講堂大家都搖頭？因為就是想要聽勝妙的演繹。如果只是想要依文解義，那我們大家都去買一些大師的註解就夠了，不然去讀一讀古時祖師所作的科判也就行了！

把那些科判拿來閱讀，不過一天就全部讀完了，那你們為何要這麼辛苦每週都來這裡坐這麼久，等候聽經？總是坐到腿痠，還得要上腿換下腿，換來換去。甚至有的人換到後來，還得改為蹲坐。有沒有人跨鶴坐？應該是沒有。但是為什麼要這樣子辛苦來聽經？為的就是正覺講的《法華經》跟人家作的科判，或是跟人家寫的註解或演講不一樣。如果都是一樣的，你們也就不必來聽我講經了。就好比有人說：「**那一家餐廳口味怎麼樣？**」總要先問一問跟自家隔壁這一家的口味是否一樣。假使聽說都是一樣的，「那就不用去了，我在隔壁這一家吃就行了。」這是一樣的道理啊！

就因爲我不是依文解義，要講出其中的眞義，與外面的大師們依文解義完全不同，你們才要來正覺聽。不然，隨處都可以聽到大師在講《法華經》，每隔幾年就會有大山頭在講《法華經》，還怕沒得聽嗎？對不對！例如我們開講《法華經》半年、一年的時候，臺灣後山也有一位大法師跟著開講《法華經》，三、兩天就講完了！《法華經》這樣的深妙法，可以在三天內講完，眞厲害！你就是威脅要把我殺了，我也沒有辦法這麼快講完的。這裡面有很多勝妙的法義，所以我才要講這麼久。

同理，世尊一定不會讓《法華經》講到一半就結束，因爲可以利益無量無邊的大眾，當然 世尊一定知道最後講解「如來壽命無量」，把如來與菩薩摩訶薩們的功德加以分別出來的時候，會有很多菩薩得到大利益，當然要繼續把它講完，所以就請 多寶如來繼續再留下來，等 世尊把《法華經》全部講完。多寶如來發的願正是要聽《法華經》，既然要聽《法華經》，當然不要聽一半，要聽完整的。半調子，誰都不想要，大家都要完整的。如果你去買一顆珍珠，會想要買一半的嗎？切半的珍珠你不要嘛！好珍珠一顆如果賣五萬塊錢，你把它切半以後，並不是一半兩萬五，而是每一半都可能剩下五千元、一萬元，要瞭解這一點哦！

所以說，完整的才有價值，因此 多寶如來座下的菩薩說：「請多寶世尊回去本來的世界。」多寶如來卻說：「時間還沒有到。」因為祂早知道 釋迦如來一定會這麼講，所以又繼續把它完成。多寶如來坐在這邊，不必說什麼法就有隨喜功德，何樂不為？讓 釋迦如來講到很辛苦、很辛苦，都沒關係，多寶如來都不必作什麼，只要坐在這裡聽，復習一下以前是怎麼成佛的，又是怎麼為弟子授記等等，重新再看一遍也不錯，對不對？就好像世間人，譬如拍了一部好電影，得到好幾座金馬獎，然後又是獲得柏林影展，什麼美國影展，全都得到最高獎項，有空時閒著沒事，是不是要重新再來把它觀賞一遍回味一下？這有什麼不好？

更何況還有利樂眾生的功德，多寶如來坐著繼續聽下去，就有隨喜功德，於是就一直留下來聽；所以 釋迦如來從十方世界來的化身諸佛也繼續留下來，共同圓滿這個功德。這時大家當然就一直延續聽到最後，當這些大菩薩獲得這些大利益的時候，當然也要慶祝的，所以諸天就開始作了供養，於是從梵天開始降下供養來。這時乃至天魔波旬都同樣要供養的，因爲凡是有修福的機會，他也是不會放過的。他固然要阻止人家成就佛道，可是修福可以鞏固他擁有的他化自在天王寶座；既然他的天主寶座可以因此而鞏固，所以修福的事情他是不會拒絕的，他只是會阻止人家得解脫。

由於此故，他化自在天的天主天魔波旬，也是一定要供養　如來所說經的功德，他是不會放棄的；所以從梵天、他化自在天、化樂天，一直到四王天，都是「於虛空中雨曼陀羅華、摩訶曼陀羅華」，這樣就是散花供養一切現場的　釋迦如來、多寶如來與諸化佛賢聖等人。還要有香：細末栴檀、沈水香等散作供養。這個屬於塗香，或叫作抹香；古印度的有錢人，洗澡後有時會用沈香粉塗一塗。現在臺灣佛教界，有人就把沈香油當作香水一樣，在身上塗一塗、抹一抹，也是同樣的意思，這經文說的是香粉。

不但如此，還有別的供養：千萬種的天衣。也許諸位有人想說，這「細末栴檀、沈水香等」，値得一提嗎？老實說，眞正好的牛頭栴檀，眞正好的沈水香是很貴的。而且現在愈來愈貴，如果你拿得到這麼一塊直徑十公分粗的，只要一尺長就好，可以用來雕佛像，你知道這麼一尺的沈水香、純黑色的，叫作蜜沈，那要賣多少錢？等閑人還眞買不起。聽說得要拿台北市的房子賣了去買，你要是五股新莊郊區的公寓房子拿去賣了，也還買不起，很貴的，而且如今已經愈來愈少了。

而且想起來說，我們是不是在禪三道場，可以挪出一些空間來種沈香？沈香種了以後，大概幾年就得要開香門。開香門很簡單，在靠近樹根的地方把皮剝掉一個四方形的空間，再把特定的細菌種進去，那叫作開香門。然後細菌會開始腐蝕沈香木，沈香木就分泌油脂來對抗，那油脂分泌了就留在樹幹中，燒起來是很香的。沈香之所以香就是這樣來的，如果那棵樹沒有感染特有的一種細菌，就不會分泌油脂，那棵樹燒起來就不會香，就不叫作沈香。我倒想說，我們是不是可以種一些？普通的沈香木還不過兩三尺高，只是一棵就要兩三千塊錢，眞的好貴啊！但這是專門的技術。沈香愈來愈稀有，因爲學佛人越來越多，大家都想供佛，於是供不應求，產量少，所以愈來愈貴。

言歸正傳，除了這一些細末栴檀香、沈水香以外，天鼓亦響起來，就開始有天衣從諸天迴旋而下。衣服掉下來時不會直直掉下來，它會張開而開始旋轉，就像摩訶曼陀羅花降下來時也會旋轉一樣。諸位想像一下，將來你成佛的時候演講《法華》，諸天散花供養，有白花、大白花，想想看那個景色；你想像完了就應該再想說：「我應該要成佛才行。」因爲可以利益好多人。接著天衣自然而降，這些天衣，每一件都是「垂諸瓔珞」。這類衣服你們有沒有看見？中國似乎比較少，洋人有的衣服會有一串串的流蘇；但是這個天衣的流蘇是一串又一串的瓔珞，所以是「垂諸瓔珞」。這些瓔珞又有各種不同的材質，有「眞珠瓔珞、摩尼珠瓔珞、如意珠瓔珞」，當然都是很勝妙，這樣降下來供養大眾。

還有眾寶所製成的香爐，香爐最珍貴的是哪一種？銅作的不算很珍貴，還有銀作的、黃金作的，甚至紫磨金製作的。那就夠珍貴了嗎？還不夠，還有用很珍貴的寶玉製成的，那就更珍貴。如果有一個小小的、直徑只要一寸、二寸的香爐，是用什麼做的？是用翡翠做的，而且整體都是翠亮透明的翡翠，那一個要值多少錢？眞是難以想像，所以珍寶，眞的很難說是什麼寶最珍貴？永遠都會有更貴的。因此，以各種不同寶物製成的香爐是最好的，當然是要拿來供佛，所以這時就拿出來供佛。

又在眾寶所成的香爐裡燒了無價之香，既是無價之香，就不要想是我們現在的這種香。現在的中藥店賣的好沈香，好像一臺斤賣到兩萬多塊錢臺幣，那只算普通而已；如果是蜜沈，一臺斤要多少錢？可是蜜沈一定燒不起來，得要有方便善巧來燒，否則把那個香粉放在臥香爐裡面，點了也就熄火了。純的好沈香往往不容易燒，有個方法，在臥香爐弄一條淺淺的溝，把一條純棉的細繩放進去，再把沈香鋪陳上去，這一點燃就不會熄了！因爲純的沈香會熄掉，它的油脂很高；油脂愈高就愈香，愈香就愈容易熄火，我就教諸位這個方法，這是我平常用的方法。

但這樣的沈香還不算是最名貴的，還有「無價香」；既是「無價香」，當然是從天上拿下來點燃的。人間最貴的是沈香，以外還有什麼香？乳香。聽說乳香也很貴，可是乳香我沒點過，不曉得味道如何。但沈香眞正好的可是非常貴，我十幾年前曾經供過佛，現在找不到那種沈香粉，那麼香的現在已經找不到了。可能現在所謂的沈香粉，大概都有添加別的木材細末，不管多貴的沈香，如今聞起來都已經沒那個味道了。這是時代如此，且不談它。

燒「無價香」時可以「自然周至」，「無價香」不必煙散到那裡才香，你一點起來，還沒有看到煙，就整個地方都香了，這才是眞正的「無價香」。除了蜜沈的沈香粉，不曉得還有什麼香是很香的？諸位要是有人知道，有機會就告訴我。供養諸佛時當然得要有幡蓋，就是在諸佛之上遮陽、遮雨也遮灰塵，這也是供養諸佛時所應該有的。所以如果一個佛寺蓋起來，屋頂很高，沒有天花板遮塵，這時佛像上方就應該有一個寶蓋作爲供養。若是像我們在大樓裡面這樣的佛龕，就沒有辦法裝上寶蓋供養。我們以前曾經訂製一對寶幡，嘗試掛在佛菩薩聖像的兩旁；可是掛起來顯得不莊嚴，變成很俗氣，所以就收起來，以後都沒有再用了。由於場所不同的時候，就要有不同的供法；當你屋頂很高或者是在野外，那就一定要有蓋。

有時候有幢，幢跟蓋不一樣，蓋就好像雨傘一樣，邊邊有各種瓔珞垂下來而作莊嚴，幢則是圓形的直筒，叫作寶幢，那就不一樣，作爲威儀莊嚴之用的。這些大菩薩們執持著幡與蓋，站在諸化身佛旁邊供養。有人持蓋，旁邊又有兩個人執幡，幡應該寫上什麼呢：南無 釋迦牟尼佛。如果你是 釋迦如來的隨侍菩薩，就應該要有這樣的幡。如果是從某某世界來的化身如來，身邊的那位菩薩就執持著「某某世界釋迦如來」字樣的幡，這也是一種供養，不然人家都不曉得禮拜以後究竟是禮拜了誰，唱讚的時候也不曉得要怎麼稱呼，那可就麻煩了，所以這都是應有的威儀。

菩薩們都執持幡蓋，是因爲從十方世界來的 世尊化身如來太多了，所以由人間「次第而上至于梵天」；然後這些無量無邊的菩薩們，都以妙音聲「歌無量頌，讚歎諸佛」，歌就是把讚頌用唱的方式唱出來，這樣來「讚歎諸佛」。讚歎諸佛的時候，要如何稱名呢？就看每一尊佛身旁菩薩擎著的幡，看它幡上寫的是什麼名號，就知道這是從某某世界來的 釋迦如來的化身佛，那你就知道該怎麼讚頌了。這樣子一一讚頌，場面很難想像，因爲這不是人間有的事情。

不管有神通、沒有神通，如來的威神力加持而讓大家都可以看得見，這時 彌勒菩薩太感動了，所以「從座而起」又「偏袒右肩」準備請示 佛陀。我們穿搭菩薩衣，是表示恭敬的意思；是什麼地方表示恭敬？正是在於偏袒右肩！我們這裡天氣沒有像天竺那麼熱，所以我們大家的穿著也不容易偏袒右肩；得要將扣子一一解開，然後從袖子裡把手伸出來示敬，確實是很困難的。但在古天竺的衣服，只是這樣披著，有一點像縵衣一樣這樣繞過去，就像是南洋的紗籠裝一般；並且是沒有袖子的，所以要偏袒右肩時，只要把這片衣邊往下拉一拉，手就可以伸出來。有些像日本武士穿的那種衣服一樣，衣領很寬鬆，一下子就能把手伸出來，是一樣的意思。

偏袒右肩就是表示恭敬，這個偏袒右肩的事情，可能諸位經歷胎昧以後都已經忘了；我前兩年才夢見大約四千年前在印度生活，眞的就是偏袒右肩，不管男眾女眾都是偏袒右肩的。我那時候的老婆也是偏袒右肩，因爲那個天氣就是很熱，大家都是這樣子生活的。但是也算很露，所以偏袒右肩是表示什麼？表示我無遮無隱，我是很坦然的，我是沒有隱藏、沒有隱匿地示現在你面前。所以偏袒右肩是表示恭敬輸誠的意思。接著要向 佛陀稟告而說話時，就是要合掌。彌勒菩薩所說的，我們就大略解釋一下。

「**佛說希有法，昔所未曾聞，世尊有大力，壽命不可量。**」佛陀說的如來壽命無量，這眞的是稀有，因爲以前沒有人聽過。大家所知道的 佛陀已經八十幾歲了，已經宣告要入涅槃了，所以大家都會以爲 佛陀在人間就只有八十幾歲。可是大家所看到的只是應身，那不是眞實的如來。在講《金剛經》時已經跟大家講過了：不能以色見如來。如果以這個色身來見如來，或

者聽到　佛陀講話時就想：「啊！這位就是如來。」這是以音聲求法，這樣的人就看不見如來。因爲那都是生滅法，是隨順於眾生的因緣，受生示現在人間的，那不是眞實的如來，佛弟子們應該要見眞實的如來才對。

可是眞實如來是三大阿僧祇劫修行以後所成就的報身佛，那壽命也是無量無邊的，所以　世尊在淨土經中不是也說過嗎？憶念任何一尊佛時也是憶念無量壽佛。爲何這麼說？因爲每一尊佛都是無量壽，只是有的佛不稱爲無量壽而已，所以唸一句「阿彌陀佛」其實也是唸無量諸佛的名號，因爲無量諸佛也都是無量光，所以沒有差別。因此，如來壽命無量，不是只有　釋迦如來壽命無量，而是一切如來全部壽命無量；而這個是稀有法，以前不曾聽聞。諸位將來成佛以後講《法華經》，也會是最後才演講出來，也不會在平常就完整講出來；所以這眞是「昔所未曾聞」。爲什麼　世尊能夠有這樣的大威神力？因爲這是三大阿僧祇劫利益了無量無邊眾生才能成就的。利益無量無邊的眾生而成佛以後，還是繼續依十無盡願，利樂有情永無窮盡而無量無邊，所以如來壽命不可測量。

「無數諸佛子，聞世尊分別，說得法利者，歡喜充遍身。」無數的佛子們，層次差別萬端，聽到世尊這樣細說以後，有這麼多的菩薩都說，各自得到不同法上修證的利益，當然「歡喜充遍身」。這樣才叫作法喜充滿，沒有法的實證而說法喜充滿，只能叫作世間法的喜樂充滿。接著又說：

「或住不退地，或得陀羅尼，或無礙樂說，萬億旋總持。」這就是說，從行不退，或者得到了總持，或者得到樂說無礙，或者得到無數的旋陀羅尼，各有不同的修證，都在〈如來壽量品〉講完的時候各自獲得。

「或有大千界，微塵數菩薩，各各皆能轉，不退之法輪。」也有一個大千世界磨成微塵數的菩薩眾，每一個人都是能運轉不退法輪的。想一想說，像世尊這樣子度眾生，反觀我們所度的眾生，想要期待大家入地都很難。我這個期待是愈來愈稀微，本來還有抱著很高的期待，但這個期待是愈來愈稀微。因為實際上真的就是三大阿僧祇劫之中，得要一步一腳印實修，沒有辦法一步就跨過賢位的三十心，所以真的很難。

如果佛法修學很容易的話，諸位想一想，在慈濟功德會的那麼多人，有好多人每一年都捐好幾百萬元，你能說他們善根不夠嗎？看來又不像。可是從法的修證來說，你還真的要說他們善根不夠，所以他們不論怎麼逛道場，都是會跟正法擦肩而過。為什麼說是擦肩而過？因為那些慈濟委員們，有好多人得到過正覺的書，往書架上一放，就是沒有意願要拿來讀一讀，那不就是擦肩而過嗎？對啊！然後等到下一世，那時都忘了，都不記得前一世曾經擁有正覺的書。下一世才終於眞正發大心學佛了，那時說：「哎呀！這正覺的書，眞的是太棒了！」讚歎得不得了。為什麼那時候才會讚歎？因為他這一期生死之中，努力去布施、修除性障，才終於能夠在下輩子與法相應。也就是這一期生死結束以後，算總帳了：他的福德現在已經有多少了。這樣來算。

可是絕大多數的慈濟人，仍然要繼續在十信位裡面慢慢修行，這是無可奈何的事。所以想一想，世尊這樣把〈如來壽量品〉講完，這麼多人得到了大法的利益，有一個大千世界微塵數的菩薩們，從此開始都可以轉不退法輪，那我們要怎麼想像？眞的不能想像，只要信受就好。因為這眞的無法想像，叫你想像也無法想成功。連我也無法想像，既然大家都無法想像，就只有一件事能作：就是信受。信受以後就在自己現在這個階段上面觀察，現在應該修什麼、應該學什麼，就努力去修、努力去學，只有這樣子作。

「復有中千界，微塵數菩薩，各各皆能轉，清淨之法輪。復有小千界，微塵數菩薩，餘各八生在，當得成佛道。復有四三二，如此四天下，微塵諸菩薩，隨數生成佛。或一四天下，微塵數菩薩，餘有一生在，當成一切智。」還有中千世界、小千世界、四個四天下、三個四天下、兩個四天下的微塵數菩薩，各各有不同的修證，最後是一個四天下的微塵數菩薩眾再一生就可以成佛了，經歷這樣的過程才能叫作已經成佛。沒想到現代竟然有人說：「你們顯教的釋迦如來只是化身佛，我們密宗的即身成佛都是證得報身佛，所以我們喇嘛都比你們的佛更高。」但這樣的「報身佛」，曾經度什麼人證初果了沒有？度了什麼人明心沒有？全都沒有！所以那個報身佛，應該叫作家家酒的報身佛，小孩子扮家家酒的時候玩遊戲是還可以。就好像小孩子扮家家酒的時候說：「妳嫁給我，我娶妳當老婆。」然後就弄一些玩具在那邊說：「我現在想要吃飯了，我開始炒飯，這就是炒好的飯。」結果能吃嗎？都不能吃啊！連一粒米也沒有，只是作一個動作就算炒好了。這叫作兒戲嘛！這就是說，成佛要有成佛的實質，各個果位實證都要有各個果位親證的實質，可不能像密宗那樣玩家家酒一樣的成佛。世尊成佛的時候能夠這樣子度眾生，我們是辦不到的。所以我們要很清楚知道，不論開悟了、見性了，全都還不是究竟佛，像這樣就不會使自己的道業受到遮障。

「如是等眾生，聞佛壽長遠，得無量無漏，清淨之果報。復有八世界，微塵數眾生，聞佛說壽命，皆發無上心。世尊說無量，不可思議法，多有所饒益；如虛空無邊，雨天曼陀羅、摩訶曼陀羅；釋梵如恒沙，無數佛土來；雨栴檀沈水，繽紛而亂墜，如鳥飛空下，供散於諸佛。天鼓虛空中，自然出妙聲；天衣千萬種，旋轉而來下；眾寶妙香爐，燒無價之香，自然悉周遍、供養諸世尊。其大菩薩眾，執七寶幡蓋，高妙萬億種，次第至梵天；一一諸佛前，寶幢懸勝幡；亦以千萬偈、歌詠諸如來。」接著說，還有八個世界山河大地，磨成微塵數的眾生，聽到佛說壽命長遠，就發起了無上心，各個都發起無上道。

接著就是一個描述，現場境界的描述，世尊演說無量無邊不可思議佛法的時候，對大眾多所饒益；而且，猶如虛空一樣無量無邊，廣大的法華會中，從天上降下了天曼陀羅、摩訶曼陀羅，這樣子來供養 釋迦如來上至初禪天，從恆河沙無數佛土來的大眾和無量無邊 釋迦如來的化身佛。種種的供養，所謂栴檀、沈水，又例如天衣等等，這樣來供養法會中的諸佛菩薩。這樣子廣作供養之後，大家都很歡喜，因爲這些事情是以前都沒見過的，所以說：「如是種種事，昔所未曾有；聞佛壽無量，一切皆歡喜。」

「佛名聞十方，廣饒益眾生；」最後 彌勒菩薩讚歎說：「釋迦如來的聖名，通聞於十方諸佛世界，能夠廣爲饒益眾生。」世尊曾經講過《不退轉法輪經》，經中有這麼說：只要有眾生聽聞過 釋迦牟尼佛的聖號，將來就可以不退轉於如來法輪。爲什麼會這樣呢？原因何在？釋迦牟尼翻譯成中國話，叫作能仁與寂靜。對眾生能夠仁愛，而自心卻始終是寂靜的，是什麼樣的修證可以這樣子？眞正寂靜的時候是會入涅槃的，可是 世尊卻不入無餘涅槃，而又能夠對一切有情都有仁愛之心，這就是唯一的佛菩提道才能達到。所以聽聞到 釋迦牟尼佛名號的時候，就可以種下未來這個因緣，將來可以不退轉於如來法輪，所以說：「佛名聞十方，廣饒益眾生。」

譬如 釋迦如來在娑婆世界這裡，不斷地讚歎 阿彌陀佛、無量壽如來，說大家應當求願往生；可是十方世界中的諸佛如來卻在向大家介紹說，娑婆世界 釋迦如來那裡是多麼的好，雖然修道時很辛苦，可是道業進展很快速，鼓勵大家要往生到這個娑婆世界來，所以 彌勒菩薩說「佛名聞十方，廣饒益眾生」，絕對不是虛假的讚歎之言，這是如實語啊！就這樣子以 釋迦牟尼佛的名號廣爲利益一切眾生，使十方世界的有情可以漸漸具足善根，這樣子幫助眾生發起無上正等正覺之心，就是「一切具善根，以助無上心」。接著 世尊怎麼回應呢？

經文：【爾時佛告彌勒菩薩摩訶薩：「阿逸多！其有眾生，聞佛壽命長遠如是，乃至能生一念信解，所得功德，無有限量。若有善男子、善女人，爲阿耨多羅三藐三菩提故，於八十萬億那由他劫，行五波羅蜜：檀波羅蜜、尸羅波羅蜜、羼提波羅蜜、毘梨耶波羅蜜、禪波羅蜜——除般若波羅蜜，以是功德比前功德，百分、千分、百千萬億分不及其一，乃至算數譬喻所不能知。若善男子、善女人有如是功德，於阿耨多羅三藐三菩提退者，無有是處。」】

語譯：【這時世尊告訴彌勒菩薩摩訶薩說：「慈氏啊！如果有眾生聽聞說佛陀的壽命長遠到這個樣子，聽聞的時候有深入的信解；甚至不是很信解，只要能夠有一念的信解，他所得的功德就不可限量啊！如果有善男子、善女人，為了求無上正等正覺的緣故，在八十萬億那由他劫之中，修行六度波羅蜜裡面的布施波羅蜜多，和持戒、忍辱、精進、靜慮波羅蜜多；除了般若波羅蜜多不修以外，其餘五度都修；這樣子修行的功德比起前面那一個人，乃至比起前面聽聞如來壽命無量時只能生起一念信解的人，他的功德百分不及其一，千分不得其一，百千萬億分不及其一，乃至算數譬喻所不能知。如果有善男子、善女人有這樣的功德，他竟然還會在佛菩提道中退轉的話，沒有這個道理。】

講義：這就是說，佛陀的壽命長遠令人不能思議的事情，是很難令人信解的。不但從事上很難理解，從理上來說也不容易信解。從理上來說，佛是指什麼？如何是佛？是自心如來。自心如來本來就壽命無量無邊，沒有一個開始，本來已在，這個也很難令人信解。所以，理上都不容易使人信解了，何況是 佛陀成佛後的壽命無量無邊，這個事相上的長壽無邊，如何能夠讓人信解？這更是困難，所以能夠信受和理解的人是很稀有的。諸位一定沒聽過如來壽命無量無邊的說法，在《法華經》中才有聽過；可是理上的如來壽量無邊，諸位都聽過。但事上要如何信、如何解？這是一個難題。

應該信受如來的壽量無邊這件事，確實是不容易理解的，由於不容易理解所以就不容易信受。我們打個比方，在世間救護眾生的世俗生命，努力作一世，死後如果生到忉利天，那個壽命是人壽的幾倍？你一時還不容易算得出來，心算很好也不容易一時就算得出來。如果他再加修禪定證得初禪，死後生到初禪天去，那個壽量等於人壽多少倍？如果阿羅漢迴心成爲菩薩，或者修完一大無量數劫菩薩道，然後到了有佛出世時，他因爲胎昧而忘了前世的修證，所以又重新開始修行成爲阿羅漢，接著成爲菩薩，那時他如果生到天界去，所應得的菩薩壽命又增加爲多少？還眞沒辦法計算。

這還只是成爲阿羅漢迴心入地以後，如果是成佛時呢？於三大無量數劫利樂有情以後，所利樂的有情數量是無量無邊，而且都是世出世間的利益具足，那麼諸位想一想，如來所得壽命應當有多長遠！這樣理解了，你對如來壽命無量無邊也就容易信受了；如果不這樣深入理解就無法信受，單憑一句話、一段文字、一段開示，就說「釋迦如來壽命無量無邊」，你要怎麼信？把刀架在你的脖子上逼你信受，你都還會一念生疑。可是把這個道理講通了、理解了，你就容易信受了。這樣說明，諸位都信解了吧？

好！都信解了，你們就有很大的福德了。眞的啊！佛說：「聞佛壽命長遠如是，乃至能生一念信解，」我剛剛幫你們解釋得很清楚了，這已經不只是一念信解了喔！因爲你們現在已是如實信解的人，當然就如 佛所說的「所得功德，無有限量」。只是一念信解的功德就無有限量了，我們先不談諸位的深入信解，先說那個一念信解的人就好，世尊說：「如果有善男子、善女人，爲了求無上正等正覺的緣故，在八十萬億那由他劫修行六度波羅蜜中的前五度，最後一度般若波羅蜜沒辦法修，他的功德已是很大的了，可是比起這個信受如來壽命無量無邊一念信解的人，他的功德，卻是百分、千分、百千萬億分而不及其一，乃至算數譬喻所不能知。」

今天諸位可不只是一念信解而已，所以諸位得到的功德不是一念信解的無有限量而已，而是比他多了好幾倍的信解，也就比只修前五度的佛弟子們的功德，百倍、千倍、百千萬億倍，「乃至算數譬喻所不能知」的倍數。這時諸位聽了要很小心，千萬不要生疑說：「眞的嗎？」只要心裡面有一個問號出現：「眞的嗎？」那已經沒有什麼功德了。要不要這個大功德，你們自己決定。

但這裡有一個問題：既然是善男子或是善女人，爲了求無上正等正覺，在八十萬億那由他劫中只能修行五波羅蜜，不能修行第六般若波羅蜜。有沒有這個可能？有沒有？有啦！怎麼沒有？不要只看表相，如果看表相，你們看臺灣佛教各大道場，哪個地方沒有在講六度波羅蜜？都有講啊！可是他們在講般若波羅蜜的時候，講的是般若波羅蜜嗎？那可不是啊！因爲般若講的是實相法界的事，可是他們講的都是現象界中的事，只是把般若的法相套上去罷了，沒有般若而沒有波羅蜜。他們是拿現象界的意識來當作般若波羅蜜所要實證之標的，所以百千萬億那由他劫沒有因緣遇到眞正的般若波羅蜜，那他們所修學的就是表相的般若波羅蜜，不是眞正的般若波羅蜜，就沒有眞正修學般若波羅蜜。

這本是佛門中正常的事，不但一般眾生如此，釋迦如來也用祂自己的例子告訴我們說，過去無量劫奉侍諸佛修諸福德，可是都沒有被諸佛授記過，因此當了無量世的轉輪聖王，護持正法時也都是窮盡一切的能力，依舊沒有一尊佛爲祂授記將來成佛；一直到祂後來悟得般若波羅蜜，開始內門廣修六度萬行，然後 錠光佛才爲祂授記說：你將來成佛時名爲 釋迦牟尼。在《佛藏經》的開示中，釋迦如來以祂自己的例子告訴大家的是這樣子；那你們來看看現在臺灣佛教界、大陸佛教界，很多地方都在講六度波羅蜜，說他們正在勤修菩薩道；可是他們對般若波羅蜜有眞的實修嗎？都沒有啊！他們修的只能叫作名義般若波羅蜜，沒有般若與波羅蜜的實質。所以廣大學人勤修五度波羅蜜，累積八十萬億那由他劫而不曾實修般若波羅蜜，都是很平常的事，如今臺灣後山那位比丘尼教導徒眾們修學的六度波羅蜜，師徒等人不都是這樣子嗎？

像這樣的人們，表面上看來在修六度波羅蜜，其實沒有在修般若波羅蜜；這樣子修了八十萬億那由他劫的六度波羅蜜，只是修了前五度，修了八十萬億那由他劫以後，還不如另一個人在一念之中信解了「如來壽命無量」。而諸位今天已經不是只有一念信解，其中的道理我已說給諸位深入瞭解：由於實相般若智慧的實證，又因爲極長時劫利樂眾生以及禪定的實證，所以「如來壽量無量無邊」。這是本來就應該如此的，因爲這樣而信解的時候，當然功德無量、不可限量。能夠這樣子一念信解，乃至像諸位這樣有更深入的信解之後，而說自己對於「如來壽命無量無邊完全信受」，竟然未來還會退轉於佛菩提道，這是講不通的；所以 佛說：「如果有人這樣還會退轉的話，無有是處。」

我們上週是……偈還沒有講吧？講到「無有是處」？那段剛好講完？是嗎？謝謝喔！忙到什麼都忘了。那麼今天《法華經》要從一百五十一頁倒數第四行的偈頌開始講解。來，有請張老師先唸第一段偈頌：

經文：【爾時世尊欲重宣此義，而說偈言：「

若人求佛慧，於八十萬億，那由他劫數，行五波羅蜜；
於是諸劫中，布施供養佛，及緣覺弟子，并諸菩薩眾；
珍異之飲食、上服與臥具，栴檀立精舍，以園林莊嚴。
如是等布施，種種皆微妙，盡此諸劫數，以迴向佛道；
若復持禁戒，清淨無缺漏，求於無上道，諸佛之所歎；
若復行忍辱，住於調柔地，設眾惡來加，其心不傾動；
諸有得法者，懷於增上慢，為此所輕惱，如是亦能忍；
若復懃精進，志念常堅固，於無量億劫，一心不懈息；

又於無數劫，住於空閑處，若坐若經行，除睡常攝心；
以是因緣故，能生諸禪定，八十億萬劫，安住心不亂；
持此一心福，願求無上道：我得一切智，盡諸禪定際。
是人於百千，萬億劫數中，行此諸功德，如上之所說；
有善男女等，聞我說壽命，乃至一念信，其福過於彼。」】

語譯：【這時世尊就以偈頌重新開示一遍。這首偈頌因爲蠻長的，所以分成兩段來說明。這第一段的偈頌說，這時世尊想要重新宣達這個道理，而說出了偈頌：

「如果有人追求實證諸佛的智慧，在八十萬億，而且是以那由他劫的單位來計算，這樣來修行六度中的五種到彼岸的法；

他在這麼多劫之中先修布施，以種種微妙而非下劣的財物，自始至終不停地布施供養所值遇的諸佛，以及布施給諸佛座下的緣覺弟子，和許多的菩薩眾；

所布施的是珍異的飲食、上妙的衣服與臥具，又以栴檀香木造立精舍，再加上園中種滿好的樹木而莊嚴起來以作供養。

就像是這樣子作了布施，所布施的種種都很微妙，經歷了整整八十萬億那由他劫的時間，以這樣的福德來迴向證得佛菩提道；

如果更進一步受持菩薩戒，而且在八十萬億那由他劫中，都是清淨而沒有缺少戒法，也沒有漏失其中的律儀戒，如是求證無上的佛菩提道，這是諸佛之所讚歎的；

如果在這麼長遠的時間裡面，又加修了忍辱之行，使自己的心地住於調柔的境界之中，假設有各種惡事來加諸於他的身上，他的心也仍然不會傾動，繼續修忍辱行來累積種種功德而邁向佛地；

如果有人得了一點少少的法，心中就懷著增上慢，他被這一類增上慢人所輕視、所煩惱，他也一樣能夠安忍；

如果後來又加上勤修精進度，他的心志、意念中永遠都是堅固於佛菩提道絕不退失，像這樣子歷經了無量億劫，還是一心而不動搖，因此都不鬆懈或休息；

又在無量數劫之中，都住在空閑之處安居，或是靜坐或者經行，除了睡眠以外，永遠都是攝心一處而不動亂；

由於這種因緣的緣故，能夠出生了種種的禪定境界，乃至於八十億萬劫之中，心都這樣決定安住而不動亂；

以這一心決定而不散亂的福德，發願求於無上大道，心中這樣發願：我將來要得到一切智，究竟一切禪定的本際。

像這樣的人在百千萬億劫不可數的長時間中，行於這五度的功德，猶如上面所說的一樣；

假使另外有一種善男子、善女人等，聽聞我所說的如來壽命長遠如是，他非常地信受，或者曾有一段時間信受，或者乃至於只有生起短暫一念的信受，福德是遠超過八十萬億那由他劫中精進修行五度波羅蜜的人。」

講義：這段偈頌是說，求證佛菩提道而入見道位中並不容易，想要成佛就不止於難上加難，而是無量倍數的難；所以說，如果不能與般若相應，修得再久也是不能到達究竟涅槃的彼岸，因此五祖弘忍就說：「不識本心，學法無益。」眞是正確的針砭。這就是說，譬如八十萬億那由他劫努力修行六度波羅蜜的時候，對第六度般若波羅蜜都是誤會的，都沒有如實的理解，更不要說是實證了，因爲他對般若一度的理解全都是誤會的，那麼這樣的人，本質就是只修五度波羅蜜，沒有修到第六度般若波羅蜜。

那麼他在五度上面是怎麼修的呢？是在八十萬億那由他劫中示現的每一尊佛都不空過，而且每一世都努力布施來供養於諸佛，以及諸佛座下的緣覺弟子和菩薩眾；而他所作的這樣子供養，並不是用普通的飲食財物等等來作供養，而是用珍異的飲食、上服、臥具，來供養諸佛以及諸佛座下的緣覺弟子、菩薩弟子。這是說，他所供養的飲食是珍異的，而且供養的衣服也是珍異的上服，臥具也是一樣，並不是可以睡眠就算數了，還得要好材料、雕工精美等等。

除此而外，再加上為諸佛、緣覺、菩薩們建立精舍；既是精舍，當然不是茅屋，因為是很精緻的住居舍宅，所以稱為精舍。既然稱為精舍，當然建造時的材料就不是一般的木材，總不能拿相思木、梧桐木鋸一鋸，然後就來蓋；得要是栴檀木，是用栴檀香的木頭來建造。也許有人想：「怎麼有可能用栴檀木來建造精舍？」我說不但有，而且還用栴檀木蓋出一大片皇宮咧！在尼泊爾就有。尼泊爾的舊皇宮就是用栴檀木蓋出來的呀！我們當初去朝禮聖地時，到了那裡一看：「喔！這都是栴檀木蓋的。」想一想：「那要花費掉多少錢才行啊？」但它就是這樣建造的。

可是現在國王也不住那裡了，因爲那已經很老舊了。但是你想，興建栴檀木的精舍，不必是皇宮那麼大一片，那得要花多少錢？諸位想一想。好的檀香木，譬如牛頭栴檀，都是要拿來磨粉，是用來供佛的；結果他是拿來建造精舍供養於佛，以及座下的緣覺和菩薩眾。這還不夠，精舍外面還要有清淨的園林；這清淨的園林又要多花一大筆錢，要這樣莊嚴起來，像這樣子布施給佛、法、僧，而且全部都是微妙之物。這樣子布施供養經過了八十萬億那由他劫，才只是布施一度的修行而已，用這樣來迴向佛菩提道。那諸位想一想，佛菩提道容易得嗎？這就很清楚了。可是，這個人的布施功德，比之於聽聞「如來壽命無量無盡」而一念淨信的福德還不如。

講到這裡就有兩個問題了。第一，爲什麼不如？另外一個問題是，爲什麼只供養緣覺弟子和菩薩眾？爲什麼沒有阿羅漢弟子？我們先來談後面這個問題。我們看 釋迦如來座下，不是有一千兩百五十位大阿羅漢嗎？這些大阿羅漢們又接引了眾生，所以各人座下也都有一些阿羅漢啊！總數一定是超過一千兩百五十大阿羅漢的。阿羅漢的人數是那麼多，諸佛座下的聖弟子們也一定都是如此的，可是爲什麼 佛說這個人竟然沒有供養阿羅漢？這是因爲佛世所度的一切阿羅漢，一定同時都是緣覺。諸佛所度的弟子成爲阿羅漢以後，沒有不修學因緣觀的，全部都對因緣觀有所實證；但是他們不能稱爲獨覺，不能稱爲獨覺的辟支佛，因爲他們是經由聽聞 佛陀開示的音聲而悟得因緣法，所以稱爲因緣覺。

那麼這些因緣覺弟子，在 釋迦如來座下爲什麼通常不稱爲緣覺，而說他們是阿羅漢？說他們是聲聞？因爲這些緣覺雖然具有辟支佛的本質，但實際上都是經由 世尊的說法音聲而聽聞、證得的，所以仍然是聲聞弟子，當然還是把他們叫作阿羅漢。那麼這裡說這一些人是緣覺，也沒有錯啊！因爲事實上也都是緣覺，都具有辟支佛的實質。所以如果有人精通於阿含，竟不能證得阿羅漢果，那就表示他應該被叫作「不通阿含」；如果自稱是阿羅漢，讀了《四阿含》諸經而竟然不能通達因緣法，那也表示他根本就不是阿羅漢，更不要說他是緣覺了！因爲《四阿含》諸經現在，只要阿羅漢一讀，馬上就知道因緣法了，但這樣也還是聲聞，所以依舊稱他爲阿羅漢，不稱爲緣覺。

所以在諸佛住世之時，沒有非緣覺的阿羅漢，也沒有非阿羅漢的緣覺；

只有增上慢者聽聞二乘菩提之後，不願意在佛世實證因緣法，所以他就繼續流轉到未來無佛之世，自己發起以前聞法的種子，然後修學因緣觀而成爲緣覺，那時候就稱爲獨覺辟支佛。所以我說，從本質上來看，辟支佛其實是不如佛世的緣覺；都是同樣的證量，人家在某一尊佛陀的座下已經成就了，他還得等到佛的法滅盡了之後，流轉生死許久之後再自己去參究證悟因緣法，這樣一來根性的高下立判；表面上看來他好像很行，在無佛之世自己證悟因緣法，其實是因爲往昔聞佛說法之時心中有慢，不願意當時就取證緣覺果。所以諸佛座下的阿羅漢同時都是緣覺，知道了這一點，對這幾句話就沒有疑問了；否則也許有人會想：「你看這《法華經》中，竟然沒有說到阿羅漢，這顯然是後人編造的，不懂佛法。」其實不然，是他自己不懂；而《法華經》講的都沒有錯，因爲佛世的一切阿羅漢也都是緣覺。

好！這個問題解決了，那麼另一個問題是：這樣子八十萬億那由他劫中，就像這樣以各種珍異上妙之物來布施佛法僧眾，來迴向佛道以後，這個人爲什麼遠不如聽聞「如來壽命無量無邊」而信受的人？乃至遠不如只有起過一念信受，雖然後來又把這個法義忘光光的人；但是這個後來隨即忘記「如來壽命無量」的人，雖然已經忘記這件事了，他的福德仍然遠遠勝過八十萬億那由他劫作無量上妙供養三寶的人。這個原因何在呢？因爲八十萬億那由他劫中勤作上妙供養的人，都只是有漏之法；可是這個一念淨信的人，將來一定會快速走上佛菩提道，而且永遠不會走上聲聞緣覺道，所以功德無比殊勝。

以上妙的一切飲食財物供養三寶八十萬億那由他劫之後，他仍有可能成爲阿羅漢，很有可能會入無餘涅槃；是因爲他對如來的壽量無盡不能信受，乃至一念淨信都沒有，那他未來世於三乘菩提中修學時，大多只會修學二乘菩提而不懂般若，將來難免進入無餘涅槃中，身心永滅而無所利於眾生；所以他這樣子八十萬億那由他劫修學布施波羅蜜，福德遠不如聽聞「如來壽命無盡」而信受者的福德多，原因就在這裡。好！也許有人想：「那我如是布施八十萬億那由他劫時，如果再加上受持戒法，福德應該不會輸給那個聽聞〈如來壽量品〉而相信的人吧？」其實不然！還是不如啊！縱使受持的淨戒是全部具足而且不犯，也還是不如。

具足，是怎麼稱爲具足？也許有人說：「五戒啦！八戒啦！式叉摩那戒啦！沙彌戒啦！比丘戒、比丘尼戒，再加上八關齋戒，我全部都受持。」這樣算是受很多戒了，其實依舊不夠。當然有人會馬上想到：「我再加受菩薩戒好了。」當然，加上菩薩戒就具足無闕啦！可是說一句老實話，只要你受了菩薩戒，就已經函蓋前面那些戒了，爲什麼呢？因爲五戒是一世受，沙彌戒、沙彌尼戒、式叉摩那戒、比丘戒、比丘尼戒也都是一世受；如果是八關齋戒呢，只是一日受。那你們想，這些戒能夠陪著你修行一直到成佛嗎？都不可能啊！但是有一個戒叫作菩薩戒，它可以陪著你從因地的凡夫地一直到最究竟成佛，永遠都會存在。並且你不必去改變它的戒法性質，它可以一直讓你修到成佛，所以這個菩薩戒就具足了佛戒。

那麼菩薩戒看來比較簡單，可是聲聞戒——比丘、比丘尼戒，看來是比較難受持，又怎麼會是菩薩戒就能函蓋了聲聞戒呢？因爲聲聞戒是一個別施設的戒——外於能夠使人成佛的菩薩戒而別別施設的。菩薩戒卻是千佛都一樣施設而不改變的，可是聲聞戒，諸佛所設往往各不相同，所以是別別施設：什麼人出現了什麼事情，就施設一個戒；施設了這個戒以後，有的人從這個戒又演變出一個變相的犯戒方式，於是如來又加設一個戒；就這樣一戒又一戒，不斷地施設上去，才會有那麼多戒條呀！這叫作因事制戒，不是依於佛菩提道的眞實理而制戒。

因事而制的戒，代表什麼意思？代表說，這是爲了僧眾和合共住而應該要這樣遵守的規範。所以聲聞戒的戒條最多只跟出三界生死有關，但是跟成佛之道的實證往往無關，所以這些戒條大部分是因人因事因地制宜而別別施設。那麼佛菩提戒也就是菩薩戒，可就不一樣了，賢劫千佛所施設的菩薩戒內容全都一樣，不會前後改變，也就是《梵網菩薩戒》，它的戒條是前佛後佛都不會加以改變的。所以說，因事因人因地而制定的那些聲聞戒條，當然是在菩薩戒所函蓋的範圍之內，只是爲了事相上能使僧眾和合共住而別別施設。所以聲聞戒也叫作別解脫戒，因爲這不是正解脫相關的戒法，最多只能使人出離三界，不能究竟解脫也不能使人成佛，就沒有究竟解脫，所以這叫作別解脫戒。那麼也因爲它是別別施設而幫助大眾出離三界生死的戒法，所以就因此而稱爲別解脫戒。

「若復持禁戒，清淨無缺漏，求於無上道，諸佛之所歎；」好，那麼這樣看來，受菩薩戒也就是戒「具足」了！那你說：「我受了菩薩戒，盡未來際永不入涅槃；所以縱使一萬劫中我可以成為阿羅漢，我也不會進入無餘涅槃，我就永遠修菩薩行，永遠受持菩薩戒。」像這樣子受持之後，而且清淨沒有缺漏，歷經八十萬億那由他劫之後，這個持戒的內涵以及福德，必然是諸佛之所讚歎！願意清淨受持菩薩戒，沒有一佛不讚歎的，何況他歷經八十萬億那由他劫這麼久了；可是這樣子布施加上這個持戒清淨，也還是不如「一念淨信」「如來壽命無量」的人，更不要說永遠信受、具足信受的人。因為這樣的布施與持戒畢竟只是事相，無關於實相之理，無關於成佛之道，所以這樣的持戒波羅蜜、布施波羅蜜，其實是有持戒、有布施而沒有波羅蜜；但是仍然要稱它為波羅蜜，是因為凡夫地必須經過這個階段的實修，因此方便說之為波羅蜜。

「若復行忍辱，住於調柔地，設眾惡來加，其心不傾動；諸有得法者，懷於增上慢，為此所輕惱，如是亦能忍；」如果還有人繼續加修忍辱行，心中住於調柔之境界中；假設有許多不好的惡事來加諸於他的身上，他的心也不會傾動，仍然願意繼續行菩薩道，繼續修忍辱波羅蜜；那麼諸位想，這樣的忍辱波羅蜜的層次是在什麼層次？是眾生忍，還是法忍？（眾答：眾生忍。）

欸！是眾生忍嘛！所以別人對他的橫逆，他都能忍。以世間法來說，譬如你幫助某一個人，把他的事業挽救起來，使他的事業現在非常興旺，但是他卻一天到晚在說你的壞話，你是不是會很生氣？不會哦？唉呀！你們忍辱度修得太好了！一般人一定會生氣的，可是你們竟然不生氣。

甚至於有人被你救了一命，現在身體很健康，又擁有財富，過得很快樂；他的命是被救來的，被誰救呢？被你救。可是他卻一天到晚繼續在背後說你的壞話，你也能夠不生氣；這表示你的心很調柔，「住於調柔地」，就是住於調柔的境界中；就像這樣子，設使有種種的惡事加諸於你的身上，你的心都不會傾動，依舊說：「我還是要修忍辱波羅蜜多。」像你這樣的人是很不容易的，因爲是八十萬億那由他劫都要這樣子。但是這個忍辱還不夠厲害，因爲對於修學佛法的人來說，世間人忘恩負義也就無所謂啦！就不理他，還是繼續利樂大眾。

可是現在說，假使有的人得了法，雖然他或許是因爲你而得法，或許是因爲他自己跟你共同修學而得法，這都不管它；可是他自以爲很厲害、很行，所以有了增上慢。增上慢就是未得言得、未證言證。比如你跟他的修證層次是一樣的，但他竟謊稱另外證得更高的層次，而說你遠不如他；於是一天到晚都在說你的法錯了，那你能不能忍呢？（有人答話，聽不清楚。）你們說「能」，是因為你們忍辱修得太好了，這個叫作什麼忍？法忍。於法上得安忍，這個很不容易；但還是「**為此所輕惱**」啊！真的被他所輕視而惱亂於你，你還能夠接受哦？這表示什麼？你的忍很好。

古時的禪師也有許多人修忍修得很好，例如禪宗史上記載，有的弟子後來忘恩負義，那些禪師們最後還是能夠把那個弟子攝受，所以這個忍也是很難得的，表示他修忍修得很好；可是如果只在二乘法上面得忍—因為這裡還沒有談到般若波羅蜜—這裡說的是只有修學五度！所以最多是在什麼法上得忍？是在二乘法中，或是在表相的大乘法中，最多只是如此，甚至於只是在人天善法上面得忍而已。但是不管他的弟子眾得法者是如何增上慢，如何來輕惱他，他依舊能忍，心不傾動，像這樣的功德很大欸！這是一般修道人都作不到的，因為他是在八十萬億那由他劫都這樣子。他也真行，竟然有這麼多人以惡事施加於他。事實上當然不可能，這畢竟只是一種譬喻。如果真有這種人，表示他過去無量阿僧祇劫常常造惡，才會在這麼長的時劫中遭受這樣的待遇，對不對？所以現在說的只是假設，不是眞的有這種事。可是能夠這樣修忍的人，配合他那麼長時間修布施、持戒，依舊不如聽聞「如來壽量無盡」而得淨信，乃至於一念信受的人。

「若復懃精進，志念常堅固，於無量億劫，一心不懈息；又於無數劫，住於空閑處，若坐若經行，除睡常攝心；以是因緣故，能生諸禪定，八十億萬劫，安住心不亂；持此一心福，願求無上道：我得一切智，盡諸禪定際。」

那麼接著再加上精進；布施、持戒、忍辱，接著是精進。如果有人八十萬億那由他劫中布施、持戒、忍辱，而且一直都很精進。是精進在作什麼呢？是精進在修布施、持戒、忍辱，那麼他的意志、他的心念，永遠都是堅固的。八十萬億那由他劫都是一心精進而不懈怠、也不休息，那麼他的精進波羅蜜眞是夠厲害的了！若是再加上禪定度的實證，於無數劫之中住於空閑處、不受打擾的地方，或者靜坐或者經行來修禪定，制心一處而不散亂，除了睡眠以外永遠都是攝心不動的；那麼這樣子，他當然可以生起各種的禪定；可是這樣子修行八十億萬劫、心得安住而不散亂，以這樣一心不亂而得禪定的福德，發願要求無上的佛菩提道，心中想著：「我未來要證得諸佛的一切智，也要窮盡一切禪定的實際。」

這個福德夠大了吧？因爲他不是只有一種禪定，而是「得諸禪定、生諸禪定」。禪定，一般說來都是講根本禪，根本禪就是從初禪到四禪，這是根本禪定。那麼四空定呢？是由根本禪的第四禪衍生出來的。可是這根本禪定還可以衍生出其他的定，所以有青一切處、黃一切處等等，那也可以由四無量心的禪定發起，也還可以由別的禪定功德發起，就叫作辦事靜慮，所以禪定的內涵其實也不少。那麼這樣的修行人不是只有得一個初禪而已，想想看：他這樣子得到的禪定福德，應該是很大了。因爲八十億萬劫都是這樣子修禪定的，所證得的禪定一定非常多，各種禪定應該都具足了；而他以這樣一心不亂的各種禪定境界所得福德，他以這個定福「願求無上道」，發願將來要得諸佛的一切智，想要窮盡禪定的實際；就是說，禪定的功德到底是從哪裡來的，還要窮盡。

「是人於百千，萬億劫數中，行此諸功德，如上之所說；有善男女等，聞我說壽命，乃至一念信，其福過於彼。」那麼他這樣的福德更大了，因爲這樣已經具足布施、持戒、忍辱、精進和禪定了；然而這個人於百千萬億劫數之中修行這樣的功德，依舊遠不如某一個善男子、善女人，聽聞到釋迦牟尼佛所說「如來壽命無量」而相信的人，信受「如來壽命無量」的人，即使乃至只有一念信受，未來在佛菩提道上的福德，依舊遠遠勝過八十萬億那由他劫中精進勤修五度的人。

那麼談到這裡，我就要再問諸位了：「你們信不信啊？」（眾大聲答：信！）那你們的福德就超過這個勤修五度的人了。他在八十萬億那由他劫中，像這樣精進修持五度波羅蜜，其實遠不如你們，何況你們的信並不是只有一念信。因爲我剛剛問你們信不信，你們答得好大聲，這表示你們的信是很具足的。然而爲什麼你們能這樣具足信？甚至於有的人也許今天第一次來聽經，第一次聽到我這麼演說，心想：「眞的嗎？應該是眞的！」也許下一念、或是回家後又不信了，但是他畢竟曾經有這麼一念信過，那麼他的福德就超過那個八十萬億那由他劫之中精進勤修五度波羅蜜的人。而你們是具足的信，你們又超過剛才這個第一次來聽經者的幾萬倍、億萬倍啊！因爲他只有一念淨信。

緣何如此？就因爲這個人只要曾經有一念信，他將來遇到佛菩提道，只要緣熟了，當他開始修學的時候，仍然會先修二乘菩提，但不會以爲二乘菩提是究竟法。因爲跟他這一世所聽聞的勝妙法種子不相應，他這個種子是說「如來壽命無量」；未來世若是修二乘菩提而實證成爲阿羅漢、緣覺以後，入了無餘涅槃時，哪來的壽命無量？所以他未來世就算已在諸佛座下成爲阿羅漢、成爲緣覺了，依舊不會入無餘涅槃。譬如諸佛三轉法輪中的初轉法輪時期，他已經證得阿羅漢果了，又修學因緣法成爲緣覺了，可是他對於入無餘涅槃並不喜歡，只是因爲聽到佛說「解脫就是入涅槃」，所以他暫時信受；然後 佛陀開始第二轉法輪的時候，他就會非常歡喜、非常踴躍：「啊！原來我要的是這個啦！」於是他就立刻棄捨聲聞道，開始進入佛菩提道中，成爲菩薩。

正因爲這個緣故，所以乃至一念信受而已，這個福德都超過精進修五度波羅蜜八十萬億那由他劫的人；因爲不跟般若波羅蜜相應的人，八十萬億那由他劫勤修五度以後，由於心中沒有信受「如來壽命無量」的緣故，所以當他遇到聲聞法的時候，成爲阿羅漢以後就去入涅槃了，那麼以前八十萬億那由他劫所修的五度波羅蜜的功德，也就全都浪費啦！那些福德眞的都浪費啦！所以說，對「如來壽命無量」只有一念的信受，都遠比八十萬億那由他劫精進修五度波羅蜜的人福德更大，原因就在這裡。接下來 世尊在重頌中的第二段又怎麼開示呢？

經文：【「若人悉無有，一切諸疑悔，深心須臾信，其福爲如此；
其有諸菩薩，無量劫行道，聞我說壽命，是則能信受；
如是諸人等，頂受此經典：『願我於未來，長壽度眾生；
如今日世尊、諸釋中之王，道場師子吼，說法無所畏。
我等未來世，一切所尊敬，坐於道場時，說壽亦如是。』
若有深心者，清淨而質直，多聞能總持，隨義解佛語；
如是諸人等，於此無有疑。」】

語譯：【「如果有人心中對如來壽命無量的事情，完全沒有任何的、種種一切懷疑或者掉悔，在深心之中只要這麼很短一、二十分鐘的時間內，能夠信受如來壽命無量，他的福德就是大到如此的地步；
假使有一些菩薩們，在無量數劫之中修行佛菩提道，聽到我釋迦如來現在演說諸佛如來的壽命無量，這樣的人就能夠完全信受；

像這樣完全信受的人，對於這部《妙法蓮華經》，一定是以頭頂奉持而不捨棄，心裡面會生起這樣的想法：『願我在未來世，成佛的時候可以壽命長遠而度化眾生；猶如今天的釋迦牟尼世尊、是釋迦種姓佛弟子中的國王一般，能夠坐在道場作師子吼，演說一切佛法而無所畏懼。我們這些人在未來世，被一切有情之所尊敬，當我們坐於道場而演述佛法時，所說諸佛如來的壽量也將會像釋迦牟尼佛這麼說。』

如果是具有這樣深厚信受之心的人，他的心地是清淨的，他的本質是直爽而不彎曲的，他一定是經歷過很久的修學而具有多聞智慧的人，並且能夠總持一切佛法，隨著諸佛如來所說的義理而信受，並且能夠勝解諸佛所開示的言語；像這樣的菩薩眾等，對於我所說如來壽量無盡的事情，心中是沒有疑惑的。」〕

講義：「若人悉無有，一切諸疑悔，深心須臾信，其福為如此；」這是說有疑、有掉悔的事，在學佛過程中是很正常的。即使修到等覺地，都還不免有一些些的疑和一些些的掉悔，因為心中會揣測 釋迦如來的境界到底是如何？連等覺位都不免哪！何況諸地菩薩？何況在三賢位中？更何況是凡夫？那麼如果是外道呢？他們可就完全不信，諸位就可以諒解他們了。但也許會有人想：「可能嗎？等覺菩薩對諸佛如來還會有一些懷疑和掉悔啊？」當然會啊！只是程度不同而已。

譬如說：你們很多人已經證得如來藏，看到自己的如來藏眞實而如如，而如來藏也能夠跟自己和合運作，可是你有時不免會想：「我這個如來藏，怎麼沒有辦法像我這個覺知心一樣，能夠了知這些善法？」或者懷疑說：「爲何不會了知眾生心以後來告訴我？爲什麼都不能？」有沒有想過？有嘛！可是不管你怎麼樣想、怎麼樣祈求，如來藏始終就是不會去了別六塵中的一切境界啊！你想要祂了別，祂就是不去了別，依舊如如不動；這時也許你罵死祂、恨死祂、氣死祂了：「爲什麼我這個如來藏這麼笨？到現在還不懂得要了別六塵？我好需要你來幫我了別六塵哪！」但祂就是不了別，你拿祂無可奈何。

也許你跟祂賭氣說：「我不逼你，但我不理你。」這也不行，因爲你要是眞的可以不理祂，表示你應該要被扛去墓地裡埋了，得要埋到泥地裡面去了，所以你還眞的不能完全不理祂。那你說，現在三賢位如此，入地了以後呢？入地後依舊如此。那麼到了七地滿心而轉進了八地，那時於相於土都得自在啦，是不是依舊如此？當然還是如此。乃至到了等覺地，依舊如是。在等覺地勤修了百劫的福德，最後成爲妙覺菩薩一生補處，如來藏依舊是如此。可是如來地就完全不一樣了啊！如來地的如來藏改名爲無垢識，可以了別六塵境界了，也可以跟十一個善心所相應，你能怎麼想像？咱們眞的無法想像。且不說咱們，連妙覺菩薩都無法想像啊！那麼你說，他對於 佛陀所說的這一點，會不會有一絲絲的疑？不會啊？哇！你的信心太具足了！（眾笑⋯⋯）

但我告訴你：一定會！因爲你還沒有修到妙覺地，所以你現在說不疑。所以，曾經有菩薩摩訶薩請問於 世尊，想要瞭解佛地的境界，世尊就說：「諸佛有十種境界，你們聽不懂的。」但有不少菩薩堅持要聽，佛就示現出來，但其實無法加以解說。佛陀示現了第一種境界，大家都無法全部瞭解；佛陀接著又示現第二種佛地境界，才說明了一點點，所有菩薩們就說：「不要再講了，我們都聽不懂。」連妙覺、等覺菩薩都聽不懂了，所以 佛陀也就不用繼續再講下去了。只有什麼時候才能懂？成佛時。然而成佛了以後，還需不需要請其他的佛來爲新成之佛講解？都不需要。所以諸佛都不用講或聽聞佛地的十種境界。因此說，妙覺菩薩、等覺菩薩都仍然於佛有一絲絲的疑悔，因爲畢竟沒有實證！

如果講好聽一點就是好奇，好奇說穿了就是疑悔，只是講得好聽一點而已。因爲好奇所以問佛：「諸佛的境界是怎麼樣？」佛說：「諸佛有十種境界，這十種境界就稱爲十地。」那些密宗外道，以及法輪功的李洪志都不懂，剛好讀到這一句就說：「諸佛有十種層次，我的層次比釋迦牟尼佛更高二級。」根本就是亂解一通。佛有十地，是說諸佛都有十種境界，「地」是所住的境界，也可以稱爲諸佛有十住，說十住則是從受用來講。但諸佛的十地境界並非妙覺菩薩所能猜測的，所以一切菩薩都不免還有一絲絲疑悔；只是疑輕疑重的差別與悔輕悔重的差別，所以假使自己心中對某些法還有疑悔，其實是不必覺得羞赧的，這本是正常的！只要不懷著增上慢，都沒有問題。

這個疑悔，一直要到成佛時才能斷盡啊！所以不必覺得羞赧。但可以有這方面的慚愧，因爲覺得不如上地菩薩、不如上位菩薩、不如諸佛，那麼有慚愧才是好的呀！因爲慚與愧都是善心所。所以如果人家說：「啊！你很不錯，有慚有愧。」那是在讚歎你，你可別說人家是在罵你。如果你硬要說人家是罵你，那他可要反過來質問說：「那你是喜歡我說你無慚無愧喔？」對不對？是哦！所以說，疑悔地地皆有；但是如果是凡夫，疑悔可就多了：「唉呀！聽說正覺可以幫人家證得如來藏。說什麼如來藏？如來藏是外道神我，爲什麼他們要說是佛法？」然而接著想到的問題是：「我師父智慧這麼好，爲什麼無法把正覺的法推翻？可是我依舊認爲：不管我師父能不能推翻他們正覺，如來藏還是外道神我。」那你們說，他的疑重不重？重啊！重的不得了。

甚至於我寫了《眞實如來藏》，舉出那麼多理由來證明如來藏實有，證明如來藏是萬法的本源，他們都還不信！我那時寫《眞實如來藏》很快，好像才三十幾天就寫完了，眞的寫很快欸！可是如果我把它增寫成一百多點來證實有如來藏，他們就會相信嗎？還是不信的。那你就知道他們的疑悔有多嚴重。所以後來我根本不想再補充，覺得寫了這三十幾個理由出來已經足夠了！因爲每一個理由都是不可被推翻的！有智慧的人只要聽到、讀到其中一個理由，說是這樣證實有如來藏，他就會信受了！若是沒有智慧的人，你縱使寫上一千個理由，他也是不信的，因爲問題就出在他的疑悔之心哪！

那麼假使有一個人，他心中對於如來壽量無盡這件事情，完全沒有任何疑悔，從深心之中接受了，雖然只是很短的幾秒鐘而已；因爲只有一念，很快就過去了，但他的福德就已經超過八十萬億那由他劫精進修學五度波羅蜜的人。講到這裡，就有一個問題了：爲什麼修學五度波羅蜜八十萬億那由他劫的人，不如這個一念信受的人？爲什麼不針對證得般若波羅蜜的人，當他對「如來壽命無量」聽聞以後相信的福德，跟這個一念信的人來作比較？爲什麼不這麼講？因爲般若波羅蜜一旦實證了，教你想方設法去找出來說：自己的自心如來壽命有沒有窮盡的時候？你是找不出來的。所以證得般若的人是現觀的，能夠現觀「如來壽命無量」，而不是經由聽聞而信，當然就不能相提並論。

所以假使有人八十萬億那由他劫精進地修行五度波羅蜜多，那麼他的福德那麼廣大，卻還不如一念信受如來壽命是無量的人。而你如今實證了自心如來，從自己的自心如來去往前追溯，看看祂有沒有出生的時候，結果發覺你無論怎麼樣推究，都無法證實祂有出生的時候；因爲祂法爾如是，本來就在。那你從現在以及往未來去把祂尋求，看有沒有辦法滅掉祂？你會發覺根本沒辦法呀！沒有一個法可以滅掉祂。那你馬上就有一個現觀的智慧——自心如來壽命是無量的。

「既然我在因地自心如來壽命無量，諸佛如來經過三大無量數劫利樂有情終於成佛；成佛之後仍然繼續利樂有情永無窮盡，永不休止。那麼這樣究竟位的如來，當然更有資格是壽命無量的。」所以你一定不會再懷疑這件事情。雖然對諸地、諸佛的境界仍有疑悔，可是對於如來的壽量無盡，你絕對沒有疑悔，這就是實證的人跟那個聽聞而信受的人不一樣的地方。聽聞而一念信受的人，勝過那個八十萬億那由他劫精進修五度波羅蜜的人，而你又勝過那個一念信受或始終信受的人，那你的福德有多大？喔！瞭解了？可是你自己不會感覺到，得要有人爲你提點了以後才會反觀到這個事實的存在。一般眾生學佛學了三十年、五十年，已經老了，他們跟你接觸而談起佛法的時候，就會對你深入佛法有所感覺；可是你自己沒什麼感覺，你覺得這也沒什麼啊！你自己覺得沒什麼，他們卻覺得你很厲害。所以　佛說「深心須臾信，其福為如此」啊！

那如果是你們，是屬於什麼人？就是下來這四句：「其有諸菩薩，無量劫行道，聞我說壽命，是則能信受；」因為像我這樣講經，能夠聽得下去而長時間都不生煩惱，這就很不容易了。我講經說法，跟大師們說的內容大多不一樣，果真是佛門異類呀！但我不是標新立異、特立獨行，而是因為他們全面誤解錯說了，所以我的正說就變成異類了。但我這個異類，在佛陀的時代是菩薩們的同類，所以我這樣子講經說法，深信及實證的諸位才能夠聽得進去，並且還能夠信受而不起煩惱，就是這四句所講的人。

既然你們是這四句偈頌所講的人，那你們現在當然是「頂受此經典」。就是要頂戴於首，在頭上當作是帽子一樣珍惜地戴著而不捨棄。那你們現在應該作什麼事？還沒有想到嗎？應該想到了啊！就是要發願：「願我於未來，長壽度眾生；如今日世尊、諸釋中之王，道場師子吼，說法無所畏。我等未來世，一切所尊敬，坐於道場時，說壽亦如是。」恭喜諸位必定成佛！這樣子發了大願，成就佛道才會快速啊！心量就是要大，別老是小鼻子、小眼睛，待在那些聲聞小法裡面，而且跟人家斤斤計較，都沒有必要啊！修學佛菩提道的人如果想要實證，就得心量大；心量大的時候不但是包容，而且喪身捨命也在所不惜，才能夠實證佛菩提，也才能夠順利地走完三大阿僧祇劫的過程。

順利走完的意思是什麼？就是可以化長劫入短劫啊！就像《解深密經》說的：「有的人是修過無量數劫才度過一個大劫，這樣去修完三大阿僧祇劫。有的人是以一劫爲一劫，修完三大阿僧祇劫。但有的人是以一世爲一劫，乃至以一年爲一劫、一月爲一劫、一日爲一劫來修學，這樣修完三大阿僧祇劫。」他就是化長劫入短劫的快速成佛的人。那麼有沒有更殊勝的人？有！因爲有的菩薩是以分分秒秒剎那剎那爲一劫，來過完三大阿僧祇劫，這就是化長劫入短劫。至於能不能達到這樣？就是心量夠不夠大的問題。

譬如一般人學佛，你若是對他們說：「你呀！應該求開悟啊！應該求悟來當賢聖菩薩。」他們大多數人都會說：「哎喲！我算哪棵蔥？你別抬舉我了。」對不對？對啊！若是等而下之，當你跟他說：「你其實應該求斷三縛結，證初果。」他會這麼說：「唉呀！那不行啦！那是賢聖才能作到的啦！我怎麼可能作得到？」然後你問他：「請問你三歸依的時候，有沒有發四宏誓願？」「有啊。」他還答得很大聲說：「有啊。」等你問他說：「四宏誓願最後一句是什麼？」他想起來說：「喔！佛道無上誓願成。」可是他仍然不會覺得有什麼異樣，你得要再告訴他：「你都發願要成就無上佛道了，爲什麼連證個初果你都不敢？」他才想起來說：「喔！你講的也有道理，我回去再想想看好了，現在不要再談了。」對不對？都是這樣嘛！所以他們的心量都不夠大。

至於爲何心量不夠大？是因爲他在見道前所應該修的福德還沒有修，或是還沒有修足；該修除的性障也沒有除，該修習的般若正知正見或解脫道的正知正見也還沒有修習，所以心量就大不起來。但是心量只要稍微大一點點，敢進得正覺的門，然後賴著不走，心量一定會開始變大。因爲隨隨便便遇到增上班的同修說：「開悟沒問題，簡單啦；斷三縛結？那更簡單啦。」遇到某甲是這麼講，某乙也這麼講，某丙、某丁、某戊乃至某庚、某辛，全都是這麼說，那你在正覺中學法，漸漸就會習慣了。當你聽習慣了，你會這麼說：「來正覺修學，至少也要證得初果吧？不然進來正覺不就是浪費了嗎？空入寶山嘛！」心量自然就會變大。

所以進了正覺，只要能去禪三，沒有開悟也沒關係，至少懷裡揣著一顆水果回來，有什麼不好？是不是呢？雖然那顆水果拿不出來給人家看，但是自己有解脫智慧的受用就好了嘛！是啊！那就是說心量夠大了，因此才能夠發下這樣的願。那麼發起這個願，目的是爲什麼？目的就是繼承　釋迦如來的志願。釋迦如來的本懷就是要讓大家都走上成佛之道，不是走上解脫道，這才是　釋迦如來的本懷啊！以前他們那些應成派中觀的六識論者，一天到晚在講「**應該回歸釋迦如來的本懷**」，結果卻把我見當作解脫道，又說阿羅漢是已經成佛了。這哪能說是　釋迦如來的本懷？這是在　釋迦如來的臉面上羅織欸！

如果我現在當了佛的話，我一定每天夜裡去跟他們講：「**你們根本不懂我的本懷。**」正因爲我如今還沒有成佛，我才會這樣講，如果我眞的成佛了，我也就不講了，因爲不會有這種想法了，而這也是菩薩們該作的事，不是如來該作，所以　釋迦如來也不會去夢裡跟他們講：「**這不是我的本懷。**」那麼如果所有人都能走上成佛之道，法界中的一切眾生，遲早都會得到利益，因爲佛種可以紹隆不絕了，這才是　釋迦如來的本懷。因爲大家都知道「**如來**

壽量無盡」啊！就會想要瞭解：爲什麼如來壽量無盡？噢！原來每一個人都有自心如來，各人的自心如來都是壽量無盡的。那就要去求證這個自心如來。證到這個自心如來以後，繼續修學的結果，會發覺一個事實：根本不必像阿羅漢一樣入無餘涅槃，當下就是無餘涅槃了。當你找到你的自心如來，現前觀察自己的自心如來是否不生不滅、不生不死？是啊！你觀察到自己的自心如來不生不死，既是無生無死，就是無餘涅槃啊！既然自己的自心如來獨存時就是無餘涅槃，阿羅漢滅了五蘊而入無餘涅槃，不受後有以後依舊是那個自心如來原本的無餘涅槃，那又何必滅除五蘊自己？因爲無餘涅槃現在就已經存在了，那又何必把自己滅掉去入無餘涅槃？沒有意義嘛！倒不如常住世間永遠利樂有情同得解脫、同證實相。所以沒有意義的事情就不要作，我們就繼續世世去接受生死。爲了眾生而不害怕生死，然後度化所有眾生同樣證得這個道理，一切眾生也同樣邁向究竟佛地，所以你得要發這個願。

你知道了 釋迦如來的本懷，你要效法 如來，要紹繼 如來的志業，才不會成爲不肖子。有沒有誰願意讓人家叫作不肖子？沒有啊！那麼佛世呢，有大約五十位不肖子入無餘涅槃去了。佛不承認那些人是祂的兒子，因爲那些人只是路上撿來的，是弘揚佛法過程中的副產品。所以我們一定要走這條路，證悟後繼續進修而入地了，佛就公開承認這是眞正的兒子，可以紹繼 如來的家業。那麼你發了這個願，你就是提前紹繼了 如來的家業，承繼了 如來的志願。

發了這個願以後，願自己在未來世都能長壽度眾生；但這長壽並不是成佛的那一世活上八萬歲才叫作長壽，而是壽命無量。換句話說，成佛之後就是具足上當了，因爲永遠都不許入無餘涅槃，要一直利樂眾生永無窮盡。你們願不願意上當？（眾答：願意！）對嘛！這樣才是眞正的 如來之子啊！大家都應該要發這個願。所以將來你剛成佛的時候，要記得今天發的這個願說：「我在往昔無量數劫前，在正覺講堂發了這個願：將來成佛以後是壽命無量的，永遠不入涅槃，利樂眾生永無窮盡；就像那時的釋迦牟尼世尊一樣，成爲諸釋中王，坐於道場作師子吼。」

師子吼可不容易啊！尤其成佛的時候，剛開始就只是一個人，想要作師子吼眞的很困難。可是諸位別擔心，因爲那時的福德威德太廣大了，所以一切外道只要敢罵你，你就去找他們，爲他們說法；那時你就用他們的法爲他們演說，說法時把佛法帶進來講，他們就可以當場得到法眼淨——證初果，就會立刻信受你。然後你再度他們成爲阿羅漢，接著再度他們成爲菩薩，於是你就成立了第一個很嚴謹的僧團，就這樣開始利樂眾生的過程。那時沒有誰可以跟你挑戰，所以師子吼時是要依憑廣大的福德，不論是布施所得的福德，或者持戒、忍辱、精進、禪定所得的福德，還要加上實相智慧的福德，才能來作師子吼，可以利樂眾生，沒有人能挑戰你。

那麼如果在末法之世，你想要作師子吼的大業時，心裡要先有準備：保不定什麼時候突然間來了個人，白的進、紅的出，一命嗚呼。那你也得要有這個心理準備。如果你有這個心理準備，那麼你一定可以辦到原來所發的這個大願。若眞的能作得到，成佛也就快了！所以坐於道場而作師子吼，其實也不容易，但也是諸位在成佛之道中的必經之路。因爲你們將來修到一個階段，一定會成爲一個小世界的法主，那時你們一定得要坐「道場」，一定得要「師子吼」，否則你就沒有辦法紹繼　如來的家業；那麼那時的廣大心量，現在就得開始培養。

不畏懼橫逆、敢於豎起正法的大纛，同時努力去教育眾生，讓眾生趕快捨棄邪知邪見；公開作這種事情很危險，可是那些人將來就是你的弟子。當你去路上把一張傳單遞出去時，記得要跟對方眼神交會，可不要粗語說：「**諾！拿去！**」你一定要看著他，不要看著別的地方。對方遠遠來了，你就要笑瞇瞇看著他；也許有人會以爲你要推銷什麼產品，所以他從遠處看見你，接近時他伸手一拿，也是不會看你，只是伸手一拿就走了。也許他一面拿過去時就一面看內容，但通常不會回頭再看你。所以你跟他眼神交會的機會只有當他遠遠走過來的時候，你就得要盯著他看。

然後你把傳單或者把小冊子給他，事後讀了，他會覺得：「**欸！好在我有接過這一份文件，原來不是推銷產品，而是救護我們。**」這法緣就接上了。就這麼一個很簡單的緣，可能在五萬世以後，也可能十萬世以後，他就成爲你的弟子。攝受佛土就得從這裡開始，不然你們現在還沒有辦法出來說法時，想要攝受佛土又該怎麼攝受？就是要從這些事情開始啊！現在能出世說法的人，往世也是從這個地步開始的。

大家想一想：往昔佛世有一個人想要出家，他也有一些年歲了；聽人說如來出現在人間，稀有難得、難遭難遇；現在知道有 釋迦如來在人間成佛，他想要出家，因此他到了僧團去，遇到舍利弗尊者求出家，舍利弗說：「你沒有因緣出家。」遇到其他的尊者時也都說沒因緣，舍利弗尊者往前八萬大劫看了說：「你都沒有因緣出家，回去吧！而且你年紀那麼大了，來出家幹嘛？」認為他會成為僧團的負擔，就說：「回去！回去！你沒因緣！」大家都不收他，那他就想：「我為什麼必須阿羅漢們答應才能出家？我往世是造了什麼惡業因緣，這一世遇到佛陀出世，卻無法出家，所有阿羅漢們都不讓我出家。」他想尋找　佛陀，可是佛陀也不在道場裡。

眞的沒有辦法了，他也只好回家去。當他回家時，在路上想著想著又哭了起來，一面哭著一面走回家；沒想到　佛陀剛好要回去道場，看見他走在路上哭個不停；一個老人走在路上一直哭，是很奇怪的事；佛陀一看當然就知道什麼原因了，卻故意問他說：「老人家！你哭什麼？」他說：「我要去求世尊讓我出家，世尊不在，所有阿羅漢們都說我沒因緣，都不讓我出家。」佛陀當然不用入定，以宿住隨念智力一看就知道了：「喔！有因緣出家。你跟我回去，你有因緣出家。」

有人來求出家，他是為什麼而出家？阿羅漢當然要問啊！阿羅漢們看他往世明明沒有因緣，但世尊爲什麼要讓他出家？世尊就說：「因爲他遠超過八萬大劫的很多倍之前，有一世被老虎追趕著要吃他，他因此爬到樹上去逃避，口中拼命大叫：『歸依佛！歸依佛！』就因爲這個緣故，所以他這一世有因緣可以出家。」諸位想想，他只是望著天空大叫「歸依佛」，何況你今天不是讓他出口說：「歸依佛！歸依你！」你是把文宣給他，讓他遠離了邪教，讓他建立對正法的正知見；這個因緣更深，這其實是以文字說法欸！所以這個緣結下了——眼神交會而從你手中接下傳單了，未來世就是你的弟子了。

這要一世又一世、一劫又一劫繼續去作，菩薩修道不能只看眼前啊！要看過去的無數劫，乃至也看未來的無數劫；那麼今天你發了這個願，你就要想：「我要怎麼樣去作！」應該如何去作呢？就是把 釋迦如來開示的這一點——如來壽命無量的正見，去告訴眾生。但是眾生沒辦法信受，那你要怎麼說？要變個法兒說：「每一個人也都是壽量無盡。」眾生一聽，心想：「我也壽量無盡？」他有興趣了。當他有興趣了，你就可以爲他說：「這個自心如來，人人都是本來就有。每一個人的自心如來都是壽量無盡，您也不例外。

只要您願意修學，同樣可以實證；只要您實證了，不但成為解脫道中的初果聖人，」你得要告訴他會成為聖人，他聽了就會想：「哦？我可以當聖人。」他會很高興：「可以當初果聖人喔？」

你接著說：「而且還可以開悟欸！可以證得宇宙萬有的實相，親眼看見生命的本源。」他一聽：「這樣看來好像不錯，好啦！我把事業再努力個兩、三年，我就到你們正覺去學啦！」本來是個連信都不信的人，因為你的因緣，所以他願意過個幾年再來修學菩薩道，這樣就很不錯了。因為有人是要好幾世、好幾劫以後，才能進入了義正法的，通常都是只能留在表相正法中修學的。那麼你用這個方式，讓他快速進入正法，表示你將來成佛的時候會有更多大菩薩可以幫助你弘法。所以這個願是很重要的。

發了這個願，就不要怕當惡人；因為你心裡要準備：有一天要坐於「道場」。坐在「道場」中就是說，住在正法的環境中為大眾說法，為大眾說了義法就是「師子吼」。為什麼是「師子吼」？因為你為大眾說了義法時不同凡俗，跟所有大師講的都不一樣。那麼大師們會不會抵制你？一定會。可是你要不斷地去說明為何如此，同時說明大師們所說的為何不對？這是批判邪說，而他們都不敢正面回應，這就是「師子吼」。「師子吼」本來的意思是說，雄獅到了獸群之中開口震吼，其他的野獸就沒有一隻敢再發出聲音，只能避得遠遠地，都很怕被牠發現。那麼同樣的道理，當你把正法講出來的時候，那些凡夫大師們再也不敢跟你指名道姓，這就是「師子吼」。

可是師子吼的時候，一定同時會有野干存在。野干是什麼？類似狐狸，聰明狡詐，專門在世間騙吃騙財。當他們聽聞你在「師子吼」，就跑到幾百里地以外說：「那隻雄獅其實是病獅，都快要死了！現在我所說的法其實是與他一樣的。」這些人就是敢毀謗你，然後又模仿你，繼續騙取世人的錢財。可是等你走過去的時候，他們又逃得遠遠地，這事情會伴隨「師子吼」而存在的。

所以「師子吼」的意思是什麼？其實就是說法無所畏！因為你對於法有所實證，繼續進修之後通達了，當你通達的時候，諸法已經互相聯貫而不會有錯失，同時卻又各住法位而不會有過錯，所以你說法的時候不怕人家挑毛病。如果沒有通達就可能被人家挑毛病。因此這個時候發了願，將來就是要去作；眞的去作了以後，未來會達到這個境界——你能夠坐於道場師子吼。

有的人也許想：「我今天雖然發了這個願，可是那個境界距離我太遙遠了。因為坐道場師子吼是諸佛的境界。」可是想想看：諸佛成佛不都是從這一步開始的嗎？你總要有一個開始嘛！你要走完百里遠的路，卻依舊始於初步，終究是要開始第一步才行。你沒有踏出第一步，怎麼能夠到達百里之外？那麼也許你現在已經走完一里路了，你又怕什麼？現在繼續邁開的又不是第一步。這是說，也許你過去世跟著　佛陀就已經發過這個願了，所以現在重新發願應該是心安理得才對，不要恐懼。能夠進入正覺來聽聞我演講了義說的《妙法蓮華經》，能聽到現在還不走人，這不是往世沒有因緣的人。

所以每一位在週二來聽經的人，即使是外道，我都很看重的。真的啊！假使有天主教、一貫道、道教、回教的信眾來聽，我同樣都尊重。為什麼呢？他們既然能聽得下去，就表示他們只是這一世的因緣如此，但他們往世的本質還是佛弟子，才能聽得下去，諸位要瞭解這一點。否則《妙法蓮華經》像這樣了義的說法，一般人是聽不下去的。那麼因此諸位要知道自己的身分，佛子的身分可以示現為很多種，這是在佛世就如此的。

以前有一個大外道薩遮尼犍子，他是個很有名的大外道，可是他真正的身分其實是菩薩，大家都沒想到。結果他度了國王歸依佛法僧三寶，沒有人想像得到吧？表面看來他是大外道，但其實他是菩薩的身分。所以諸位今天大聲地唸了，從深心中發了這個願了，應該要知道你不是一世、兩世學佛的人，也不是一劫、兩劫學佛的人，可能已經一萬劫、五萬劫、十萬劫、一百萬劫學佛而來的了，大家要瞭解這一點。否則你的善根不足以接受這一點：如來壽命無量，而我世世都要「師子吼」護持了義正法。

那麼今天發了這個願，願意將來如同 世尊一樣於「道場師子吼，說法無所畏」，接著就是要去實行了。實行時當然是要像 釋迦如來一樣，在未來世一樣要演述《法華經》；當你未來世如實演說《法華經》的時候，同樣是「一切所尊敬」，而你將來「坐於道場時，說壽亦如是。」同樣要為大眾說明「如來壽命無量」。所以諸佛演說《法華經》的時候，凡是離開而沒有留下來聽聞的人，將來還得輪迴很久而難以實證；若是留下來聽聞《法華經》的人，最後都完全信受 釋迦如來，然後也會跟著發願；當 釋迦如來這麼說的時候，就會跟著發願：「將來要坐於道場師子吼，說法無所畏。」也會發願將來「坐於道場時，說壽亦如是」。那麼你們將來成佛時，如此為大眾說明「如來壽量無盡」，聽聞的大眾也會這樣發願，這也是紹繼如來家業的一種方法。

「若有深心者，清淨而質直，多聞能總持，隨義解佛語；如是諸人等，於此無有疑。」世尊接著說：「如果有一個人從他的深心之中來面對一切眾生的時候，他是清淨的，心地是直爽而不彎曲的，」這就是說，他對眾生無所求，才能夠心地清淨啊！如果對眾生有所求，就不會清淨了。所以假使你上回去聽經時，附上一個紅包供養；後來他打開一看：區區五百塊錢。這一回他見了你，瞧都不瞧你一眼，對不對？對啊！「大師」們就是這樣子。

其實現在大師們的胃口很大，你過年的時候供養十萬塊錢。他們想：「一年到頭才供養這麼一次，只有十萬元。」可是你如果每年供養他五、六百萬元，你是每一個月都來供養幾十萬元，每年能有五、六百萬元，他就會對你另眼相看。就是這樣啊！但是這樣的人，我們就說他不清淨了，貪著於供養了。面對眾生時，其實應該一體看待，因爲眾生的因緣各個不同；有的人很富有，一供養就是兩百萬元，你以平常心看待他；有的人眞的很窮，他能夠前來看你而且願意供養一百塊錢，幾乎是罄其所有了，那你也應該和顏悅色，平等看待他，這樣你攝受眾生就很容易了。

這就好像有一句話說：大海不拘小流。對不對？海納百川，不管流到大海的那些河川是大是小，同樣都不拒絕，所以才能成其爲大海。如果拒絕的話，就不能成其爲大海。同樣的，你要具足成佛時的所有大福德，就得要這樣去攝受有情；因爲你未來成佛時，什麼樣的人、什麼樣的弟子都要有。我這話的函蓋範圍是很廣的，當你成佛的時候，包括黑道弟子你都要有。誰是最大的黑道？專制時代的國王啊！那種國王是最大的黑道，因爲他說了算。什麼樣的弟子都要有，才能成佛。就好像一架飛機，最低賤的就是輪胎，但你能不要輪胎嗎？不行哪！而且輪胎非常重要啊！飛過幾趟、降落過幾趟就要換新，不能馬虎，眞的很重要！所以你成佛時什麼樣的弟子都要有，因此你發了這個願以後，如實去作之後，就要從深心之中去改變自己，要使自己身心清淨，對眾生無所求，心無所求就是清淨了。

你如果出家了，當然不能拒絕眾生的供養，不可以像有些大師交代弟子說：「以後那幾個人來了，不要接受他們的供養。」爲什麼呢？因爲那幾個人給的紅包不稱他的意。他們包了多少錢？他連拆紅包都嫌麻煩，所以就不要接受，就吩咐說：「最好是不要接受，他們如果要供養我，讓他們丟到功德箱去就好了。」眞的有這樣的事啊！這就表示他們心地不清淨。清淨不可以是裝出來的，是要從深心中就這樣，絕對不貪：不管多少錢財我都不貪；不管人家供養的錢財多麼少，我都不嫌，仍然以恭敬心接受他的供養。出家人是應該如此的，這樣才能說是「質直」。

他的心地本質是直爽的，不彎曲的，這樣的人，他的心會不會在世俗法上用功？會不會？（大眾答：不會。）一定不會嘛！他一定是在法上用功！那麼世俗上的事情他一定不計較，不會放在心裡面；如果哪一天見了他，忘了跟他頂禮，這位大師也不會覺得怎樣，他根本不記掛這個，都不重視這個。只要專心在法上去用功，心都在法上的時候，就是「質直」。這樣心都在法上的時候，當然能夠多聞，能多聞的人就是有智慧的人。

有句話說「少聞寡慧」，聽聞得越少，智慧就越少。因爲智慧要從多聞而生，多聞之後因爲熏習久了，然後融會貫通就是智慧。如果連聽聞都沒有，那就是少聞；少聞者智慧就少，所以叫作「少聞寡慧」。少聞寡慧的人一定是凡夫，所以你們看《阿含經》裡面有很多部經 世尊都怎麼說？都說「多聞聖弟子」，聖弟子前面都加上多聞兩個字；意思就是說，因爲他都在法上用功，心地直爽，才能實證而成爲聖弟子。

不在世間法上去用心，專門在法上用心，他就能多聞，多聞的結果就是最後能得到總持。總持就是說：把一切法融會貫通，貫通以後就抓到那個要領，就能貫通一切法。一切法中最重要的是什麼？就是要領。「領」就譬如一件衣服要提起來時——特別是指中國古時的長衫，你若是提了袖子起來，就會亂七八糟；你若是從衣領一提，整件衣服就整齊地拉起來，那就叫作領。領是重要的，就稱爲要領，也就是綱要的意思，說他對於諸法融會貫通而知道綱要在哪裡。當他知道綱要在哪裡的時候，就可以去判別：什麼是主要的法，什麼是次要的法，什麼是幫助這些法的更次要的對治法。

他會這樣去瞭解，瞭解以後就能夠「隨義解佛語」。二乘法有二乘法的總持，一般人都以爲二乘法的總持就是四聖諦、八正道、七覺支，其實不是這樣的。二乘法的總持就是斷我見跟斷我執，從斷我見跟斷我執來看什麼是次要的法，以及我見有什麼內涵？我執有什麼內涵？然後爲了幫助我見與我執的斷除實證，需要次要的法；次要的法又是什麼？喔！是對治我所的執著。我所的執著要怎麼對治？就得有更次要的法了，就是五停心觀、四念處觀，就是這些法。所以二乘法的總持，你只要把握到了，就能夠「隨義解佛語」。而且 佛所說的二乘菩提，你聽了你就能懂，就成為你的。

大乘佛法也是一樣，大乘佛法的總持是什麼？是眞如、佛性。眞如佛性要怎麼樣實證？就需要有個次要的法。這一實證以後，怎麼樣能夠通達？又得有次要的法。通達之後呢？接著要怎麼樣完成整個佛菩提道的實證內涵，那就要有十地之道等等。所以大乘法的總持是什麼？是眞如、佛性。「多聞能總持」，就能「隨義解佛語」；能這樣實證的人當然能知道諸佛如來壽量無盡，也會知道自己未來成佛同樣是壽量無盡，因為現在就已經壽量無盡了。所以這樣的人，就是「如是諸人等，於此無有疑」啊！所以今天你們就對於如來壽量無盡，已經無所懷疑了，恭喜諸位啦！

上一週是……？今天要從一百五十三頁第四行開始？我們好像兩段經文都已經略說了是不是？事情多了，我都忘了。那麼這兩段經文，世尊接著說：

經文：【「又，阿逸多！若有聞佛壽命長遠，解其言趣，是人所得功德無有限量，能起如來無上之慧。何況廣聞是經，若教人聞；若自持，若教人持；若自書，若教人書；若以華、香、瓔珞、幢幡、繒蓋、香油、酥燈，供養經卷，是人功德無量無邊，能生一切種智。」

「阿逸多！若善男子、善女人，聞我說壽命長遠，深心信解，則爲見佛常在耆闍崛山，共大菩薩、諸聲聞眾圍繞說法。又見此娑婆世界，其地琉璃，坦然平正，閻浮檀金以界八道，寶樹行列，諸臺樓觀皆悉寶成，其菩薩眾咸處其中。若有能如是觀者，當知是爲深信解相。又復如來滅後，若聞是經而不毀呰，起隨喜心，當知已爲深信解相，何況讀誦、受持之者，斯人則爲頂戴如來。」】

語譯：這兩段經文分爲前後二段來講解，先講第一段：

【「此外，阿逸多！如果有人聽聞到佛陀壽命長遠，能夠勝解其中所說的意趣，這個人所得到的功德無有限量，能夠生起諸佛如來無上的智慧。何況是已經廣大聽聞這一部經，或是同樣也教別人一起來聽聞；或是自己受持，或是也教別人一起來受持；或者自己書寫，或是也教別人一起來書寫；

或者以華、香、瓔珞、幢幡、繒蓋、香油、酥燈，用來供養經卷，這個人的功德無量無邊，還能出生一切種智。」】

講義：世尊又重新呼喚　慈氏菩薩說：「如果有人聽聞到說『佛陀的壽命那麼長遠』，而能夠理解其中所說的眞實義，這個人所得到的功德，是不可思、不可限、不可量的，而他也能生起如來無上的智慧。」那爲什麼聽聞到世尊說明如來的壽量那麼長遠，而能夠瞭解這些開示中的眞實義趣，功德就不可限量？顯然這裡面說的「解其言趣」，是有特殊的意涵。一般人聽聞到說「佛壽命長遠」，大概就是想到如來有三身，其中的莊嚴報身壽命無量，大概只會想到這一點。如果只想到這一點，就表示還沒有如實「解其言趣」，是對　世尊所說的眞實義並沒有如實理解，因爲如實理解的人一定能夠生起「如來無上之慧」。如果只知道　釋迦如來的三身，對法身的眞實義沒有實證，因此就無法生起如來的無上智慧，當然他所得到的功德就變成有限也有量，別人可以測量他。

什麼人是對如來的壽命長遠，能夠如實理解　世尊言語中所表示的意涵的？就是對於「此經」有如實理解。「此經」就是如來藏，「此經」就是一切有情的法身；假使對這個如來法身有所實證，就可以發覺每一個有情的自心如來都是不生不滅，性如金剛永不可壞；既然這樣子實證了，顯然諸佛依於十無盡願以及長劫所修無量福德和無上的智慧，用以繼續利樂有情而無窮盡，當然壽命一定是無量的、久遠的、不可思議的，而且是永不可盡。因爲在因地的自心如來——也就是如來藏，就已經是壽命長遠不可限量，無法思議；更何況是經由悟後繼續修道成佛了，繼續度眾永無窮盡？所以這個智慧是至高無上的，福德也是究竟圓滿的。

實證「此經」而能夠如實觀察，他自然就對 世尊所說「佛壽命長遠」無量無邊的事情，有了眞實的理解，才能如實聽懂 世尊這些開示的言語之中，是在指陳什麼樣的壽命，當然就會知道：如來是說此經第八識的「壽命長遠無量」，所以諸佛如來的壽命當然也是長遠無量。這樣才是眞的「解其言趣」，否則就只是對如來的壽量依文解義而作表面上的理解而已；如果只能作表面上的理解，那麼他的功德就有限，他的功德就可以被人測量，因此他也無法繼續往佛地的智慧進展，因爲他在這時還無法發起如來無上的智慧。所以這段話，其實是告訴大家：應該要趕快修集福德資糧，用以求證「此經」如來藏，才能夠如實「解其言趣」。

世尊接著說：「何況廣聞是經，若教人聞；若自持，若教人持；若自書，若教人書；若以華、香、瓔珞、幢幡、繒蓋、香油、酥燈，供養經卷，是人功德無量無邊，能生一切種智。」這是告訴我們說，對於〈如來壽量品〉如實理解的人，他能生起如來無上的智慧；如果不單是如實理解，而且還能夠悟後廣求多聞，換句話說，悟後聽聞《法華經》的時候，不該只是聽聞一佛演述就滿足，還要親歷諸佛一一聽聞，這個功德才能圓滿；不但如此，在因地假使有菩薩摩訶薩演述這部《妙法蓮華經》的時候，也要「廣聞是經」。因為廣聞與少聞是有差別的，菩薩摩訶薩演說《法華經》的時候，有時會有一些增減，是因為聞法者的根器與時節因緣有所差別，所以有時菩薩演述《法華經》也會有一些增減。

例如我們在人間演講《法華經》，這是為人類而說，以人為主。如果像文殊師利菩薩在龍王宮中演述《法華經》，那就會講得非常詳細，不像我們人間說得這麼簡略。他就以一部《法華經》函蓋了三乘菩提，將全部佛法都歸納在《法華經》之中；如果是在天界講解《法華經》，跟人間又不一樣，也是會比人間講得勝妙。所以有不同情況的聽眾以及不同的時節因緣，而有不同的菩薩來演述《法華經》的內涵，就會有所不同。就是說，義理是相同的，但是會有深淺或者廣狹的差別；既然如此，悟後就應該尋求廣聞，能夠聽聞到菩薩摩訶薩如實演述《法華經》就去聽聞。

多聽一些總是好的，對自己一定有好處；因為聽到某一個部分是以前所不曾聽聞的，那麼現在就會再增長一分智慧，所以應該要廣聞。（請控制影音的菩薩把影像處理一下，因為我這裡只看得見兩個講堂的狀況，還有二個講堂我看不見。）好！尋求「廣聞是經」，目的是對《法華經》中 如來所說的種種法教，可以有更深廣、更全面的理解，所以應該要求廣聞。能夠廣聞的人，表示他對於 如來所說《法華經》的根本義理，以及比較廣的函蓋面都能夠理解，所以廣聞的人又比「聞佛壽命長遠，解其言趣」的人功德更大。

如果廣聞之餘，還可以再勸請大眾一同聽聞，這又是多了一項攝受佛土的功德，多了一項鞏固正法的功德，所以不但要廣聞，還要「教人聞」。如果這樣作了以後，接著或是自己受持，或者教別人受持，那功德又更大了。因為對於《法華經》眞實義的如實理解，是從如實理解此經如來藏開始的，這樣才算是眞正的受持此經；那你如果能夠受持，就能夠「解其言趣」，也比較能夠如實理解整部《法華經》的眞實義；然後轉而來教導別人同樣受持，這個功德當然又更大了，這時已經是三個無有限量了。

因爲自持只是一個人受用，佛菩提智只是一個人擁有；但你如果教別人也一樣能夠受持，教導了幾個人受持，就有幾個人擁有這樣的智慧與功德。這個智慧與功德有多大？諸位可以想想：度一萬個人成初果，不如度一個人成阿羅漢；度一萬個人成阿羅漢，不如度一個人於大乘中發起菩提心；度一萬個人發菩提心，不如度一個人實證眞如，成爲實義菩薩。那你現在「教人持」，什麼是教導別人受持呢？就是同樣可以受持此經如來藏，讓他同樣可以對「佛壽命長遠，解其言趣」，這才是了義教中說的「教人持」。那你教導另一個人也可以受持，這個功德有多大？等於你座下有一萬個阿羅漢弟子的功德，而且是超過一萬個阿羅漢，所以這個功德是很大。那你如果有好的時節因緣，可以教導更多人受持，你的功德又更大了。

接著說，假使你教人受持以後，恐怕這一部經典的經文將來會在人間消失，那你以後就沒有依據可以爲人解說這部《妙法蓮華經》了，所以這時應該要自己把它寫起來保存。在古印度沒有印刷術，那就是用寫的；所以有的人用布匹或絹，或者甚至於把貝葉——厚厚的樹葉拿下來壓平一片一片的，在上面把經文刻寫下來，好好保存起來，這叫作「自書」。一個人能夠寫多少部經文保存？很有限。當你希望留下更多部廣為流傳，希望將來不會全部滅失，保存下來的機會比較大，所以還得要「教人書」。

也許有人想：「經典那麼重要嗎？」事實上很重要！譬如咱們正覺同修會弘法到現在二十年，為什麼能夠在群雄環踞、諸方窺伺之下，依舊可以立於不敗之地？都是因為有這些經卷留下來。以前我們剛剛出來弘法的時候，有好多人指責正覺說：「正覺所證的如來藏是外道神我。」咱們說：「不是！這才是佛法實證的內涵。」他們說：「那都是你講的啦！經教裡面沒有這樣講啦。」哦！原來他們是要依經教為準。那你想，他們既然要依經教為準，我們說了不算，那麼如果經教都已經不存在的時候，我們能怎麼辦？問題來了，就會成為一個現象：公說公有理，婆說婆有理，不說也有理。最後到底是誰說的才正確？可就沒有一個依據，那就各說各話啦！那麼你悟你的，我悟我的，各人悟的不必一樣。

即使我們弘法十幾年了，都還有大名聲的居士對我這樣講：「各人悟各人的，大家不必互相評論對與錯。」也有法師這樣講：「爲什麼我一定要修你的如來藏？爲什麼我不可以悟別的？」所以我們才會提出來講：「法界的實相難道有兩種、三種嗎？如果眞的有兩種、三種，那麼成佛以後應該也有兩種佛、三種佛，那就不叫諸佛平等了。既然佛有很多種的不同，就應該說：不同的佛所修的內涵、成佛之道，也就各不相同，那就應該有很多種成佛之道囉？」這麼提出來後，佛教界那些大師們才警覺說：「哦？原來法界實相是只有一種，沒有兩種、三種。」

那他們終於肯回到經教來了，就說：「經教上是怎麼說的？」我們舉出經教來證明說：「經教中說的此經就是第八識如來藏。」可是咱們說了，還是有人不信，他們就主張說：「宗門悟的跟教下悟的不一樣。」那你看，我們是不是要舉出來證明說「宗門跟教下是一樣的」？要啊！那我們要怎麼證明？就憑著《大藏經》裡面，古時候的禪宗祖師所悟的到底是什麼？拿出宗門開悟的記錄來談。

禪宗最有名的就是看話禪、默照禪兩種，他們說：「看話禪可能是悟得你說的如來藏，但默照禪不是，默照禪講的悟境是離念靈知。」我反問說：「對嗎？那咱們就也來講講默照禪。」所以我才寫了《鈍鳥與靈龜》。當我替大慧宗杲平反的時候，順便就把默照禪悟個什麼也舉出來講了，一次把那些人的無明解決掉，於是大家終於知道說：「原來天童宏智正覺的默照禪，也是證悟第八識如來藏；原來他開悟的時候，也是禪宗祖師給他機鋒，他才悟入的，並不是默照而開悟的。」這一下，終於在我們手裡把宗門與教門統一了，不能再分割了。

其實我們在《宗通與說通》裡早就說過了：世尊出世弘法是因爲悟得宗門下事，是因爲悟得宗門所悟的如來藏，所以開講了祂所悟的內容，當祂把開悟的內容講出來時就變成教門啦！所以教門講的就是宗門的東西，因爲先有宗門開悟，所以才講出教門來，那麼宗門與教門的所證怎麼會不一樣？所以顯然是同一種。於是，大家只好回歸經教文獻。但我們就得主張：文獻有正確的文獻、錯誤的文獻二種，錯誤的文獻要排除於佛教之外。例如安慧寫的《大乘廣五蘊論》，那根本是胡說八道，又如佛護、清辨寫的那些應成派中觀，或是其他密宗祖師寫的自續派的中觀論，也都是常見外道論，同樣要排除在外。

有人不服氣，我們就說明：爲什麼他們是常見外道論，就指正出來。那麼這樣看來，我們正覺所依據的是什麼？是以前結集留下來的那些經典，和證悟菩薩們留下來的論典。我們依於佛所說的諸經，依於菩薩摩訶薩所說的諸論，一一作了辨正，讓大家瞭解。所以現在佛教界終於沒話說了，只好承認說：想要開悟，就是得去正覺。爲什麼聽到開悟就是要去正覺？因爲你如果想求開悟，除了正覺，沒有別的地方有。他們爲什麼要這樣說？因爲他們後來相信說：「原來正覺講的開悟才是正確的，而你要眞正的開悟，想要證得如來藏，你就得去正覺修學，否則你所悟的很可能就是錯悟。」或者就說：「根本沒有把握怎麼樣去證得如來藏。」由此可以看得出來，經典和正確論典的存在有多麼重要！

如果我們出來弘法之後，若沒有經教存在得以證明，就無法讓那些人信受。因爲我們不是讀經教去悟得的，當初我是自己參究而在很短的時間就悟入了；我是在被人家誤導的情況下，苦參了十九天都沒有結果，最後一天下午把它丟了，然後用自己的知見去思惟、整理，我就直接解決了，根本就不是參禪，而是思惟以後把往世的智慧種子流注出來，就知道明心與眼見佛性的境界了，那還眞的不像是參禪。對呀！眞的不像參禪！因爲前面靜坐的二、三個鐘頭——那一個下午坐了幾個鐘頭用功，根本沒用！後來把它丟了，自己去整理，就從「明心見性」四個字去整理，然後就想：欸……佛性應該是這個，明心就是那樣啊！可是明心時好像沒感覺什麼功德，眼見佛性的功德卻很大。我當然要把最好的給大家，所以我們初期只看重見性，不重視明心，明心的內容都是我明講就算數了，大家連參禪的體驗都沒有的。

所以很多人—最早期來學的人—第一次禪三、第二次禪三、第三次禪三，都是聽我明講這個眞如心；大家聽過也就算數，接著就是立即拼見性這一關；所以第一期、第二期、第三期禪三回來的同修，可能對於眞如都沒什麼概念，因爲都是聽我明說的，並沒有體驗，聽過可能也就忘了。後來我覺得不行，知道這樣很容易退轉，才把禪三的共修方式拉回來，先從眞如這邊弄清楚，眼見佛性的事情就等以後再說。

那麼你想，我就這樣子把「明心、見性」四個字自己整理整理也就解決了，那有像參禪嗎？都不像欸！根本就不是參禪，只是把往世的所證發起而已。可是智慧回復以後，我們並不像那些專門研究佛學的人，一部經又一部論，囫圇吞棗全部都讀過。從來都沒有！我到現在還是公開說：我讀過的經典很少。雖然我悟後整整兩年都在讀經論，我每天最少讀八個鐘頭，我的腿功就是這樣練起來的。我的佛堂裡面有個小方桌，經本就用經架放好，把腿盤起來，就在那邊讀經論。我是悟前就讀過了，但悟了以後重新再來讀，可就是享受了。讀到後來，腿很痠了就換個腿，還是繼續讀，一天讀八個鐘頭。

你們有誰每天讀經論八個鐘頭？沒有嘛！但我還是說：我對經論讀得很少。不騙人！我眞的讀很少！因爲每一部經論，我只要去讀時，都只作精讀；我要詳細把它瞭解，所以我一部經或者一部論都要讀很久。因此，今天我依舊說，我經論讀得很少。可是因爲所證是眞實的，如果所證是眞實的、是實相，那就是只有一種，不可能被推翻，永遠都不可能被推翻。這代表什麼？代表你所悟的跟眞正的經、眞正的論裡面所說的，必然是一樣的內涵。

那麼如果你出來弘法的時候，世間已經沒有經典了，大菩薩們寫的論也都消失了，那時人家說：「**那都是你自己講的，我們認爲證悟般若時不是這樣。**」那麼你應該用什麼來作依憑、來作判斷呢？沒辦法啦！只能單憑論理；

雖然你作了種種議論，也都是正理，但大部分人還是不會信受的。所以經典、論典的存在是非常重要的，假使未來世《法華經》的經文消失了，那你還能爲人演講《法華經》嗎？你憑著記憶演講了，人家也會說：「那都是你自己說的，不是佛說的！不算數。」所以你得要想辦法把它寫下來，寫下來以後還得好好保存。

如果抄寫一部下來，萬一不小心遺失了，或是被火災燒了，怎麼辦？又沒了。所以要多寫幾部啊！因此應該「若教人書」：或者自己書寫了保存，或者教別人再多書寫幾部，同樣保存起來。那這個功德又多了一分，功德同樣是無有限量！這是因爲徒法不足以自行，自行也必須要有根據，爲人講經說法就必須要有經論依據。那麼前世、後世弘法縱使有爭議，還是可以把經文、論文請出來，大家來核對，大家來辨正一下，究竟應當如何才是正確的，如此一來，未來世大家就沒有爭議。所以「自書」、「教人書」都是很重要的。那我們現代有個好處，就是有印刷術發達，所以應該把它多印幾份；多印了出來，保存的地方就會很多，因此我們還可以進一步把它講解之後，再整理成書籍，不但自己保存，也把它賣到民間去保存。因爲有很多學佛人想要瞭解啊！所以會買書，那麼就可以四處保存。我們也把它寄到國家中央圖書館，同時留存下來，這樣也是「功德無有限量」！

話說回來了，爲什麼這樣作，功德都是「無有限量」？聽聞〈如來壽量品〉而「解其言趣」，功德已經「無有限量」了，那「廣聞是經，若教人聞」，功德也是「無有限量」！「若自持，若教人持」，功德也是「無有限量」！「若自書，若教人書」，同樣是「無有限量」！好！爲什麼都是無有限量？有一句話講得很好：自受用叫作功，他受用叫作德。功德就是自受用與他受用，自己有功，爲什麼叫作功？功就是作用。爲什麼有功？因爲智慧生起了，你就有受用。而你這個智慧可以去運作，使別人得利；別人因爲你以智慧而作的演說，從你演說的佛法之中，他們得到了受用，所以說你有德。如果你只顧著自己有智慧受用，不願意幫忙別人，那就叫作有功而無德。

但這個功德，你肉眼看不見。這個功與德無形無色而不可見，但你現在證得「此經」，能夠如實理解「佛壽命長遠，解其言趣」，有這個智慧受用！但你這個智慧受用，沒辦法用一個數量把它顯示，不能量化說「我有一百萬個智慧、有一千萬個智慧」；人家只能夠稱讚說：「哇！你眞的有智慧。」可是到底有多少智慧？問你，你也講不清楚啊！也許你自謙說：「我的智慧就這麼多。」可是別人無法測量你到底有多少智慧？你自己也說不清楚，因爲你無法捧出來給人家看說：「我的智慧有這樣一盤、兩盤、三盤。」沒辦法！所以功與德，眞的是不可限量，所以叫作「無有限量」。

如果功德是有色之法、物質之法，那就可以限量了，就不是眞實的功德。所以「沒有」功德才能稱爲眞功德，悟得永遠都沒有功德的心，才是具有恆常不壞功德的人。前一部經，我們講《金剛經》也講《實相經》，《金剛經》裡面也有講到這個部分，同樣的因由援用出來就是「如來說功德，即非功德，是名功德。」這才是如來所說的功德。因爲功德無形無色，你看不見；你可以有自受用，也可以爲人演說而讓別人得到受用；可是它不能測量，不能說這個功德是一個娑婆世界那麼大、兩個娑婆世界那麼大。你無法這樣測量，因爲它無形無色，不可破壞，所以無功德才是眞功德。那麼這樣四種的所作：「解其言趣」，聽聞、教人聞，自持、教人持，自書、教人書，全部都是功德「無有限量」。但這個「無有限量」的功德，是要從證得此經如來藏開始，以此經如來藏作基石才能獲得。

可是這樣子書寫了以後，或者叫別人書寫了以後，就把它擺著，可就不足以崇隆此經的勝妙，因此還要有第五種的功德：或者用花、用香、用瓔珞、幢幡、繒蓋、香油、酥燈來供養《法華經》的經卷，這個功德一樣是無量無邊、無有限量。也許有人想：「我作這樣的供養，這都是世俗法，怎麼可能會功德無量無邊呢？」也許又有人想：「那我又還沒有開悟，又不懂得此經，我用花、香、瓔珞等等來作供養，供養了這部經卷又有什麼功德？」一定也會有人這樣想。

那我們先從後面這個想法來說一說好了，譬如說，有人來到正覺，聽聞了許多的佛法；聽完了以後已經熏習到他自己心中了，在腦袋裡面受持了，但還沒有因緣可以實證「此經」，那我說他正應該供養此經。就該請一部《法華經》，每天一種、二種、三種、五種、六種供品不等，隨著自己的方便來供養。如果供養花，就每天到院子裡面去剪一朵花來供養；如果以香供養，就每天用一炷香，不論是一根臥香或點一片沈香都行，就如此供養。乃至以「瓔珞、幢幡、繒蓋、香油、酥燈」等來供養經卷，都行。只要持續不斷，有一天一定會悟得「此經」；那你說，凡夫供養此經有什麼不好？

可是我在這裡要加一個註腳：供養此經之前，要先在正法道場聽聞了義究竟法，否則供養了三大阿僧祇劫也沒用。因為跟著假名大師所聽聞的都是告訴你：「應該證悟的就是離念靈知啊！」和《法華經》說的「此經」如來藏違背，那你供養了三大阿僧祇劫還是個凡夫。好！那麼說，這樣子去供養，每天點了香，然後擎起來供上，放上去了。供了之後，順便頂禮三拜又何妨？就每天這樣上供啊！

也許有人說：「我所有的錢財就只足夠買這一部經卷，我就沒有其他的錢財可以買供品啊！」那就請問他：「你每天要不要吃飯？」要！每天都要吃飯，那就把飲食提前做好，在佛像前、《法華經》前先供一下也行嘛！好！當他這麼虔誠每天上供，鬼神們都看見了，就說：「這人這麼虔誠，每天用飲食供養此經。」那鬼神們就想：「看來此經的功德很大，我得要好好護持。」於是闔家平安，事情漸漸地順了，又可以進一步買花、香等等來供養，甚至未來可能連瓔珞、幢幡都可以買來供養，都有能力了。

好！香油供養，是點了以後，那油燃燒起來猶如點燈一般，就好像以前點油燈一樣，但它就會散發出一種香味；酥燈的供養，也是一樣的道理。那麼這樣子供養，就會有許多護法神來擁護；你就每天這樣供養，每天在供養後順便頂禮三拜，也就是把此經「頂戴受持」了！將來一定會有一天，你不證悟也難哪！如果供養了一世都不能悟，供養兩世也會悟！兩世不悟，二十世也會悟啦！總有那麼一天。但還是要回到剛才說的那個前提：所聽聞的是如實了義的正法。如果聽聞到表相正法、相似像法，那你每天供養時都是有福德而無功德的。福德一定會在，可是供養了法以後，功德卻不存在，因爲沒有自受用，也不能使別人生起受用，所以無功亦無德；但是還有福德，是未來世可以獲得的世間福報。

所以只要符合我說的前提，你每天供養此經典，功德一樣是無量無邊，因爲遲早都會開悟，這個前提不能忽略。就好像念佛法門，淨土宗裡面說有一行三昧，一行三昧就是持名唸佛，要「專稱名字，隨佛方所，端身正向，持唸佛名」，這就是念佛法門中的一行三昧啊！好！那就要問問大家：你們知道有很多念佛的道場，就是專心唸佛；有的老居士、老法師，唸佛超過四十年，將近五十年了，悟了沒？（大眾搖頭）沒有。爲什麼你們都搖頭？因爲沒看見哪個唸佛的人悟了。以前有一個人唸佛悟了，但已經走人了。

那麼後來有人念佛悟了，正是咱家；可是我悟的時候卻不是持名唸佛入的，我是自己去整理明心見性四個字，把往世的種子給拉回來，是這樣解決的。那麼問題來了，為什麼他們持名唸佛，努力修行一行三昧，經過三十年、四十年，快五十年了，依舊無法「即是念中能見過去、未來、現在諸佛」？因為一行三昧裡面，世尊有允諾，只要有人能行一行三昧，就在念佛的每一念當中，都可以看見三世一切如來啊！如果他們如實持唸佛名而都不能看見，那麼 世尊說的可就成為妄語了。可是明明 世尊不是妄語人，那問題一定出在念佛人自己身上。但他們的問題在哪裡？問題就出在他們修一行三昧時只修一半，不是如實修行，當然不能稱為眞正的一行三昧。

以世俗人來講好了，譬如一個人結婚，今天當新郎倌，要去迎娶美嬌娘；可是迎娶美嬌娘的時候卻說：「我只要她的身體就好，頭不要，免得吃我的飯。」行不行？不行啊！你得要整個人迎回來才算迎娶欸！否則人家當然不同意。你們不管是誰嫁女兒，一定要求整個人迎娶回家嘛！沒有人想要迎娶一半的，更沒有人願意只被迎娶一半的。同理，修證念佛的一行三昧法門也是要全部接受。這個一行三昧持名唸佛法門有個前提，就是「當先聞般若波羅蜜」，可是大家都把這個前提砍掉，就等於說：「我不要她的頭，我只要她的身體。」那就是死人一個，頭沒了，新娘還能活嗎？所以他把「當先聞般若波羅蜜」砍掉，只要「隨佛方所，端身正向，持唸佛名」，那他怎麼可能悟入？

所以說，他們持名唸佛努力修習一行三昧而不能悟入，原因就在這裡。他們都沒有頭，只有脖子以下的部分，再唸上三十年、五十年也沒有用！如果他們有頭，那個頭是「當先聞般若波羅蜜」，有先學習正確的般若正理；然後也有身體，就是持名唸佛，那麼他持名唸佛就可以悟入，只是時間的遲早差別。同樣的道理，「若以華、香、瓔珞、幢幡、繒蓋、香油、酥燈，供養經卷，」世尊說：「是人功德無量無邊。」因爲他遲早都能生起一切種智。

爲什麼能生起一切種智？因爲他遲早會證悟的——他遲早會證得此經如來藏。當他證得此經如來藏以後，繼續進修就成佛了，就有一切種智。一切種子的智慧，是指對如來藏所含藏一切種子的了知；對如來藏所含藏一切種子的了知，如果還沒有具足，就成爲諸地菩薩的道種智；所以你有了這部分具足的智慧，就叫作一切種智。一切種智還沒有圓滿以前，就叫作道種智，就是從初地到十地、等覺、妙覺的如來藏種子智慧，圓滿了就改名一切種智。可是一切種智的根源，是從證得如來藏開始；證得眞如阿賴耶識的時候，可以去觀察這個如來藏阿賴耶識，祂有些什麼功能差別；當你對祂的功能差別具足了知的時候，就是你成佛的時候了。

既然這個一切種智的根源是如來藏，而你對這個如來藏此經的實證，一定要先廣聞；廣聞之後有了般若波羅蜜的正知見，然後自己書寫、教人書寫都行，接著以花、香乃至酥燈來供養《法華經》的經卷；每天供養持之不輟，以正知正見來禮拜供養《法華經》，未來一定會證悟，這是遲早的事情。那麼如果，你想一想之後說：「**你剛剛講的是凡夫，那我破參了、開悟了，我也要這樣供養嗎？**」我說，你不一定要這樣供養，你可以作別的法供養。可是你如果想要供養這部經的經卷，繼續像悟前這樣子以花、香、瓔珞乃至酥燈來供養，也未嘗不可。

譬如佛像，假使哪一天再有新講堂一一設立，如果哪一天佛像不是用木雕的，而是可以用模子鑄造脫胎時，那我們在佛像裡面就可以安入《法華經》；因爲佛像會保存久一點，也許兩千年後、三千年後、五千年後，那尊佛像或許壞了，或者被人不小心打碎了就會發現：「欸！這裡面有經本。」再一看：「是《妙法蓮華經》。」那時可能剛剛好有善知識能夠講經卻沒有經卷可用，就可以請來用，那不是既有功又有德了嗎？所以悟了以後還是可以這樣供養，還是可以「若自書、若教人書」。

那我們就把它改為「若自印、若教人印」，這也可以吧！所以悟了以後這樣子繼續去作，一樣可以在供養經卷之中增長智慧。這可不是要嘴皮、隨便亂講，因為當你證悟了以後，在禮拜和供養《法華經》的過程中，你可以體會到如來藏還有許多的功德，至少在如來藏的別相上面可以觀察到更多，那不是在往「具足」或「生起」佛地一切種智的方向前進了嗎？對呀！所以悟後同樣可以這樣作。

也許，有人想：「你說這部經典會消失，我不太相信。」事實上會消失，因為當大家都不重視的時候，它就消失了——沒有人要保存，所以我們必須要很重視印經這回事。我弘法以來，對白馬精舍讚歎過很多次，因為它印經，第一次把《大正藏》引進臺灣而把它普及，這就是白馬精舍的大功德。我初學佛的時候，那時臺灣沒什麼地方可以請購到《大藏經》，如果能請購到，都是很貴的一整套；但是二十來年之前，白馬精舍的一套《大正藏》才賣三萬六千元臺幣；當時我一看他們這個定價就說：「這是作功德，不是賺錢的！」

白馬精舍這個功德很大，因為使經典可以普及，那麼將來佛教經典滅失的機會就更少；而我也正好因為有這麼一部《大正藏》，可以把自己所悟的內涵，用裡面的經典、論典加以檢驗，來互相對照、印證成功；因此我們弘揚的法就不怕人家來推翻，因為不但現量上的實證符合法界的實相，也全部符合聖教量，正法就能屹立不搖而無法被凡夫大師及外道們所撼動，所以我說供養經典是很重要的。

那麼我們現在繼續努力住持及推廣正法，人類的福德就會開始再增長。也因為現在的科技可以保存這些經典的內涵，是一個大成就；雖然他們保存的目的和用意是在世間法上，但是我們把它拿來用在經典的保存上面，也算是幫他們成就另一分福德。所以現在自己書寫、教人書寫都變得容易啦！因為現在你叫人書寫、自己書寫時都很簡單，只把電子佛典拿來再拷貝一份，也就書寫了一套《大藏經》。多快！

這樣看來，復興佛教正法是有希望的，只要我們能夠像這段經文說的：

「聞佛壽命長遠，解其言趣。」便能獲得第一個「無有限量」的功德，因爲「能起如來無上之慧」。接著不但自己要廣聞《法華經》，還要教別人同樣聽聞《法華經》；不但自己受持，還要教人受持；不但自己書寫，也要教別人書寫。那麼不論悟了或沒悟，都可以供養《法華經》，讓這一部經典的經文可以繼續流傳下去；只要能夠流傳，它就可以作爲證悟菩薩們的根據，於是可以利樂很多的有情，正法的久住就更有希望。

如果沒有這些經論的存在，那我們今天作什麼法義辨正或論證都沒有用，人家會說：「那都是你講的，不一定是佛意。」五濁惡世的人們本來就很不容易信受正法，剛開始時我們說開悟的內容是證眞如，人家說：「那是你講的啊！你講的跟禪宗祖師所悟的不一樣。」他們這麼講也有道理，因爲你得要體諒他們是住在凡夫位裡面。所以你應該要怎麼辦？就得隨順他們所講的，把禪宗祖師證悟的公案拿來拈提，證明你講的跟禪宗祖師所悟的一模一樣；所以我寫《公案拈提》第一輯、第二輯……，一輯又一輯寫出來。

但我寫完了第七輯，結果還剩下了兩、三則拈提放不進去，因爲會變得太厚了，應該放到第八輯裡去。後來我想：「我還要繼續寫下去嗎？沒必要了吧！」因爲都已經有七輯了！如果寫了七輯舉證禪宗祖師的所悟也是如來藏，都還不足以說服他們信受禪宗祖師悟的就是如來藏，那我寫上七十輯也沒用。所以七輯的分量已經很夠了，應該放入第八輯中的那二、三則拈提，就把它留在電腦裡面成爲殘輯，我就不再寫《公案拈提》了。所以弘法者得要這樣隨順、證明。

然而後來他們接著又質疑說：「你寫的《公案拈提》，那都只是宗門裡講的，教門裡面講的實證般若開悟，就不是這樣講啦！還是要依聖教量爲準。」於是只好隨順他們，又從聖教量來講。正覺的書籍就是這樣因應無明眾生的質疑或需要，如此一步一步發展出來這麼多本書籍，來教化當代的佛教界。所以你看我們有很多書，其實都是隨順因緣而印出來的。然後也有人主張說：「顯教歸顯教，密宗歸密宗啦。」那我們就來寫《狂密與眞密》，把什麼才是佛法的眞實密意辨正清楚。

出版了以後，有人在網路上好奇說：「奇怪！這蕭平實到底是什麼人？怎麼連密宗的法義他也懂？」他沒想到我六百多年前在覺囊派當法王，他們眞的不知道啊！我怎麼會不懂？我剛請到《大正藏》那套《大藏經》，當白馬精舍每次寄來一箱，要供上經櫥時，其中的每一冊，我都先會略翻一下；當我一看到密教部裡的什麼「大聖歡喜雙身」那些東西時，我立刻就知道那是雙身法。我就是知道啊！我都還沒讀到經文，只是看到目錄中的經典名稱時我就知道了。這就是往世的佛法種子被引上來了嘛！後來詳細去讀，果然如此。

所以此世是從那時才開始去瞭解說：「欸！密宗還眞的很邪！眞是邪門。」然後再用道種智去檢查它：果然邪門。於是就寫了《狂密與眞密》，這就是隨順因緣而作的。後來又有人說：「哎呀！你蕭平實不懂《阿含》。」那咱們就寫《阿含正義》七輯出來。我讀經典時讀最多部的就是《阿含經》，四大部阿含中的每一部經典我全都讀過了，沒有不曾讀過的，怎會不懂《阿含》？我根據《阿含經》中的法義，把他們所不懂以及誤會的法義寫出來，他們就不再亂說我不懂《阿含》了。

但若不是現在還有那些經典聖教保存著，不論我說出什麼正法妙理來，他們都會生疑不信的；所以經典的保存很重要，那你供養、禮拜經典也都很重要，因爲大眾會因此而重視經典的存在，未來世的正法弘傳就可以有依憑，佛門四眾就可以有個證量上的準繩，因此這點還是我們應該重視的地方。我們之所以要努力去編輯《正覺藏》，原因就在這裡；把偽經弄清楚，說明為什麼它會被我們判斷為偽經？把理由列出來，然後把它剔出《大藏經》外面去，明白告訴大家說：這些都是偽經。後人就不必再把偽經當作眞正的佛經，大家就不會被誤導了。

可是「後人」到底是什麼人？後人其實就是今人，因為每一個人都要轉生去後世啊！我們所有人的這一世也是以往轉世再來的，有誰不是轉世再來者？全都是嘛！所以我們努力讓後人不會被誤導，其實就是讓我們自己未來世不會再被邪法誤導，因為我們大家都還沒有離開胎昧嘛！所以說，供養經典，讓經典受到尊崇而可以繼續流傳下去，這確實很重要。

那麼這一段經文的意旨，聽完說明以後大家就瞭解了。所以這功德不是可以眼見的，套上《金剛經》中佛說的公式，我就說：「如來說功德，即非功德，是名功德。」這一點要記住。在這裡所講的功德就是這樣，所以不要像世俗人說：「你講功德，我又沒有看見！功德在哪裡？虛無縹緲。」絕不！功德是眞實存在的，只要你能夠「解其言趣」，瞭解為什麼世尊說「佛壽命長遠」，那你就有自受用的智慧，這就是「功」。有了這個智慧，也能爲人演述，讓人如實理解《法華經》的義趣，那你就能夠利樂別人，這就是「德」，這樣就是有功德的人。

所以說功德不是有形有色之法，但它雖然無形無色，這個功德卻一定會伴隨著世間福德。這就是說，當你有這個功德的時候，你能夠利樂衆生，爲衆生作這種勝妙法的布施以後，你的福德必然是大幅度增長，所以一定會伴隨著福德，不可能沒有福德。但是那福德會在後世再來實現，不是在現世實現的。因爲你這一世還沒結束，結算利息的時間還沒有到。接下來是第二段經文的語譯：

語譯：【「阿逸多！假使有善男子、善女人，聽聞我說明如來的壽命極爲長遠，他從深心之中生起了信受與理解，那麼他就是親自看見佛恆常住持在靈鷲山中，不斷地與大菩薩、諸聲聞衆們圍繞在一起，爲他們說法。他也會看見這個堪忍世界，地面是琉璃所成就的，是平坦的樣子而且是方正的，都以紫磨色的黃金用來區隔八條大道，七寶所成的大樹成行成列，各種寶臺樓閣與寶觀全部都是以各種寶物來建成，這世界中的菩薩衆全部都住在這裡面。如果有人能夠像這樣子觀察，應當知道這就是深心生起信受和理解的法相。此外，我釋迦如來入滅以後，若是有人聽聞這一部經典而不會毀謗辱罵，並且生起隨喜之心的人，應當知道這種人已經是深心信受理解的法相，何況是能夠進而深入讀誦、受持的人，這樣的人就是頂戴如來的人。」】

講義：世尊這麼開示：「如果有善男子、善女人，聽聞我釋迦如來說『如來的壽命長遠』，他從深心中生起了信心和勝解，那他就是看見了釋迦如來一直都住在靈鷲山，共諸大菩薩、諸聲聞眾圍繞而說法。」這就是說：如果善男子、善女人，聽聞到 釋迦如來演述《法華經》時，說明如來的壽命非常長遠，不是只從語言文字的表相上去理解，而是聽聞以後有很深刻的現觀而產生的理解，所以他是從深心中來生起信仰和理解的，這樣子的人會瞭解到為什麼 世尊會說祂一直都在靈鷲山，被大菩薩和聲聞眾一起圍繞著而為大家說法。

因為 如來的壽命長遠，不是聽了就能信的。想一想看：二十五歲出家，受完具足戒，到一百零三歲才過世的印順法師，他直到死前都還不相信 釋迦如來壽命久遠，所以他在書中才會說：「大乘經典的結集和流通，是後世的佛弟子對佛陀的永恆懷念而創造結集的。」他認為 釋迦如來已經不存在了，所以後世的佛弟子們對 如來產生了永恆的懷念，所以編造了大乘經來歌功頌德，想要永遠記得 釋迦如來，所以才有「後來的」大乘佛教。他的理論是這麼說的，明白寫在他的書中。

那麼問題立刻就來了：縱使他說的四大部阿含不是同時結集，縱使他說的是眞的，那麼請問：他承認的最早結集的那一部《阿含經》中講到三乘部眾，也講到佛、菩薩、聲聞，也講到大乘佛法的名相而沒有釋義；那麼請問他：那些大乘經被聲聞人結集為二乘經，原本的大乘經是從哪裡來的？為什麼會被定性聲聞的阿羅漢們所結集出來？顯然是 佛陀演說的嘛！所以他自己弄不清楚，竟然還不知道自己弄錯了；那我們在《阿含正義》中，把它列舉出來證明了，他們當然就沒話說了，只能在心裡想：「原來大乘眞是佛說。」

可是一般學人，大多會像他一樣誤解，不像諸位這樣信受，所以一般人讀了他的書往往會想：「對呀！釋迦如來兩千多年前已經過去了。」因為世間凡夫只看到五蘊，沒有看到自心如來，他們如何能夠理解呢？得要有善知識出來為大家說明：「每一個有情個個都有本來具足的自心如來，這個自心如來就是第八識阿賴耶識，又名如來藏。由於自心如來常住不壞，所以一切有情一世又一世，生了又死，死了又生，終究不會斷滅。」那麼知道了這個道理，就有少分信受；將來依著修學以後實證了，可以現觀：「果然我的自心如來永不可壞，無始無終。果然一切有情的自心如來同樣不可壞，無始無終。」那麼他就有了多分的信受。

繼續修學以後，獲得更深入的實相般若，他的信解就更加增長，次第進修到達佛地，就具足圓滿。所以這一句「深心信解」，還得要實證了才算數。而且實證之後還得要不退轉，如果證了以後，心中多疑，因爲是新學菩薩，慧根慧力不具足，然後就退轉了，那他就不能稱爲「深心信解」，他要叫作半信半疑。半信半疑者，如果性障輕，願意接受眞正善知識的攝受，就不會退轉；否則就像無量劫以前，淨目天子法才跟王子舍利弗兩個人悟了以後退失，退失之後十劫之中無惡不造，導致下墮三塗。

所以說，要能夠眞正「深心信解」的前提是什麼？實證！實證之後還要不退轉，退轉了就不叫作「深心信解」啦！那麼這樣「深心信解」的人，他可以斷定說：「釋迦如來祂一定常住於靈鷲山。」請問：靈鷲山是什麼？卡大聲咧（台語）！（眾答：「如來藏！」）對嘛！從表相上來看：靈鷲山有時候翻譯作鷲頭山，鷲就是鷹、老鷹，那個山頂眞的很奇怪，它其實是造地運動，把岩層一層一層斜斜撐上去；撐上去以後，（導師作著手勢來說明。）它那個岩層是這樣子、這樣子重疊，上層下層重疊，上層顏色比較淺，下層突出去，但顏色比較深，看來好像鷹的嘴，上一層看起來，你看到這一段，它就像鷹的頭；所以有的經典翻譯作鷲頭山，也就是鷹頭山，那便是世俗上的靈鷲山。

耆闍崛山就是靈鷲山，世尊再從實際的現象上來說：世尊也有祂自己的娑婆淨土，不是只有這個凡聖同居土而已，同樣也有方便有餘土、實報莊嚴土，但是因爲凡夫們肉眼看不見，心中不足以生起信解；不但不能理解，連信都不可能信。如果已經有所實證，可以從深心之中產生了具足的信心，是因爲有如實理解這個靈鷲山如來藏心，祂是永遠不會毀壞的。既然不會毀壞，世尊當然是常住的啊！世尊既然常住，難道不會有祂所成就的實報莊嚴土、方便有餘土，來讓大菩薩們、諸聲聞眾圍繞著祂而繼續修學聞法？一定會有。所以世尊同時也爲大眾說法。

也許有人淺學而少聞寡慧，就說：「你看！從這句經文就可以知道這是僞經。」他們還說：「就算是佛陀入滅後才剛剛百年，阿羅漢們都捨報、都入滅了，靈鷲山怎麼還會有聲聞眾？」那他就是不懂什麼叫作聲聞啦！凡是經由音聲聽聞而證得佛法的，都可以叫作聲聞。他讀的經典太少，所以不懂。因爲在《不退轉法輪經》或其他經典裡面，也有提過什麼緣故叫作聲聞；所以 佛陀在世時的阿羅漢們不但是阿羅漢，也叫作緣覺；又說緣覺也是聲聞，有時還說諸菩薩聲聞。爲什麼那些菩薩被叫作聲聞？因爲是經由聽聞 佛陀的音聲說法而得實證，所以也叫作菩薩聲聞。

那麼在靈鷲山 佛陀的淨土中，是不是應當也有三果人追隨 釋迦如來？對呀！有的三果人說：「我才不要生到色界天去，我更不要去無色界天，既然現在這一世還不能夠出離三界，那我跟著世尊學法未嘗不可。」所以他乾脆發願：「我就往生到釋迦如來的淨土去。」那也行啊！所以他們也可以追隨 世尊聞法，由 世尊攝受。那麼他們那一世在淨土中的壽命很長，當然就繼續聽聞佛法，釋迦如來絕對不會拒絕他們聞法的，一定不會說：「哼！你這個聲聞人，不讓你聞法。」不會啦！只要他們肯繼續聽，生在淨土裡面的壽命很長，越聽越久，種子不斷地轉換，後來就變成菩薩了，那麼 世尊何必要拒絕？絕對不會拒絕的。

換了你將來成佛的時候，你也不會拒絕的，你會說：「你們這些聲聞人，既然還沒辦法入涅槃，到我的淨土來，我告訴你們很多勝妙的法。」大家一定喜歡，就往生過去而不斷聽聞佛法；反正一時還入不了無餘涅槃，就先去聽聞勝妙法。可是他們不知道你身爲佛陀是在想什麼，你想的是：「來跟我學法，聽久了，你就會變爲菩薩。」但他們不知道。而你爲了度他們，一定不會拒絕，就繼續爲他們說法。而他們在你的淨土中聽法久了，漸漸就轉變爲菩薩了。所以說四種淨土缺一不可。

諸佛各有四種淨土；常寂光淨土是諸佛如來自住境界，咱們沒有機會參與，也沒法子參與。可是諸佛如來還有三種淨土，其中的凡聖同居土就是我們這個污濁的人間，但是還有方便有餘土以及實報莊嚴土。實報莊嚴土是讓入地後的菩薩往生到那邊去，方便有餘土是在這個娑婆淨土裡面，讓三果聲聞聖者可以往生到那裡去，接受釋迦如來的攝受。就好像極樂世界，很多人讀了淨土三經，找來找去都說：「沒有啊！極樂世界哪裡有四種淨土？」因爲他所謂的四種淨土的證據，就是要找到「極樂世界有四種淨土」這幾個字，那就是依文解義！有智慧的人不這樣看。

就好像以前有人質疑咱們說：「什麼內相分？那是你們正覺自己創造的說法。」是一樣的道理。他們是在電子佛典中搜尋，把「內相分」三字打上去找，就說：「全都沒有啊！怎麼搜尋都搜尋不到，這是你們自己創造的。」那就是依文解義，而實證者不這樣看。但他們不信，有人還在網路上質疑，後來我們提出來說：「那請問你：《阿含經》中說的『外六入』是什麼？『內六入』又是什麼？」他們終於就閉嘴了。因爲外六入的所入不就是外相分嗎？所觸一定是外相分的六塵！那麼內六入的所入呢？那不就是內相分的六塵了嗎？

同樣的道理，你讀了《觀無量壽佛經》，經裡面說有三品人往生；下品人往生的結果，最高果位是什麼？是初地。初地是不是聖人？是。那麼其餘的人呢？都在三賢位裡面；甚至有的人看來似乎是要永遠當凡夫，因爲不曉得要當多久才會開悟，所以那下品生人所住的境界就是凡聖同居土。若是那中品生的上生、中生、下生等三品人，都是證得聲聞果，那就是方便有餘土。至於上品往生的三種人，見佛後都是證得大乘法；例如上品下生人，未來最少是得初地。那你想，是不是實報莊嚴土？是實報莊嚴土嘛！那麼極樂世界還欠一個常寂光淨土，那就不需要說明，因爲那是 阿彌陀佛自住的境界，沒有別人可以參與。這不就具足四種淨土嗎？

那麼彌陀如來的淨土有四種，佛佛道同，難道 釋迦如來就沒有四種淨土嗎？當然同樣有嘛！這就好像極樂世界凡聖同居土的眾生，不知道方便有餘土、實報莊嚴土在哪裡，是一樣的道理。那實報莊嚴土裡面的大菩薩們又何嘗知道 彌陀世尊的常寂光淨土呢？但不能因爲肉眼看不見就說那不存在。如果肉眼看不見就一定不存在，這個邏輯假使可以成立的話，叫他來，我把插頭插了，拿著電線問他說：「你看得見電嗎？」「看不見。」「那麼就表示電不存在，那我可以電你了。（眾笑⋯）你說電不存在嘛！被我電了也是不曾存在被電的事啊！既然電不存在，我怎麼可能電到你？」對嘛！

有很多人是很愚癡的，很多事情單從比量上面就可以知道的，不必一定要現量親見。譬如說打雷，有人不信就說：「那只能看得見，只看得見的就打不死人。」打不死人？你下大雨的時候站到大樹下，看打不打得死？總有一天打死他（眾笑⋯）。所以不能夠說：「那個不能看得見，就表示無法證實。」

怎麼不可證實？很多事情在比量上面是可以證實的，因此不能夠說：「肉眼看不見，就不算數。」

所以說，彌陀世尊有四種淨土，藥師如來也有四種淨土。一切諸佛都有四種淨土，爲什麼不許　釋迦如來有四種淨土？而我們現在這個五濁惡世也可以證明是凡聖同居土：因爲有入地的菩薩，有賢位的菩薩，也有凡夫位的菩薩，這不就是凡聖同居土嗎？所以　釋迦如來的娑婆世界同樣有四種淨土存在。既然有四種淨土存在，釋迦如來在方便有餘土來爲聲聞人說法，大菩薩們一樣可以來較低層次的淨土聞法啊！所以在靈鷲山的這個淨土中，佛陀「**共大菩薩、諸聲聞眾圍繞說法**」。眞懂佛法的人不會說這是僞經，不懂佛法、少聞寡慧的人就會說：「哎呀！這一部看起來就是僞經。」那麼能夠這樣子如實理解的人，就說你已經看見　釋迦牟尼佛永遠都在靈鷲山爲大菩薩、諸聲聞眾說法。

接著說：「又見此娑婆世界，其地琉璃，坦然平正，閻浮檀金以界八道，寶樹行列，諸臺樓觀皆悉寶成，其菩薩眾咸處其中。」釋迦如來的方便有餘土、實報莊嚴土那樣莊嚴，爲什麼不許是事實上的存在？極樂世界　阿彌陀佛的方便有餘土、實報莊嚴土是那麼莊嚴，爲什麼就不許釋迦如來也有四種淨土、也有這樣的莊嚴呢？所以應當要由這樣的「深心信解」來理解到這個娑婆世界的淨土之中，同樣是以琉璃爲地「坦然平正」，並且有紫磨金來劃分八條大道，路旁同樣有「寶樹行列」，並且還有許多的亭臺、樓閣，全部都用寶物來造成，所以菩薩眾們就在其中聞佛說法或者自己修行。

在淨土經中 世尊也有講過那麼一句話說：「諸佛如來也一樣讚歎我釋迦牟尼佛在娑婆世界爲大眾說法。」有沒有？這背後代表什麼意思？一定有用意啊！只是 如來不會標榜自己，才沒有加以解釋。但是爲什麼故意要帶出這一句話？這一句話跟彌陀淨土的經典有什麼關聯？看來是沒有直接的關聯嘛！可是爲什麼卻要講？就是互相印證的意思。

如來沒有廢話，這意思就是說：釋迦如來在這裡讚歎 藥師佛的境界，讚歎 無量壽佛的境界，也讚歎諸佛的世界；同樣的道理，諸佛也同樣會讚歎 藥師佛的境界、無量壽佛的境界、釋迦如來的境界，同樣都會這樣作。只要當時、當地的眾生是與某一尊佛的法門，或者與某一尊佛是有緣的，祂就會演說出來，而且會特別加以解說。

釋迦如來既然說諸佛如來也讚歎 釋迦如來在娑婆世界利樂有情、說法度眾，這背後的意思也就表示：釋迦如來同樣有四種淨土。否則如何能夠攝受諸地菩薩、三賢菩薩、凡夫菩薩以及聲聞眾？這都是要互相印證的。好！既然 釋迦如來同樣有這樣四種淨土，你從比量上面就會知道：釋迦如來不但常在靈鷲山，「**共大菩薩、諸聲聞眾圍繞說法**」；你同樣可以說：這個娑婆世界一定也有方便有餘土以及實報莊嚴土。

那麼這些賢聖往生在 釋迦如來的淨土之中，這個淨土難道就會比其他佛世界的淨土差嗎？如果是比其他諸佛世界的淨土差，爲什麼諸佛要讚歎釋迦如來的淨土？所以眞正學佛而不是學羅漢的人，知見應該要很廣闊，心量也應該要很廣闊；如果現在的知見不夠廣闊，要設法多聞、多識，讓自己的知見越來越廣闊。如果現在心量還不夠廣闊，就應該要努力修行，讓自己的心量越來越廣闊；當你知見、心量都廣闊了，那你距離入地的時候就不會很久了。

這點要記住，因爲這是最難建立的；如果這個部分可以建立起來，入地就會快；這個部分建立不起來，入地的過程就是每一個位階都要很辛苦，才終於可以達成；而他達成的時候，人家已經跑到好幾地去了。所以這個部分大家要去留心，知見如何很廣闊，心量如何很廣闊，如果作到了，你入地就會很快。因爲當你這兩個部分具備了，你修集福德就快，而且修集十分的福德就是滿足十分，不像有些人修集十分福德，結果損了九分，只剩下一分，多可惜！

那麼這樣一來，智慧的增長就會很快！因爲心量夠大，知見也夠寬廣了，智慧增長就會很快，所以這個部分的正見一定要建立起來。那你如果這樣建立起來，這段經文所說的道理你絕對會信受，不會產生懷疑。當你有了這樣的知見與心量，你就可以如實信解。有了如實的信解，就會生起深心，而不是很膚淺的信受；這時你當然從比量上就能知道：這個娑婆世界中的釋迦如來淨土，一定是跟極樂世界、琉璃世界一樣，都是非常莊嚴的。

其實若是要說眞的，確實是比極樂世界莊嚴。請問諸位，極樂世界以什麼爲地？（有人答：黃金為地。）可是 釋迦如來這個淨土世界是以什麼爲地？（眾答：琉璃。）是黃金貴？還是琉璃貴？想一想：你去買一顆小小的琉璃，可能兩克拉、三克拉，你得要花多少錢去買？你自己想一想。等量的黃金用不了多少錢就能買到；雖然黃金現在很貴，但也不必多少錢。但你若是買一顆琉璃，小小的一顆，現在可能得要上萬塊錢，除非是劣等貨。那麼 釋迦如來這個淨土是琉璃爲地，不是黃金爲地。

爲什麼會這樣子呢？因爲這裡的法勝妙、實證快速，而且這裡的菩薩是大心菩薩，所以要往生 釋迦如來的淨土並不容易，只有我們所住的這種凡聖同居土才容易來受生。好比往生極樂世界時，只要有信、願以及念佛，就可以往生去了。甚至於不能念佛的人，只要有信、有願，譬如才剛剛信、剛剛發願往生而不能念佛的人，那時只能夠唱出佛號來，也可以往生過去。

這是因爲唱佛號不等於念佛——他心裡沒有在想著 阿彌陀佛，所以說「彼人苦逼，不遑念佛」，那時善知識教導他持誦佛名十句，以散亂心而唸十句佛名也可以往生。可是如果要往生東方琉璃世界 藥師佛那裡去，可就有限制了；最基本的條件是什麼？是念佛一心不亂。那麼請問啦：現在地球上的佛教道場，有誰能往生？只有正覺同修會的同修們，由於無相念佛一心不亂而可以往生，其餘的人都往生不了。

可是你們看看 釋迦如來這個淨土是什麼人住的？是大菩薩聲聞眾欸。

這表示什麼？至少要有證果。你念佛一心不亂的功夫還是往生不了的，這樣的條件更高、更嚴了。那麼想要往生釋迦如來這兩種淨土，而不是求生釋迦如來凡聖同居土的人，得要什麼人才能往生？得要在別的世界已經開悟或者已經斷三縛結的人，至少要斷三縛結的人，才能求願往生釋迦如來的淨土。既然至少是證果的人、至少是開悟的菩薩，像這樣的賢聖眾要住的地方，不可能單單是以黃金爲地，因此就以琉璃爲地。

那你這樣子瞭解了以後，就知道經中這段經文，講的是眞實語，你就不會懷疑。還沒有全面瞭解的時候，就可能會有懷疑。那麼講到這裡，也許有人心裡起了個念頭：「那釋迦如來心量不夠廣大嘛！對凡夫都不肯攝受嗎？」有人這樣懷疑時，我說：不必懷疑，因爲我們眼前這個凡聖同居土，不就是攝受凡夫的地方嗎？具足五濁都還能被攝受，只是有的人不想被攝受而已。所以慈悲是一體無差別的，不能因此就生起懷疑說：「那釋迦如來好像不攝受凡夫眾生。」其實沒有這樣啊！還是繼續攝受。所以人間正法快滅的時候，就有菩薩出來弘法，繼續利樂大家，這不就是攝受嗎？早都安排好了。

所以這樣的凡聖同居土，在娑婆是一樣存在的，就好像極樂世界有凡聖同居土一樣的道理。好！這樣子瞭解了以後，你對於這個娑婆世界同樣有釋迦如來的淨土，「其地琉璃，坦然平正，閻浮檀金以界八道，寶樹行列，諸臺樓觀皆悉寶成，其菩薩眾咸處其中」，就可以「深心信解」而無懷疑，那我就說，你對《法華經》的如實說，一定可以信受而無疑惑。今天講到這裡。

上週講到一百五十三頁第三段第三行：「諸臺樓觀皆悉寶成，其菩薩眾咸處其中」。今天要說的是「若有能如是觀者，當知是為深信解相。」我們上週是大略說明一切諸佛都有四種淨土，沒有一佛是不具足四種淨土的，十方世界一切佛土諸佛之所化度莫非如是；過去諸佛莫非如是，乃至未來諸位成佛時亦復如是，都各有四種淨土。那麼瞭解了這一點，就不會只從表面上的所見而說：「釋迦如來已經灰飛煙滅了，所以後人因為對釋迦如來的永恆懷念，才要創造出大乘經來紀念。」這是因為他只看見凡聖同居土中的凡夫而看不見聖人，從來都看不見釋迦如來具足四種淨土；他不但看不見，而且又無法思惟、無法理解；縱使有人為他說明了也不信受，所以他認為釋迦如來在人間的成佛是一個偶然，是一個或然率、機遇率的現象，而不是因為很多劫以來修行，乘願在人間利樂眾生而來示現，所以釋印順才會提出那個荒唐的說法。

大乘經典若是佛弟子對 釋迦如來永恆的懷念，才會創造出來，目的是紀念 釋迦如來；那麼諸位可以想一想，他對《法華經》能不能信受？從這裡就可以很清楚地瞭解，這種人的心態是什麼。所以，他這樣的主張，就表示兩個現象：第一是他不懂大乘菩提，第二就表示說，他對於佛菩提道的內涵是完全不信受的。而他不懂大乘菩提，是因為不知道常住法，所以錯認般若所說為一切法空，認為空無就是般若。那麼他不懂佛菩提道的內涵，是因為不曉得佛菩提的所證，是證得常住法才能夠有實相般若；因此他在書中所說，認為成佛之道就是解脫道，成為阿羅漢就等於成佛了。

這就是他和信徒們的想法，這種人提出「大乘經典是佛弟子對佛陀的永恆懷念而創造」的說法，這說法本身就有很嚴重的語病存在，而他自己也不瞭解，他的信眾更不瞭解。因為，釋迦如來如果依他所說已經灰飛煙滅，都不存在，變成一切法空了，那麼後世的佛弟子修成所謂的佛果以後，也就只是阿羅漢，入無餘涅槃以後依舊是一切法空，依他的理論和邏輯正應當如此。那既然到最後都是一切法空，歸於斷滅，所創造的大乘經就應該還是二乘經，不可能有金剛常住的法教，像這樣對　佛陀的懷念怎麼可能是永恆的？所以他本身的說法就無法立足，自己早就站不住腳的。

可笑的是，竟然還會有許多人信受。不過永遠都會有人信受釋印順這樣的說法，因爲不管說法多麼荒誕不經，都一樣會有人相信，在五濁惡世不怕沒有愚癡人相信。五濁惡世中想要找到像諸位這樣智信的人，數量一定是很少的，大部分人是愚癡者；所以不管說得多麼荒誕不經，都會有人信受。

言歸正傳，我說諸佛如來莫不都有四種淨土，都不會只有凡聖同居土；所以在這個娑婆世界，人類肉眼之所能見，也就是這個凡聖同居土。但因爲釋印順沒有遇到凡聖同居土裡面的聖位菩薩，所以就敢亂講一通，就敢胡謅而寫在書中大放厥詞。但是，當後來有眞正的菩薩出現於人間，講出他的錯誤時，他就只能閉嘴，連短短一篇文章也不敢寫出來回應，說法時也不敢在口頭上來回應，這就是釋印順一生最後二十年所過的日子。所以說，他們讀不懂的經典不代表是錯誤的僞經，因爲若是讀不懂，大部分是自己的智慧不夠，而不是經典或者論典有問題。如果有人要指責經典或論典有問題，他就必須提出很明確的證據，從聖教量、比量以及現量上，來證明某一部經屬於非量，這樣來說明某經某論是錯誤的，才可以講得通；不能因爲自己讀不懂就把它斷定是僞經，隨意指稱是後人創造的；所以我說，看不見並不代表眞的不存在。

就像電流，肉眼看不見，不能直接說是不存在，所以懂得的人可以教不信者去體驗一下被電到是什麼感覺；而世間有很聰明伶俐的人不相信有電，就像剛剛會爬，剛剛會坐，或剛剛會走路的聰明嬰兒一樣，你告訴他說：「那個插座不能用東西去捅，會被電到。」他想：「我看來看去是沒有東西啊。」他在那邊端詳，老是端詳說：「裡面也沒東西啊！怎麼會電人呢？」心裡不相信，就拿個什麼東西去捅，因爲是塑膠，就沒被電到。於是自信滿滿想要證明大人講錯了，有一天就故意在大人面前拿東西去捅，沒想到剛好拿到會導電的，這一捅可就電著了！就得這樣，他才會眞的相信。

現代那些所謂的佛學專家，例如被尊稱爲「導師」的釋印順，就是像這種一、二歲的小孩子一樣，因爲以前都沒有被電到，心中不信；等到正覺同修會出來弘法，他還是不信而繼續誹謗正法；所以咱們正覺就開始著書辨正他的法義，這一下他才知道被電著了，可是終究無法回應，這時他才知道被電著了有多痛苦。印順法師一生都在電別人，被他電的人可多了！現在終於換他被正覺電了，終於知道被電是很痛苦的。

但是爲什麼還會有那麼多人繼續信受他？那些印順派的聲聞法師們，剛開始是因爲不信邪：「這個蕭平實，學佛沒幾年就自稱開悟了，他懂甚麼？他怎麼可能什麼都懂？念佛啦、禪宗啦、阿含啦、密宗啦、般若啦、種智啦，他怎麼可能都懂，不可能的啦！我才不信邪。」但是到後來，已經不是信不信邪的問題了，她們最後要面對的是自己名聞與利養的問題了，所以對釋印順的邪說還是必須要堅持到底，死不認錯。就是說，她們對聲聞菩提都沒有實證，對佛菩提更沒有如實理解，因此不信也不能理解諸佛必定都有四種淨土，才會不信　釋迦如來還在娑婆世界，一樣有四種淨土自住及住他，繼續爲學人說法而不中輟，所以，她們單以自己肉眼所見爲憑，就不信　釋迦如來同樣有其他三個淨土。

所以她們單從凡聖同居土著眼，就來評論　釋迦如來的境界；這就表示說，像她們這樣的人對於《法華經》是完全沒有「深信解相」。那麼諸位對於《法華經》這樣深妙的義理，從一開始聽聞到現在，已經好幾年了，依舊沒有起煩惱而離開，這就是對《法華經》有「深信解相」的人；所以將來如果有因緣去天竺朝禮聖地時，到了靈鷲山，看見靈鷲山上的說法臺那麼小，也許有人心想：「怎麼可能像經中說的，有百千萬億人在這裡聽聞釋迦如來說法？」

別這樣懷疑，因爲肉眼所見就只是靈鷲山這個凡聖同居土，可是 釋迦如來的靈鷲山，另外還有方便有餘土，也還有實報莊嚴土，不是人類這種粗糙五陰所住的淨土，是菩薩們以及初果人不想生天的時候，可以往生去住在那裡，繼續聽聞佛法。釋迦如來不會說：「你們這些人是聲聞人，我不想說法給你們聽。」不會這樣的，十方諸佛都希望聲聞人繼續聽法，最後終究會有一天把他們轉變成爲菩薩。

所以彌陀淨土也有中品往生的居所，所證的果位全部都是聲聞果，而 彌陀世尊一樣會爲他們說法，當然是演說大乘法；這表示彌陀淨土裡面同樣也有方便有餘土，然而十方諸佛、佛佛道同，極樂淨土當然也是如此。也正因此，十方諸佛同樣也會讚歎 釋迦如來在娑婆世界爲眾生說法等等，當然也會說明娑婆世界的 釋迦如來也有四種淨土，否則怎麼能夠說是佛佛道同呢？所以說，這樣子瞭解的人，就是「能如是觀者」，因此諸位都要當這樣的人：「若有能如是觀者，當知是為深信解相。」大家就會知道你是一個有「深信解相」的佛弟子。

「又復如來滅後，若聞是經而不毀呰，起隨喜心，當知已為深信解相，何況讀誦、受持之者，斯人則為頂戴如來。」世尊又開示說：「如來滅度了以後，如果有人聽聞這部《法華經》，不會加以毀謗或是貶抑辱罵，能夠生起隨喜之心，應該知道這樣的人已經是具有深信解相的人，」你是不是具有「深信解相」的人，可以自己衡量一下：從開始聽我如實宣講《法華經》開始到現在，已經快要滿三年了，如果心裡沒有生起過煩惱，心中沒有生起過懷疑，就是「深信解相」。

如果煩惱多，懷疑多，就表示「深信解相」只有一點點；是因為心中還沒有想要離開，但還不是很深厚的信解。如果疑心有時生起就滅了，這個「深信解相」就是屬於多分，不是少分。如果一直聽下來都沒有懷疑，就是圓滿了「深信解相」。那麼諸位想一想，有這樣「深信解相」的人，佛陀是這樣地讚歎；如果更進一步可以讀誦、受持，世尊說：「這個人就是頂戴如來。」

等於時時刻刻把世尊安置於頭頂上，當作是帽子一樣用頭頂戴著，永遠不遺失。

頂戴時，一定是視爲最尊貴的才會用頭頂戴著，譬如金輪王所最寶貴的是他的摩尼寶，他始終都放在頭頂寶髻裡面，假使有人要偷他的摩尼寶，一定要動到他的頭髮，一定會被他發覺到。因爲所有的人都最護持頭部，遇到危險的時候也都是趕快伸起手來把頭遮住，所以「頂戴」就表示是最尊貴的。

諸位看看西方三聖，觀世音菩薩的寶冠上有一尊什麼佛？是 阿彌陀佛。對啊！可是一般雕刻師都雕錯了，那頂寶冠上的佛像應該是立像而不是坐像；後來我有跟雕刻老闆說：「以後你要改雕爲立像，不要再雕坐像，因爲經中說的是立像。」所以後來我們委託他雕的就有改正，九樓這一尊菩薩像是很早期在通霄雕製的，那就不談它。觀世音菩薩是即將紹繼 阿彌陀佛在極樂世界的佛位，是在無量數劫以後；但是對於成佛以後倒駕慈航的正法明如來而言，無所謂時間的長短，只要能利樂眾生就行！但他爲什麼要這樣示現？就是爲了崇隆 阿彌陀佛，讓大家懂得尊敬，是說：「我正法明如來倒駕慈航來示現爲菩薩，來攝受一切最利根和最遲鈍的人，我因此尚且願意居於妙覺位，把無量壽佛頂戴於首，你們凡夫眾生對阿彌陀佛是不是應該更恭敬？更加一心歸命呢？」就這樣子顯示出來，所以他的寶冠上就有 阿彌陀佛的聖像在。

頂戴如來是三界中最恭敬的事。如果對《法華經》不但信受而且有「深信解相」，還能這樣觀行說：「釋迦如來同樣有四種淨土，釋迦如來雖然已示現滅度，卻仍然在靈鷲山為諸菩薩、為諸阿羅漢說法。」如 世尊所說，像這樣有「深信解相」以後，又加上讀誦《法華經》，受持《法華經》，這樣的人就是「頂戴如來」。這表示他對 如來具足信心，願意依教奉行。一般而言，信受《法華經》還比較容易，「若有能如是觀者，當知是為深信解相」，是加上很深的信受，再進而產生很深的勝解，那就不容易了。

這是因為要勝解前，必須先能有實證上的證量，這樣才能說是眞的勝解；但如果不是勝解，只有理解和信受也不錯，可是一定要深刻去聽聞思惟加以理解成為自己的所知，勉強也可以談得上一分「深信解相」；但並不是能夠在表義上面讀誦、受持，也有人想：讀誦、受持這麼簡單，我每天都在「背」《法華經》。也就是「背誦」《心經》，但我說那不叫作讀誦、受持，眞正的讀誦，在禪宗裡面叫作「轉經」。

我們常常舉一個公案，說有一個婆子派人送去一大筆銀票供養，請老趙州轉經；老趙州怎麼轉經？下了禪床轉一圈又回去坐好，便跟那使人說：「請你回去轉告婆子：轉藏已畢。」這樣才是眞的「讀誦」此經。所以不要依文解義，讀誦此經不容易。但是，能讀誦的人就一定能永遠受持嗎？也不盡然。能讀誦的人，有時候也會退轉的，這一退轉就不再受持了，他反而會橫加否定說：「這個第八阿賴耶識不是如來藏，不是眞如。」他就要另外去找一個所謂的如來藏、眞如，那他就變成心外求法。因爲除了這個第八識以外，再也沒有別的如來藏、眞如可以找得到了，不論他自稱證得佛地眞如、初地眞如，其實都不可能是眞如、如來藏，只會返墮意識而已，那他就變成心外求法，自然就不能眞的受持了。當他不能受持的時候，就表示他也無法保持「讀誦」了，所以不論是先「讀誦」，或是後來的「受持」，都不容易；但是能夠「深心信解」，而這個深解的表相也能顯示於外，讓人可以觀察出來，這樣的人想要進而能夠爲人讀誦，要能夠爲人解說，才是眞的不容易啊！像這樣的人就是眞實能夠受持的人，如果是這樣，就是「頂戴如來」。

「頂戴如來」有什麼好處？一般都不會想到這有什麼好處，譬如說，「頂戴如來」就是很恭敬而頂在頭頂上，永遠恭敬、隨順、禮拜。可是到底「頂戴如來」跟不頂戴如來會有什麼差異？一定會有。譬如你開了一家大公司，員工可能十萬人、二十萬人，這些員工有些對你完全信受，知道你經營事業有好幾套辦法，不是只有一套；因此你吩咐了他之後，他就依教奉行而作；但是一定也有人不太信受，你所說的他不跟你頂戴奉行，總是另外自己想一套，想了就自己去作；你吩咐了，他就打折扣，那你會把更多套的經營事業辦法教給他嗎？你一定不會如此，一定會想：「我教給他，他不信受；我教這些方法，他又自己七折八扣；又覺得自己很行，我就不用教他這麼多了。」因爲教了也沒有用，他不能全部獲得。所以，當他對你不能頂戴奉行的時候，你教給他的各種要領就不會具足圓滿；因爲你知道他無法全部接受，那你所教授的，他無法全部得到，你就只能隨順他：他所願意接受、願意相信的，你就只教那一部分給他，其他的部分不教了，都因爲他對你不能頂戴奉行。可是在佛法中，如果你可以頂戴奉行，諸佛如來就盡量教給你，因爲知道你完全會接受：能夠完全信受，也能夠完全奉行。所以「頂戴如來」跟不頂戴如來之間，差別是很大的。

所以有的人得到 世尊的加持，有的人很難得到，原因在哪裡呢？很多人說：「那就是緣啊！」問題是緣爲什麼會有千差萬別？千差萬別的原因在哪裡？就是對 如來的「信」夠不夠，「解」夠不夠。「信」跟「解」有關，「解」越深入時「信」就越強烈、越圓滿，這兩個是不可分割的，因此「頂戴如來」才是對的。畢竟 如來已經完成佛菩提道的內涵以及修證，而我們還在因地，距離還很遙遠，當然還是應該要「頂戴如來」，要信受 如來而依教奉行。

在這裡說「頂戴如來」時有什麼條件，這一段經文講的是，對於如來的壽命長遠要能夠「深心信解」，「深心信解」後就會產生一個理解：等於看到如來常住在靈鷲山，「共大菩薩、諸聲聞眾圍繞說法」。也就是信解 釋迦如來也有四種淨土，這樣才是「深信解相」。所以「深信解相」一定有這兩個前後的現象。可是光有「深信解相」還不是眞正的「頂戴如來」，還得要在 如來入滅後聞此《法華經》的眞實義，而不加以毀謗辱罵，心中生起隨喜心，這是第三個情況。然後再加上第四個：能夠讀誦以及受持。具備了這四個情形而不終止，就是能夠「頂戴如來」。若能頂戴 釋迦如來，有很大的好處，接下來再繼續講：

經文：【「阿逸多！是善男子、善女人，不須為我復起塔寺，及作僧坊以四事供養眾僧；所以者何？是善男子、善女人，受持讀誦是經典者，為已起塔、造立僧坊、供養眾僧，則為以佛舍利起七寶塔，高廣漸小至于梵天，懸諸幡蓋及眾寶鈴，華、香、瓔珞，末香、塗香、燒香，眾鼓、伎樂，簫、笛、箜篌，種種舞戲，以妙音聲歌唄讚頌，則為已於無量千萬億劫作是供養已。」】

語譯：世尊又吩咐 彌勒菩薩說：

【「慈氏啊！這位善男子、善女人，不需要再為我建造佛塔、佛寺，也不需要另外建造僧人所住的房屋，以四種事情來供養眾僧；為什麼這樣子說呢？因為像這樣的善男子、善女人，受持讀誦這部《妙法蓮華經》的時候，就等於已經為我釋迦如來起造佛塔，造立僧坊，和供養眾僧了，那就等於是以我釋迦如來的碎身舍利來供養而起造七寶塔，既高又廣，往上漸漸狹小乃至到達梵天；而在這個七寶塔上面懸掛著種種的幡蓋和各種寶鈴，並且用花、香、瓔珞、末香、塗香、燒香，眾鼓、伎樂，簫、笛、箜篌，和種種跳舞的歡戲，用勝妙的聲音和歌唄來讚頌，就等於已經在無量千萬億劫作出這樣的供養了。」

講義：「頂戴如來」的四個條件具足了，功德就已經這麼大了，然而世尊特地交代慈氏菩薩說：「像這樣能夠頂戴如來的善男子或者善女人，就不需要再另外爲我起造佛塔或者佛寺，也不需要再爲我釋迦如來而去造作僧眾的寮房，加上飲食、臥具、湯藥、衣被來供養眾僧。」世尊爲什麼要這樣吩咐？當然有原因；如果沒有原因，如來作這樣的吩咐就會成爲無義語。所以說，世尊作這樣的開示，背後的原因是什麼？大家應該要探究一下。

我們就拿現在末法時代作例子來說，大家就可以想通 世尊爲什麼要這樣吩咐了。你們來到正覺之前，大部分人都在別的道場走動過一段時間；像張老師、蔡老師他們，是一接觸佛法就是進入正覺直接修學八識正理的人，其實是很少的。大部分人都是在很多道場一一走過了，永遠找不到實證的法，最後追尋到正覺的。你們可以在外面看到有好多寺廟蓋得很高很廣，而且金碧輝煌，又是琉璃瓦，大殿裡面又貼滿了金箔，晚上即使燈不很亮，也是一樣金光閃閃；但是若談到法呢？記得以前各寺院都會看到大殿兩邊壁上貼著二張字：「打得念頭死」、「許汝法身活」。有沒有？這十來年沒有人再貼了，因爲讀過正覺的書，知道這叫作以定爲禪，不想再貼了。

也就是說，四處都看得到寺廟蓋得很高廣，又是琉璃瓦、又是貼金箔，金碧輝煌就好像皇帝住的金鑾寶殿；大家都認爲說，這樣就是作功德。對於佛弟子而言，這就是作功德；爲了作功德，所以大家來認捐：這一根龍柱我來認捐。以前一根龍柱十來萬，現在通貨膨脹，聽說一根龍柱要上百萬元。又有人說：「這一面牆我來認捐。」於是龍柱或牆壁上就刻了「佛弟子某某某敬獻」等字。有沒有？有啊！在龍柱下面有一個地方作出一個長方形的平面，就刻上姓名。那姓名，有時是三個人，有時是五個。都因爲要作功德，既然是要作功德，怎麼可以不刻上名字說「這功德是我的」。

但那叫作有福無功，因爲都只是世間福，大部分的佛教徒都是這一類人；因此如果說要蓋廟，當你開口說：「你要不要來認捐作功德啊？」大家都很踴躍。老實說，認捐的金額，有時往往超過那一間廟的建築費一倍、兩倍，那你就知道爲什麼有許多大山頭很喜歡蓋廟，這道理你就通了！是因爲信徒喜歡這樣，他們喜歡用錢來買功德。可是如果你叫他說：「你來修行，要來聽佛法，要來參禪證悟。」對方一定說：「不要。」因爲一般信徒沒興趣。

那麼這樣子繼續發展下去的結果，就會有好多好多的寺院，大大小小非常多，可是往往起造那家寺院的老和尚（不管他是比丘或是比丘尼，總之就是老和尚，老和尚的意思就是已經很老了），而他沒有眞正的妙法可以給人，最後他百年臨行時走不了人，爲什麼呢？因爲：「沒有人來幫我住持這家廟，這是我一生蓋起來的心血。」所以後來就開始有一些寺廟爲了找徒弟，找得很辛苦；自己找不到，還得拜託別人幫忙找，看看有沒有誰願意出家幫他接掌那一間寺廟。

我們弘法以來，也曾遇過三、四次，有法師要把寺院捐給我們，可是我一定先問：「是在哪裡？」我一聽，認爲不合用，就說：「抱歉！眞的很謝謝您！心領了。」因爲我接了那家寺廟以後，能夠用來幹啥？那裡不適合弘法，那我要自己去那邊住嗎？或者派你們去那邊住嗎？所以我接了也沒有用，可是同修會手裡的財產將會一直增加，那麼多寺廟就要有很多的出家眾去住持，管理上就是一個大問題；多了那些財產就成爲家大業大，只是家業又多出一分而已，對於我弘揚正法的事沒有什麼幫助，所以我就沒有接下來。

也常常有人要捐地皮給我們，以前比較有空，我會先去瞧一下，看看合不合用？因爲我們以前還沒有禪三道場，當然得去看看。但是看過以後都覺得不合用，可是人家堅持要捐給正覺，那我該怎麼辦？我說：「還是沒辦法，不能接受好意。」我還是得要繼續婉拒。因爲我們弘法的目的不是爲了積聚財產，所以說人家堅持要捐時，我們還是不接受。但爲什麼我要這樣？因爲接受了以後一定要使用，而且一定要使用於正法；那你接受捐地以後是不是要在那裡蓋起一家寺院？蓋好了以後，又沒有那麼多僧眾可以去住，也不想要多度聲聞種姓的僧眾住進去，因爲這對於正法的未來無所利益。如果空著，將來只會再建立出一個僧團，叫作蚊子僧團，不然能怎麼辦？

所以想一想，世尊說的還眞是有道理；我得要教育大家，在法上生起深入的勝解，不要在蓋廟上面去用心，因爲臺灣的寺廟已經夠多了。這就好像我們一直在進行正覺寺的籌建，也是一樣的情形。本來我也一直很不想蓋正覺寺，只要有禪三道場就行了；可是現在還是得蓋，因爲那個地皮的所有權登記問題一直都不能解決，而我們在市區大樓裡傳戒也越來越不夠用，大樓住戶也會抱怨影響到他們。他們抱怨什麼，我就不描述了。

我不想蓋寺院也還有另一個原因：臺灣那麼多寺院沒有人住，有的寺院蓋了好大一間，後來只用來養蚊子，很多房間都空著；如果有人願意捐了，剛好又是我們合用的，那我們就不用再來多蓋一家寺院，這是我的想法。可是後來一看，都是地點很遠，不然就是規模很小，不敷我們傳戒或歸依等法會使用；最後爲了解決祖師堂地皮產權登記的問題，所以還是得要蓋正覺寺。是因爲人家願意捐的我們不合用，我們合用的又沒有人能夠捐；說實話，我們合用的人家也不想捐，因爲他們是大山頭，所以我們只好自己來蓋一個剛好的、不大又不小的一間正覺寺，只好這樣子！

可是這個事情現在還是在進行，好幾年了也還沒有具足起造的條件，還在努力中。但是眾生總是喜歡看見有形的，如果建造了寺院，功德簿把他記上去：某某人捐多少，某某人捐多少。他們都很歡喜。如果叫他們捐到正覺，沒有甚麼功德簿可以記，更不會刻在牆上，他們就不太願意捐。來到正覺捐款護持，是由正覺來統籌使用，他們想：「我是要蓋寺廟，是要積功德、作功德的，你們這樣又不算作功德，把我的錢拿去印破密的東西，或是印刷講經整理出來的書籍，我看不到功德在哪裡。」他想要用在蓋寺廟上面，他想：「那片牆即使沒有刻我的名字，至少我知道這片牆是我捐的，我看得到。」他就覺得有功德啦！

所以說他們不懂佛法，因此 世尊必須要在這上面特地說明：對於如來壽命無量等等法教能夠「深心信解」的人，才是眞正有大功德的人。不是起建寺廟、供養僧眾叫作大功德，這種功德比起對 如來能夠「深心信解」、能夠頂戴而言，功德已經顯得很小了，這就是 如來特地要強調的。世尊用譬喻來說明：起造僧坊佛寺佛塔、供養佛舍利、供養僧眾的功德非常大，可是還有更大的功德，就是對於 如來壽量無盡有「深心信解」——對於 釋迦如來一樣有四種淨土能夠「深心信解」，不但能夠聽聞《法華經》而且信受，隨喜而不毀謗，進而有能力讀誦、受持、供養等等，這樣的人不需要另外爲釋迦如來建造佛塔、佛寺、僧坊、供養僧眾。

也就是說，如果沒有人能夠依於「此經」而得實證，就無法眞的讀誦、受持、供養「此經」，那麼起造無數佛寺，度一大堆人出家了，又有何用？如果有人能夠依於「此經」而「深心信解」、「頂戴如來」，而且能將「此經」

爲人讀誦，也爲大眾而受持，這樣的人來讀誦、受持此經的時候，可以利樂很多出家與在家等四眾，然後再來起造佛塔、起造僧坊，而以四事供養眾僧，這才有意義；否則佛教就只會成爲表面上的佛教，沒有修行上的實質。當佛教沒有實證上的實質時，「此經」就沒有人受持、奉行，更不可能有人「深心信解」，當然也沒有人信受 釋迦如來有四種佛土，也不會有人「頂戴如來」而將《法華經》繼續讀誦、受持，那麼正法就滅了。

所以說，這段經文必須要這樣子講解：像這樣的善男子、善女人，能夠這樣受持、讀誦此經，其實他就是已經起造佛塔、起造僧坊，而且是已經供養眾僧；他就是等於「以佛舍利起七寶塔，高廣漸小至于梵天」，並且作諸供養。爲什麼這樣子作，就等於起造了佛塔、僧坊也供養了眾僧？因爲假使你沒有對「此經」隨喜信解、深深受持，而且讀誦受持，正法不久就滅了。正法不久滅了以後，空有佛塔、佛寺又有何用？不可能再有人來正法中出家、讀誦、受持、爲人解說了！那麼最後就變成了外道法，佛教被滲透而演變成外道法的時候，金剛護法們都不願意再護持了，最後就連佛寺這個表相也會被消滅。

諸位可以看看，天竺佛教不就是這樣嗎？到了七世紀末，天竺佛教已經被印度教中的性力派雙身法滲透，最後變成佛教學者所謂的坦特羅佛教，而那本質已經不是佛教，從裡到外都是外道法，只剩下佛教的名稱而已；所以到了十三世紀的時候，印度佛教根本就沒有佛教的本質了，因此菩薩們只好離開。離開以後到南方去，最後在南方也沒有辦法弘傳了，是因為到了海角天涯，在印度南方的海邊，正法已經沒有辦法繼續弘傳了，乾脆放棄，於是就生到中國來，是因爲中國有大乘氣象，所以菩薩們開始轉生到中國來。天竺佛教已經密教化以後，本質就是外道法，就像今天的西藏密宗四大教派一樣，從裡到外都是外道法，沒有一個法是佛法，因爲完全跟三乘菩提的修學無關。所以到十三世紀時，護法神完全不想護持了，最後回教軍隊打過來，就把坦特羅假佛教消滅掉了，連佛教的表相都不存在了。

這個事情後來有沒有重新再上演一遍呢？有！而且不只一遍。三武滅佛，是中國佛教史上很有名的典故；可是這三武滅佛，這三個武帝，毀滅中國佛教以後，佛教界有好多人不明就裡地罵：「這護法神都到哪裡去了？」他們不曉得這三次想要滅掉所謂佛教的，就是護法神去策動的。爲什麼呢？

因為那時被滅的是假佛教，都已經密教化了，從裡到外都已不是眞正的佛教了。既然密教化了就要把它消滅，護法神眾當然要把假佛教的密教消滅掉，好讓眞佛教從頭開始。所以說，大家都只看表面，不曉得其中的本質。已經被密教化的假佛教，當然應該消滅，於是就得要革命，也就是先破壞，把假佛教破壞而不存在了，然後再把正統佛教從頭開始弘揚，護法神就是這樣作的。可是有誰知道背後的原由？好多研究學術的佛教學者都責罵說：「三武滅佛時，護法神都到哪裡去了？」佛教徒不懂就跟著佛教學者這樣子罵：「那時護法神都到哪裡去了？」還罵得振振有辭。人家護法神把那些密教化的假佛教消滅，已經是大功德了，他們不懂，還在罵！那他們罵了以後到底是造口業、還是在護法？表面上看來他們好像在護法，其實是在造口業，所以眞的叫作是非難辨。

因此說，正法的存在才是最重要的，寺廟的存在不是最重要的，只要夠用就好。因為佛教寺廟的存在只是一個表相，得要有正法在寺院之中弘揚起來；有正法弘揚的道場，不怕沒有寺院，遲早都可以建得起來，遲早都可以供養僧眾；可是如果沒有正法，最後人都走光了！是因為剛開始總是川流不息，看著似乎很興盛；張三來了看一看說：「這裡也沒有法。」離開了；後面李四來了，因為他不知情，瞧一瞧說：「這裡名氣這麼大，寺院這麼大，信眾也這麼多。」他也來看一看、學一學，兩、三年後又離開了；所以許多寺院都如此，總是川流不息，沒有眞正的人才可以留下來。

可是如果有眞正的法，自然會有人才願意留下來，因為他發覺這是眞正的法，他在這裡出家才會有意義；如果沒有法，最優秀的僧眾都待不下來。眞正的僧眾是為法而出家，不是為了讓人禮拜、供養而出家的。因為他來這裡看一看說：「寺廟這麼大，師父這麼有名，可是沒有法。」於是找個機會他就離開了，這是勢所必然的事。所以 世尊才會說，如果能夠對於《法華經》這樣信受，也知道如來壽命長遠，也深入瞭解 釋迦如來有四種淨土，因此也是常在靈鷲山為大眾說法，既有聲聞眾也有菩薩眾；能夠如此信受《法華經》，隨喜而不懷疑、毀罵、否定，並且還能夠為人讀誦、解說，這樣就是「頂戴如來」。像這樣「頂戴如來」的人，就等於已經造作了僧坊、起造了佛塔，並以飲食、衣服、臥具、湯藥四事供養僧眾。這四件事情現在縱使不作，將來自然也會成滿、也會成功，因為你只要能夠作到這四點，未來就能夠起造佛塔、僧坊、寺院、供養眾僧。只要對「此經」實證而能「深心信解」時，這些都是遲早能作到的事。

「是善男子、善女人，受持讀誦是經典者，爲已起塔、造立僧坊、供養眾僧，則爲以佛舍利起七寶塔，高廣漸小至于梵天，」世尊說，能夠「頂戴如來」的人，就等於以佛舍利起造七寶塔。佛的舍利，很多人喜歡供養；假使供了舍利以後，哪一天又突然多長了一顆，哇！高興得不得了，於是呼朋引伴：「你們快過來看，好靈感哦！我們家的佛舍利又多了一顆。」可是，咱們正覺不會有這種事情，因爲佛舍利那麼靈感的目的是什麼呢？就是體恤信眾嘛！表示說，那些人對三乘菩提的信心，對三寶的信心都是還不夠的，爲了要讓他們發起信心或圓滿十信位，就只好搞搞怪！這就是 釋迦如來慈念眾生，世尊知道他於法已經有緣了，就只是信心不夠，所以就對他搞一下怪，他就會信得不得了；這時你叫他離開佛教，他怎麼也不想離開了！這是因爲他親自的體驗就是這樣：「我家的佛舍利又多了一顆。」

但你如果信心具足了，還需不需要 世尊來幫你增長佛舍利？不需要了嘛！因爲你的左鄰右舍都已經爲你證實佛法是眞實的，是可以如實親證的，不是性空唯名；然後實證的人都一樣告訴你說：「我實證以後，《金剛經》可以爲我印證，唯識系列的諸經也都可以爲我印證，用《阿含經》來印證也都通。」於是自己信心具足成滿，這時還需要 佛陀藉舍利來搞怪給你看嗎？都不需要了！

所以，起造僧坊是對初學佛者，給他們機會種福田，讓他們增長福德，讓他對三寶增長信心，漸漸培養證道的福德資糧。可是如果信已經具足的時候，就要把法的眞實理告訴他，所以起造僧坊佛塔四事供養眾僧，不如信受此經、讀誦受持此經。也不如「深心信解」而且進一步能夠爲人說明 釋迦如來也有四種佛土，能夠這樣的話，就是你已經得到 佛陀的法舍利了。因爲舍利有兩種，一種是碎身舍利，一種是法舍利。所以我們在末法時代常常會說「釋迦如來遺法」這句話，遺法就是法舍利。

釋迦如來的眞骨是什麼？大家說：就是如來的舍利啊！因爲茶毗以後剩下來燒不壞的，就是 釋迦如來的眞骨啊！但那只是應身如來的眞骨，可是法身佛的眞骨是什麼？就是祂所留傳給我們的三乘菩提妙法。當我們能夠深心信解 釋迦如來壽命長遠，常在靈鷲山爲大乘小乘僧眾說法；這樣信解以後，又能夠對《法華經》所說的這些內涵也能隨喜，不否定，並且還能爲人讀誦、受持，這就是得到了 釋迦如來的法舍利。你得到的這個法舍利無形無相，就不需要用那些磚頭建築、栴檀木、七寶來供養；因爲它無形無色，你能怎麼供養？你要把這個七寶塔蓋在你的心中，在你心中蓋好了以後還要去眾生心中把它也蓋起來。

這個 佛陀的法舍利建塔以後，要繼續增長它，使它「高廣漸小至于梵天」。當你在很多眾生的心中，都用 佛陀的法舍利起造了七寶塔以後，這種七寶塔是無形無色的，可是這種七寶塔會成長的，剛開始是在人間，這是不是七寶塔的最底層？正是最底層；這個七寶塔在人間的部分是最底層，那你不斷地蓋上去，然後就會有一些人有因緣生到四王天去，這一些人終究比留在人間的菩薩少；也有人死後會往生到忉利天去，也有人生到夜摩天、兜率天，再往上是化樂天、他化自在天，一直到梵天——初禪天，這樣是不是越往上蓋就越小？對嘛！

所以說，你用這個法舍利供養 釋迦如來，所建造的七寶塔是無形無色的，可不要用肉眼看說「是蓋在哪裡」？因爲是在每一位證悟者各人的心中，但是要從人間蓋起來，所以不能忽略人間而說「我要從忉利天蓋起」。你就從人間蓋起來，而且要蓋得很多才行，於是就會有人因爲法上的實證，死後會往生到天界去，越上去的人數就越少，通常最高會往生到初禪天去。因爲二禪以上就偏定了，所以往生到梵天就好了。看來這個七寶塔很高廣，可是高廣的七寶塔會不會腐臭？不會！所以都等於是用栴檀木去建造起來的；因爲這是世出世間法，具足函蓋人天乘、緣覺乘、菩薩乘，當然很莊嚴。

這樣的七寶塔，當然同樣也函蓋了「幡蓋、眾寶鈴」，以及「華、香、瓔珞，末香、塗香、燒香，眾鼓、伎樂，簫、笛、箜篌」來作供養。這在表示什麼？表示在這樣的佛塔之中，要能夠把它完成而到達梵天，以後就需要這些東西來作莊嚴，這些東西代表什麼？代表四念處、四正勤、五根、五力，七覺支、八正道……等；總而言之，就是三十七道品，這一些就是「眾寶鈴，華、香、瓔珞」等等。可是以這些供養起來了以後，一定還要有「種種舞戲和「妙音聲歌唄讚頌」，這代表什麼？代表大家在這裡面修行、議論法義、弘揚佛法、演說諸經。

當你能夠從人間開始建造廣大佛弟子們心中的七寶塔，把 佛陀的法舍利供養在大眾心中的時候，就等於你已經用栴檀木等等「造立僧坊」，以四事「供養眾僧」，而且是用這麼多的供養來供養多久呢？等於已經供養無量千萬億劫了。這是因爲，你如果能夠這樣作，表示你修行「此經」已不是一世兩世、一劫兩劫了。

這樣子，這段經文的意思就瞭解了，否則只看經文表相就說：「這個我懂啊！」問題是爲什麼會這樣？爲什麼說能夠依前一段經文的開示，「深心信解」等四個條件具足了，就等於「爲已起塔、造立僧坊」並以四事「供養眾僧」百千萬億劫？因爲你一定是經過很長久的時劫修行，今天才能夠作得到這四個條件。因爲「深心信解」是不容易的，並不是讀了就眞的懂了，重要的是，背後的意思有沒有眞的懂？如來的開示隱含著什麼意思？爲什麼是這個意思？而這個意思的原理是根據什麼而來？都得要有根據，不能夠空口說白話，就說：「你只要能夠這樣子，就等於已經這樣子供養無量千萬億劫。」套一句俗話說，其誰能信？

所以這是不容易的事情，因此對於初機的學人而言，告訴他說起造僧坊功德無量無邊，起造佛寺功德無量無邊，以飲食衣服臥具湯藥四事供養眾僧，功德無量無邊；這是對初機學人而說，因爲他對法的信還不具足，他的福德也還不具足，所以他要在信位裡面或是在六住位之前，好好地供養三寶來累積他的福德資糧，到後來信具足了才能夠讓他實證。可是實證以後，就可以對《法華經》眞的「深心信解」嗎？也不盡然。因爲還無法瞭解《法華經》背後所說的眞實義，等到後來終於瞭解的時候，已經是過完一大阿僧祇劫了。所以當你能夠這樣作的時候，就不需要爲 釋迦如來去廣造七寶塔、去廣造佛寺；也不必一天到晚煩惱著要如何四事供養眾僧；因爲這些事情在過去一大阿僧祇劫已經作夠了，你現在繼續要作的就是繼續供養 佛陀的法舍利——繼續把七寶塔在人間不斷地蓋在眾生心中，只要他有因緣，你就把它種下去，這就是在眾生心中起造七寶塔，讓眾生未來世因爲這一世的實證而可以次第上生，最高可以到達梵天，也就是最高證得初禪，不要再往上走了，要發願生生世世在人間廣行菩薩道，這樣就是對 如來、對三寶的最大供養。接下來 世尊怎麼開示呢？

經文：【「阿逸多！若我滅後，聞是經典有能受持，若自書、若教人書；

則爲起立僧坊，以赤栴檀作諸殿堂三十有二，高八多羅樹高廣嚴好，百千比丘於其中止；園林浴池，經行禪窟；衣服、飲食、床褥、湯藥，一切樂具充滿其中。如是僧坊、堂閣，若干百千萬億其數無量，以此現前供養於我及比丘僧。是故我說：『如來滅後，若有受持讀誦爲他人說，若自書若教人書供養經卷，不須復起塔寺及造僧坊供養眾僧。』況復有人能持是經，兼行布施、持戒、忍辱、精進、一心、智慧，其德最勝，無量無邊。譬如虛空，東西南北四維上下，無量無邊；是人功德，亦復如是無量無邊，疾至一切種智。若人讀誦受持是經爲他人說，若自書、若教人書，復能起塔及造僧坊供養讚歎聲聞眾僧，亦以百千萬億讚歎之法讚歎菩薩功德，又爲他人種種因緣隨義解說此《法華經》；復能清淨持戒，與柔和者而共同止，忍辱無瞋，志念堅固，常貴坐禪得諸深定，精進勇猛攝諸善法，利根智慧善答問難；阿逸多！若我滅後，諸善男子、善女人，受持讀誦是經典者，復有如是諸善功德，當知是人已趣道場，近阿耨多羅三藐三菩提，坐道樹下。阿逸多！是善男子、善女人，若坐若立若行處，此中便應起塔，一切天人皆應供養如佛之塔。」】

語譯：世尊又吩咐　彌勒菩薩說：

【「慈氏啊！如果我釋迦如來滅度以後，聽聞這部《妙法蓮華經》的人，若有人能夠受持，或者自己書寫、或者教別人書寫，他就等於已經起造和建立僧眾所住的寮房，也等於是以紅色的栴檀木來建造各種大殿堂閣三十二個，高達八多羅樹，是既高又廣而且莊嚴美好，有百千比丘在其中安止；而這個僧坊之中還有園林浴池和經行之處以及禪窟；在這僧坊裡面有衣服、飲食、床褥、湯藥，還有其他一切讓人生活無憂快樂的器具充滿其中。像這樣莊嚴的僧坊、堂閣，它的數目是幾個百千萬億，可以說是其數無量，以這樣的功德現前供養於我釋迦如來和諸比丘僧。由於這個緣故，我說：『如來滅度以後，如果有人能夠受持讀誦《法華經》，而且還能夠為他人演說，或者自己書寫、或者教別人書寫、或者供養經卷，這個人就不需要另外起造佛塔佛寺、造立僧坊來供養眾僧。』何況是另外還有人能夠受持這部經典，而且同時行於布施、持戒、忍辱、精進、一心和智慧，這樣的功德是最殊勝的，是無量也無邊際的。好比虛空一樣，東西南北四維上下都是沒有量也沒有邊的；這個人的功德同樣也是沒有量沒有邊，他將來很快就會到達一切種智的境界了。

如果有人不但像這樣子讀誦受持這部《法華經》爲別人演說，或者自己書寫、或者教別人書寫，他還能在事相上起造佛塔佛寺和造立僧坊，來供養讚歎聲聞眾僧，而且還以百千萬億讚歎之法來讚歎菩薩的功德，並且還爲人施設種種的因緣，隨著個人所能信解的狀況而爲他人解說這部《法華經》；他還能夠自己清淨地持戒，並且能跟心性柔和的人共同止住往來，心中可以忍辱而沒有瞋恚，而他對於佛菩提的志念是堅固的，不搖動的，並且不愛攀緣而常常重視坐禪，獲得深入的禪定境界，也能夠精進勇猛地攝受種種善法，他又是利根的人，智慧很好，而且善於爲別人的提問而作解答，不怕別人的提問質難；慈氏啊！如果我釋迦如來滅度以後，諸善男子、善女人，能受持讀誦經典而這樣子修行的話，他又有這樣修行各種良善的功德，應當知道這個人其實已經往趣道場，已經接近無上正等正覺，他已經可以坐在道樹之下。

慈氏啊！像這樣的善男子、善女人，或者在他所坐的地方、或者在他所站立的地方、或者他所行走的地方，在這裡面就應該起造佛塔，一切天與人們都應該供養這樣的佛塔，如同供養諸佛的佛塔一樣。」

講義：這樣語譯一遍以後經文的意思瞭解了嗎？為什麼搖頭，以前自己讀都說瞭解，為什麼現在搖頭？現在比以前笨嗎？不應該比以前笨呀！因為《法華經》的內涵真的很深，不瞭解的人會覺得 釋迦如來這樣的開示是誇大，不能信受，因此以前還有人說：「大乘經典講的那些神話，你也相信？」他們認為大乘經典中 世尊所講的是神話，不承認大乘經典中的深妙法義是世尊親口所說。神話的意思是說，編來當作故事講給人家聽著玩的。

然而真的是神話嗎？不然！因為其中的意涵勝妙，尚且不是定性聲聞羅漢之所能知，當然更不是六識論的凡夫大師們所能理解的。如果信根夠的人，雖然不能完全理解，但也還不致於誹謗；他會覺得說：「大乘經中這種不可思議的深法，我無法想像。」但他還是喜歡繼續閱讀，還是繼續信受。如果自以為聰明而慢心很強，心中很自大，他就會憑著自己的理解，加以否定、加以誹謗，這種事情是屢見不鮮的。

我們回頭來看看這段經文，世尊說：「如果我滅度以後，有人聽聞到這一部經典而能夠受持，或者自己書寫、或者教人書寫，就等於已經起立僧坊；」這個僧坊這麼高廣嚴妙，先暫時不談，為什麼說「在釋迦如來滅度以後聽聞到《法華經》能夠受持、自己書寫、教人書寫，就是起造高廣莊嚴的僧坊」？這當然有緣故嘛！這裡面先有一個前提，就是 釋迦如來滅度以後而不是 釋迦如來住世的時候；因爲，釋迦如來住世的時候，沒有誰能比 釋迦如來受持此經更完整、更勝妙，所以 釋迦如來在世的時候不需要如此吩咐。

但是 釋迦如來入滅度以後，聽聞這一部《妙法蓮華經》而能夠受持、自書、教人書，這就不簡單；因爲正法五百年、像法一千年，之後到末法時期越來越困難，釋迦如來入滅度以後，沒有人能完整受持《妙法蓮華經》；但是有經文流傳下來，還有人能夠閱讀——閱讀就等於聽聞；或者說他沒辦法閱讀，但聽人家爲他朗誦也是聽聞；或者遇到有善知識來演述《法華經》—當然是如實演述而不是依文解義隨便講一講—這樣聽聞之後就可以受持，也可以自書又教人書，這就不簡單了！

因爲，《法華經》從前面講下來，諸位都知道《法華經》說的「此經」就是指如來藏，就好像《金剛經》說「此經」也是講如來藏心。現在說這部經典—就是「此經」如來藏—在 釋迦如來滅度以後，聽聞以後並且當人家把《法華經》裡面的廣泛意涵也演說出來以後，而有人能夠受持，這眞的不簡單。因爲縱使證得「此經」如來藏，對於《法華經》所演述的又深又廣意涵，能夠如實理解的人並不多；也是因爲釋迦如來入滅度以後，接著還有別的星球的眾生要繼續度化，留下來的就是以前被度成爲阿羅漢迴小向大以後的菩薩們，也就是往世已經修學過一大阿僧祇劫的這些大阿羅漢菩薩弟子們繼續弘傳，所以文殊等大菩薩們跟著釋迦如來又要去別的地方重新再演出無生大戲，繼續示現八相成道的偉大戲碼；所以留下來的人在聽聞、閱讀之後能夠受持，也眞的不容易。

聽聞而且受持之後，能夠自己書寫，這也是不容易的。「書寫」爲什麼不容易？對一般人來講，信是比較簡單的事；可是信了之後又願意一個字、一個字來書寫，那信心是要增加很多很多倍的。如果我們沒有演講《法華經》，讀了以後你能夠生起信心說：「這《法華經》值得我來抄寫一遍，繼續流傳給後人。」這種人是很少的，不信的話，問問看你們有誰抄寫過一遍《法華經》的？有沒有？請舉手，這邊有一位。我還沒有講《法華經》之前，你就能抄寫，這個很不簡單。請問十樓有沒有？請舉手！沒看到舉手。二樓呢？請舉手，好像有一位……兩位。五樓呢？五樓有沒有？請舉手，好像沒有。

一千來人，只這幾人，所以很不容易啊！

因爲還沒有聽我講出它的眞正義理之前，讀過以後願意信，願意去一個字、一個字抄寫一遍，這眞的不容易。因爲這是要依據事相上一個字、一個字抄寫的，而你抄寫經典時，不可以錯了一個字就塗掉重寫，而是錯了就要重頭繼續再來抄寫。抄寫經典不可以寫錯了字就把它塗掉，重新寫出正確的字；經典就是要完整的一字不錯的抄寫，寫錯了字就要從頭開始重寫。就好像張老師所寫佛龕裡的《心經》一樣，一個字錯了就整張廢棄，重寫。能夠這樣把《法華經》整部抄寫完，眞不容易啊！

這樣諸位也許可以打退堂鼓了：「那我不要寫了。」可是我教你一個很快的寫法：你就想辦法趕快破參，破參以後，這麼一揮也就寫完了；「此經」就寫完了，《法華經》就抄寫完了。但是能夠這樣子自己書寫，還能教人像我剛剛說的這樣書寫（眾笑…），你就是已經「起立僧坊」了！不容易啊！因爲在正法時期五百年的後期，這就已經不容易作到了，大部分人都是一個字、一個字拿著筆在那邊寫；可是咱們到了今天，卻要教你們如實書寫「此經」。

這部《法華經》，你不要說：「哎呀！這麼多字，我抄到什麼時候？」我們正覺的速記法，抄寫得很快，只要起個作意：「我要抄寫《法華經》。」拿起一支無形之筆這麼一劃，也就抄寫完了！問題來了：其誰能信？所以你自己如果不能得不退轉，想要自書都難；可是你如果得不退轉，又能為人演述《法華經》，從「如是我聞」開始，一直演述下來，你就有能力「若自書、若教人書」。那麼當你可以這樣作的時候，是不是等於「起立僧坊，以赤栴檀作諸殿堂三十有二」等等？是喔！

當你能夠這樣作到的時候，想要蓋寺廟是沒有問題的；你想要以四事供養眾僧也是沒有問題的，都不會有困難。難的是沒有法的時候，為了蓋寺廟要去化緣，不然就是要往上繳多少錢，否則上面說哪裡又要蓋個寺院，錢不夠啦！於是分布在各處的精舍就得分配數額：這精舍這個月得要繳多少錢回來本山，那個精舍要繳回多少錢。於是精舍住持法師就得電話打來打去：「某某人！你怎麼現在都不來精舍了？為什麼現在都不來我們分院了，師父好想你。」因為各個精舍、各個寺院的住持，眼看著一個月又快要到了，要往上繳的錢還不夠，本山又不斷打電話來催，錢卻還差很多，該怎麼辦？只好這樣四處打電話了。

所以你們別看說，那些大山頭，他們寺院好多；正因爲寺院好多，所以能夠逼著各處分院、各處道場、精舍的住持，不斷地再募化繳回本山去蓋更多寺院，那多辛苦？如果我們正覺也像他們那樣作，你們要不要腳底抹油？應該要！因爲那沒有意義，蓋那麼多精舍、僧坊、寺院幹嘛！又沒有法可以弘傳，作那些表相就沒有意義！我們要的是什麼？我們需要多少講堂，我們便作多少，不貪求數量。重要的是我們大家常住不壞的七寶塔，是蓋在眾生心中；當我們自己可以書寫，也可以教別人書寫，這種僧坊要建立也就不困難了：一定會繼續有人在這個《法華經》裡面出家，如果一世又一世都繼續有人在《法華經》裡面出家，這樣建造起來的七寶塔才是最高廣、最莊嚴、最勝妙的。

如何高廣勝妙？譬如有人起立僧坊的時候，是以紅色的栴檀木來作種種的大殿僧堂樓閣，這一個僧坊有多麼高廣呢？高達八多羅樹。多羅樹可以長到大約三十幾公尺，相當於幾層樓？一層樓大約三點五公尺，所以一多羅樹相當於十層樓高；八多羅樹大約是八十層樓的高度。佛說這個很高大的僧坊裡面有大殿、有僧堂，還有各種「堂閣」，作各種不同的區分。你想，那麼高的大廈，會是才只有幾百坪基地就能蓋上去嗎？一定會倒的。建得高當然就一定很寬大，才能夠蓋得上去！所以一定是既高又廣。有能力蓋這麼高、這麼廣，當然就有能力作各種莊嚴，使它看起來很美好。像這樣高廣嚴好的僧坊，可不是蓋著玩的，而是要讓百千比丘於其中住的，讓很多僧眾可以安單。

可是這麼高廣嚴好的僧坊建立起來之後，總不能屋旁都是石頭泥巴吧？要把它建設一下，所以還得要有「園林浴池」，還要有「經行」之處；並且有的人喜歡不受打擾，就另外建造「禪窟」，可以不受打擾，一個人住一個禪窟修定。這樣的僧坊裡面還有很多的「衣服、飲食、床褥、湯藥」，包括安樂休息的臥具等等都要充滿於其中。這是說一個僧坊裡面有殿堂、樓閣三十二個，像這樣的僧坊、堂閣究竟有多少呢？有「若干」，也就是沒有一個可以詳細說清楚的數目，所以叫作「若干」；總共有若干百千萬億個僧坊堂閣；數目很多而說是「其數無量」；以這樣其數無量的高廣嚴好僧坊、堂閣，全部用來供養於 釋迦如來及眾比丘僧。

這樣的功德是非常大的，但諸位想想看，能夠受持、能夠自書、能夠教人書，有非常大的功德，等於上面說的起造廣大僧坊無量無數而且以種種物品來供養眾僧的功德。這麼大的功德如果叫你別作，你得要來說：「這麼大的功德你叫我不要造作，我怎麼能答應！」當然不能答應，所以得要繼續造啊！因爲這個功德太大了——受持此經、自書、教人書的功德太大了，所以這種功德容易賺；而且功德又很大，如果拜託我們哪位親教師說：「你們退下來，不要再教導大眾各種方便來證『此經』了，好不好？」他們一定說：「不好！」爲什麼呢？當然是因爲功德這麼大，比實際去建造無數僧坊供養世尊與諸僧眾的事情要輕鬆多了，爲什麼不作這個大功德？

你想一想，建造那麼一個僧坊得要多少錢、多少人力啊？可是我們建造這種功德受用的智慧僧坊，無形無色久遠不壞，而且不必那麼辛苦，當然大家要繼續造立這種無形的僧坊。然而這個僧坊要怎麼造？我們所有的老師就造在你們各人的心中，誰也奪不走；像這樣就是眞正供養於 釋迦如來，也是眞正供養於諸比丘僧。這一個功德之偉大，是因爲祂不可毀壞，只要有人能「自書」，或者「自書」以後將來還能「教人書」，這就是眞正的「受持」

者；像這樣「受持」的人，必定都會走向佛菩提道，不會在將來有一天證涅槃時就入無餘涅槃，所以這功德太大。

由於這個緣故，世尊告訴我們說：「如來滅後，如果有人受持、讀誦、爲他人說，或者自己書寫此經，或者教別人書寫此經，書寫之後供養經卷，就不需要另外再起造佛塔佛寺，也不需要另外再建造無量僧坊供養眾僧。」因爲不管哪一些僧眾來了，你以「此經」供養了他們以後，他們也懂得「自書」，懂得「教人書」，你這功德可就最大了，那你對眾僧這樣的供養就是無上的供養。有形的功德終究是生住異滅，最後無常壞空，但你對眾僧如果能夠作這種供養，這種供養是持之久遠，因爲他們會把受供的這個功德，一直帶到未來世成佛，還繼續利樂無量無邊的眾生；所以你若是能夠這樣作的話，就等於已經爲　釋迦如來起造這樣的僧坊而作各種供養。

這就要請問諸位：你們是要在眾生心中去建造這種無形無色而高廣嚴好的僧坊來供養　如來？或者要用有形的，而且是花了很多錢財，心力精神累得一塌糊塗去建造起來的佛塔佛寺供養　如來與眾僧，結果幾百年後就毀壞了？這二種功德，你是要修哪一種？當然是要第一種。因爲不必在那邊流汗、累到一塌糊塗，而且不過幾百年就壞掉；而你建造於眾生心中的這種七寶塔，高廣嚴好乃至梵天永遠不會毀壞。這樣子依教奉行，才是眞正「頂戴如來」，才是眞正供養於 釋迦如來的受持《法華經》的菩薩。所以我們受持《法華經》時應當如實受持，不要只在表相上受持。當你能夠從實際理地來受持《法華經》時，遲早能夠自書，也能教人書。如果現在能自書、能教人書，你將來就會有更多的徒弟不但能自書，也能教人書；就這樣受持《法華經》，那麼你所建造的《法華經》僧坊，就一定可以高到梵天。今天講到這裡。

《妙法蓮華經》上週講到一百五十四頁，第二段第五行，世尊開示說：「如來滅後，若有受持讀誦為他人說，若自書若教人書供養經卷，不須復起塔寺及造僧坊供養眾僧。」接下來說，像這樣來受持書寫以及教導別人書寫此經，有這麼大的功德，遠勝過造作高廣莊嚴而數目極多的殿堂來供養眾僧，進而受持這部《妙法蓮華經》以外，又加上精進的修行六度，「兼行布施、持戒、忍辱、精進、一心、智慧」，因此他的功德是最殊勝的，而他的功德是無量無邊的。

這裡　世尊所講的受持此經以外所修行的六度，跟一般佛弟子所講的六度有些微不同；這裡講的布施當然不是如同三賢位中所說的初機菩薩的布施，而是悟後能夠現觀布施時三輪體空的六度萬行。因爲三賢位中的初機學人還沒有實證般若，只能作財施以及無畏施，法布施其實還談不上；但是能夠受持此經的人，既然懂得如何書寫此經，也懂得教人如何書寫此經，表示他是通達第一義的人；否則便只能在文字上抄寫，在口頭上唸誦當作受持，並不是如理的受持；那他所修的布施就不可能是如實的法布施，就只能是一般所謂的布施表義佛法，也就是只能作依文解義式的法布施，其實不是眞能受持、自書、教人書的人所作的法布施，所以這裡說的布施跟以前說的並不一樣。

同樣的道理，「持戒」也不是只像凡夫菩薩一樣，只作戒相上的受持而被戒相綁死了，導致許多應作的菩薩道的實行反而產生了遮障，因此這個持戒是跟凡夫菩薩的持戒有所不同的。凡夫菩薩避之唯恐不及的某些犯戒行爲，他可能奮勇直前而去作了，因爲對眾生的此世有利益，也對眾生的後世有利益，而不是只有考慮到當前大家對他的觀感。所以這個持戒，是包括護持正法時即使犯戒也要去作。包括眾人皆斥責說「你這個如來藏法是外道神我」的時候，你也應當堅持到底，絕不放棄。也就是說，他除了事相上為眾生、為正法的根本目的所在，不惜犯戒來護持正法不滅，成為眞正的持戒者；除此以外，他還有法戒要持，就是依於法毗奈耶而判定應該要如何受持戒法，而不是只看眼前，是從整體的現在世和未來世的總和來看待，所以不管人家對於「此經」如何毀謗，他繼續受持讀誦，不受影響，這才是妙法戒。那麼這樣的持戒，跟一般人所知的持戒並不相同。

接著忍辱，對於一般凡夫菩薩而言，他們修的是對於有情要如何接受，是忍受有情對他所作不平等的事相上的待遇，但在法上他所能夠修忍的部分，也就只有信受大乘法，不排斥二乘法，但不以二乘法作為他的歸命所在，最多就只是如此。可是當他信受大乘法的時候，有人告訴他說：「大乘法就是解脫道，成為阿羅漢以後不入無餘涅槃，依於解脫道繼續在人間利樂眾生，最後福德圓滿時就能成就佛道。」他會接受，因為他在法上的忍，就只能到這個地步。

但是如果你告訴他：「大乘法不只如此，還包括如來藏的實證而現觀實相般若智慧。此外還要進修一切種智，滅盡五陰的習氣種子，歷經《華嚴經》所講的菩薩道五十二個階位，最後才能成佛。」你這樣說完了他卻是不信，因爲他的凡夫師父不是這樣教他的，所以他對這部分的忍辱——法忍，也就作不到了，那麼他對大乘法的忍辱是沒有修習成功的。可是如果已經實證了，這部分就隨著你的體驗多寡而能夠少分、多分修這個法忍，這才是大乘法中眞正的忍辱行。

也許有人想：「修證大乘法，證第八識如來藏，這是天經地義的，爲何還須要忍？」然而諸位要想想看，你們學佛以來，是何時有聽聞到人家說「要證第八識才能算是佛菩提道的入門」？你追溯的結果，就是第一次看見正覺同修會的書，或是讀到正智出版社的書，才第一次對自己作了這樣正確的教導。以前是沒有人這樣教導的，所以大家學了二十年、三十年，對於佛法的內涵與次第依舊是渺渺茫茫。而且還常常聽到六識論的法師與學術界人士說：「如來藏是外道神我，不是佛法。」他們認爲只要有六根來觸六塵就能生起意識等六識覺知心，落入龍樹《中論》所破的「諸法共生、無因生、他生」的邪見中，但他們不知道自己的落處，學人也都不知道他們的邪見與錯誤，所以學佛三、四十年以後，依舊覺得渺渺茫茫，不知從何下手修證。

在以前，人家告訴你說：「佛法浩瀚無邊，根本無下手處。」你一定認同，因爲你也不知道佛法該怎麼修、該如何證。可是你接觸到正覺的法以後漸漸才信受，漸漸知道佛法的實證是該從哪裡下手，然後終於也瞭解成佛之道的次第與內涵是什麼。可是回想一下，剛接觸到正覺的妙法，那時有一開始就信受嗎？十個人倒有八個人一開始是抗拒的：「這正覺講的都跟人家不一樣，到底是眞的還是假的？」而且，問來問去，諸方道場都說：「正覺所證的如來藏不是正法，人家開悟都是證得離念靈知等等，他們竟說要證如來藏，難道大家都錯了，只有他們正覺才對嗎？」

我相信諸位都聽過這樣的話，可見剛開始時，正覺的第八識正法也是不容易被接受的。也許又有人想：「我在正法悟了以後總沒問題了吧？」也不盡然，想想看，我弘法以來經歷過三次的內部法難事件，那些都是從我們會裡面發動的；他們已經知道如來藏是什麼了，結果還來否定，這表示什麼？表示如來藏這個妙法，實證了以後不容易安忍，所以他們失去了法忍而退轉。不容易安忍的原因當然很多，有些人因爲是新學菩薩，修學佛菩提道以來不過十劫、百劫，所以他們很容易退轉。

就像無量劫前淨目天子法才跟王子舍利弗，他們那時自己開悟了，可是沒有善知識攝受，無法忍於這個無所得法，於是又自行否定；否定以後又找不到萬法的根源，就無法信受自己所造的業種都會存在自己的如來藏心中——因為他們把如來藏否定而當作是五陰的功德，所以他們心中認為也沒有什麼因果可說；因此而退轉之後，十劫之中無惡不造；直到無量劫後才終於被釋迦佛所度，又修學很久以後直到二千五百多年前，才在 釋迦佛座下入地，生起本來無生的大乘法忍。那是在退轉之後淪墮很久才終於能夠重新再悟入，已經比較有智慧了，也有善知識攝受了才不退轉，才能夠走到今天的境界。

若是新學菩薩，學佛以來不過十劫、百劫，提早幫他們證悟以後大多無法安忍的。所以，以前會外總是有人說：「他們正覺的法有問題，才會一次又一次常常有人退轉。」但是我們有一位同修很有智慧，他說：「正因為正覺的法沒有問題，才會有人退轉。因為這是無所得法，善根不夠的人無法安忍於無所得法，表示他們還沒有這個法的法忍，因此退轉了。如果是一般的法，大家都一樣，同樣是離念靈知，『悟後』都繼續住在我見之中，都不會被人家否定，他們都同樣落在離念靈知裡面而不必否定自我，不必斷我見更不必斷我執，永遠把握自己、作自己，眾生最喜歡了，因爲眾生本來就住在五陰我的境界裡面執著自我，他們當然不會退轉。」

你在路上隨便找幾個人談一談，叫他們否定自己，看他們要不要？他們當然不要。認同五陰我的境界時，連凡夫都不會退轉的。不退轉於什麼？不退轉於我見。因此說，新學菩薩很容易退轉於無所得的如來藏妙法，然後回到我見去，繼續認定五陰我是眞實的我，這都是正常的。所以會有人退轉的法才是正法，永遠沒有人退轉的法一定是外道法，不然就是常見法。

所以這樣看來，證悟以後要安忍也是不容易呀！假使有人還在外道法裡，但是有一天從我們的書裡面去閱讀，自己去作功夫，自己去參禪開悟了，並且智慧深妙而不退轉；雖然他還是外道之身，我仍然要說他是菩薩，因爲他的本質就是菩薩，而他心中也一定會認定佛法僧三寶是他的究竟歸依處。只是因爲當前的局勢使他無法在三寶門下歸依，但是你叫他退轉，叫他不要信受佛法僧，他打死也不退轉。這種人古時候就有了，大薩遮尼犍子就是這樣的人。所以若有這樣的外道也是正常的，本質還是菩薩，但他已不歸依原來的外道天神。

如果他還在歸依原來的外道天神，還在推崇一貫道前人創造的老母娘，我就說他還是外道；他只是知道表相密意，仍然不是菩薩，因爲他的慧眼還沒有生起，顯然就不是菩薩了。所以說，對無所得法生起法忍不容易的，因此這個忍辱是要函蓋眾生忍，也要函蓋法忍的；否則的話，受持「此經」以後，結果他修的六度竟跟凡夫菩薩一樣，又怎麼能稱爲「受持此經」？顯然他根本不懂得如何書寫此經，更別提教人書寫了。那麼眞正懂得其中的道理，也能現觀了，就說這樣子就是能夠修忍。

第四度是精進，也就是一世又一世都於這個勝妙法永不退轉；舉凡所應修的法與次法，都不懈怠而精進修學。如果有時心中懷疑，退失了一天兩天，那就是懈怠；如果有時一念生疑，那就是一念之間的懈怠。眞正精進是實證以後轉依成功，永不生疑，才是眞正的精進。像這樣眞正精進的人，在法與次法上面用功修學，函蓋整體的佛菩提道，而不是單單在法上或者單單在次法上面精進，這才是眞精進。這個精進，並不是勞役其身、苦其心志，稱爲精進；而是依於佛菩提道「此經」如來藏的修學、所應該有的法與次法，全部一體皆修、無一偏廢，並且從不生疑，才是眞精進。

可是這樣的正修布施、持戒、忍辱、精進，所修的卻是「一心」，不是禪定，不是靜慮。說禪定、說靜慮，那是凡夫菩薩們所應該修的，所以破參前教你要作無相念佛的功夫，要作看話頭的功夫，但是不急著告訴你證悟之標的是第八識眞如，要你去作功夫制心一處，把心猿意馬收束好、調教好了，然後才能安於正法中來實修。可是當你這些功夫完成而實證「此經」以後，懂得「受持此經」，也懂得「若自書、若教人書」，接著這個第五度就是要教你「一心」。

「一心」並不是教你靜坐除去妄想雜念，而是教你在唯一的一個心上面用功修學，當然諸位都知道這個「一心」就是指眞如阿賴耶識，就是第八識如來藏。可是不要忘了，唯識學中有一句很重要的話：「一心說，唯通八識。」不管是誰，如果他要說眾生就只有一個心，那麼這個「一心」的說法，一定是指第八阿賴耶識。這個一心說，不能作別的解釋，就是以阿賴耶識來函蓋全部八個識；所以七轉識也函蓋在阿賴耶識裡面，爲了方便說明，爲了讓眾生區分清楚而容易證悟第八識如來藏，所以把祂分成八個識來說，其實眾生就只有一個心，叫作如來藏阿賴耶識。要這樣子受持，才是眞正的修學第五波羅蜜「一心」，所以這樣來修學這個「一心」的法，也就是先修學實證阿賴耶識的法，悟後學習如何安住阿賴耶識「一心」之中。祂是總共有八個識，因此在「受持此經、若自書、若教人書」的時候，不是只有一個阿賴耶識，還是要函蓋前七識的；因此是八識心王的一一法中所應修者就應該修，所應斷就應該斷，這樣才是眞正的修習第五度「一心」。

最後就是智慧第六度了，爲什麼這時候要講智慧？因爲前五度的修習目的就是爲了發起智慧；可是這個智慧是指佛菩提智，不只是解脫智，也不是世俗法中的智慧，而是函蓋解脫智、世俗智的佛菩提智；因爲這個智慧又稱爲無智慧，無智慧是因爲：所證的眞實心如來藏的境界是證悟者所應當轉依的，當你轉依了眞心如來藏以後，你深入觀察如來藏的境界時，發覺如來藏的境界中沒有智慧可說；你懂得而且是現觀了如來藏的實相境界中沒有智慧時，你這個意識就能夠發起很勝妙的智慧；這樣的無智慧的智慧，才是眞正的佛菩提智；依於這個智慧繼續進修，最後才能成就究竟解脫、究竟實相的佛果。

也許有人剛一聽到說：眞正的智慧是無智慧的境界。心裡面起了個大疑問，其實不必。只要把《心經》拿一句出來唸過，就會想起來了：「無智亦無得。」因此，所證得的心如果是會有智慧的，那麼依於那個心而發起的智慧一定只是世間智慧，就不是佛菩提的智慧。所證得的心是沒有智慧的，依於這個心的境界觀察，知道實相法界中是沒有智慧也沒有所得的境界，他才可能發起勝妙的智慧，所以實相智慧的根源是沒有智慧的「此經」如來藏。依於這樣子來精進修學六度波羅蜜，以這樣的目標來修六度，要圓滿這樣的目標，也就是圓滿究竟無所得的智慧來修這六度，才有可能在未來成就佛道。

所以如果有人能夠「受持此經」，不但「自書」而且「教人書」，並且還能夠如此轉入內門廣修菩薩六度萬行，他的功德是最殊勝的，因爲像這樣子修行以後，再過不久就可以轉入初地去了。這功德是無量無邊的，可是無量無邊的功德都從證得「妙法蓮華經」開始；證得「此經」以後如果能受持而不退轉，他的功德才是最殊勝的；因爲乃至將來佛地的功德，也是由於「受持此經」而引生的。也正因此，世尊才會開示說：「如來滅後，若有受持讀誦爲他人說，若自書若教人書供養經卷，不須復起塔寺及造僧坊供養眾僧。」因爲這個功德已經太大了，不須再造作世間表相上面的建寺、供僧等功德。

接著 世尊作了一個譬喻來形容這個功德：「譬如虛空，東西南北四維上下，無量無邊；是人功德，亦復如是無量無邊，疾至一切種智。」虛空不可能有量，虛空無法秤重，也沒有辦法用體積或者長度深度來衡量，所以虛空是沒有量的。虛空也是沒有邊的，因爲虛空如果有邊，就不是虛空了。也許有人想：「虛空怎麼可能無量？我們在人間不是有氣壓計要量氣壓？說氣壓有多重。」其實不然，那只是空氣的重量，不是虛空的重量。虛空是沒有物質的，怎麼可能會有重量？

虛空也不可能有邊，如果有邊就有滯礙；會有遮障阻礙，就不叫作虛空。例如一個盒子，裡面雖然沒有裝物品，但它已經有滯礙了，才能夠施設盒子裡面小小的空間叫作虛空；也是因爲裡面是空，如果裡面放滿了物品就不叫作空。而這個被侷限了的虛空，其實已不是虛空，應該說那個叫紙箱，或說那叫作房子，已經不算是眞正的虛空，因爲被侷限了。

眞正的虛空是沒有邊際的，小時候不知道什麼叫作虛空，是因爲沒有物質佔據而沒有行來去止的阻礙。長大了學習語言文字以後，知道有個虛空，這時跟小時候的認知就不一樣了。小時候認爲沒有虛空，就只是空無；長大以後卻說：「有啊！有虛空。」虛空竟然變成實有的法了，就認定說：「一定有虛空，不然我怎麼可以這樣動轉？」其實可以這樣動轉，是因爲空無，空無的緣故你才可以動轉，而這個空無就施設一個名字叫作虛空，其實是依於物質邊際以外的地方空無一物，沒有遮礙而施設沒有物質的地方爲虛空。

虛空本來是無法，可是長大了以後都認爲虛空是眞實有；但是來到第一義諦中，回頭再告訴你：「要像嬰兒一樣認知虛空是空無，哪有虛空？」一歲、五歲的孩子，你告訴他說：「虛空是什麼？你知道嗎？」他回說：「沒有呀！」你告訴他說：「就是現在這樣呀！空空的，可以讓你走來走去而沒有阻礙，就是虛空。」他說：「哪有虛空？這是沒有，什麼都沒有。」來到第一義法裡面，正是要你回到那個階段對虛空的認知，因爲那時的認知才是正確的。所以虛空是依於物質的邊際、沒有物質之處，來施設叫作虛空。虛空本來就是無，不要把虛空當作是有。

虛空如果是有，虛空就會有邊際；如果虛空是眞實有的法，請問：娑婆世界這個虛空邊際在哪裡？假設有邊際好了，你終於能用光速飛行幾十萬年而到了那個邊際，請問：那個邊際的外面呢？那外面是甚麼？是水泥牆嗎？是竹籬笆？不可能！還是空無！既然是無，依「虛空實有」的邏輯，就表示你還沒有到達虛空的邊際呀！那你繼續往外前進，最後也還是無啊！正是無邊無際啊！

十方虛空就是這樣子，所以不要妄想說宇宙虛空是不是有一個範圍？沒有範圍的，宇宙是依物質的星球世界，例如依星雲漩系等等來施設宇宙，而宇宙就在無邊際的虛空之間存在。所以虛空就是這個樣子，既無量也沒有邊；有量的物質或世界，可以用度量衡來判斷是什麼量。例如以體積來說，定義說這樣是一材、兩材、三材、一萬材，或者說這樣是一阿僧祇的材，因爲沒有辦法以一般的計量單位名稱來計算，還是只能以表顯數量的方式而作一阿僧祇。

如果以重量來說，那就是用秤的，要算磅或者公斤、臺斤等等單位的數目；可是虛空就是無，你要如何秤重？因此你沒有辦法去衡量它。虛空也沒有辦法讓你施設說這是東方虛空、那是西方虛空，因爲虛空就是無，你能夠施設那一方的虛空，是要依於你所站立的地表去施設，從太空來看時，虛空是無所謂東西南北上下諸方的。所以說，虛空沒有量，你無法用度量衡去測量它，「它」是無；因爲虛空沒有邊際，就是無；因爲是無，才可以無窮盡。所以虛空，不管你從東方、西方、南方、北方、四維上下，不管從哪一個方向延伸出去，永遠都是無止盡的，永遠無量亦無邊。而「受持此經」的人，依於如來藏所證的第一義諦而受持《法華經》，他的功德同樣「無量」也「無邊」。

所以人家問你說：「證得此經如來藏以後，能懂《法華經》了，有沒有功德？」你說：「功德很大。」也許他說：「我不信。」因爲世間人想的功德，是你可以多增加了一個眼睛，叫作天眼；或者多長了一隻胳臂，或者突然間大發財等等，全都是世間法。他們不曉得功德，所以你說有功德時，他說：「我怎麼看不到？你拿來我看！」那你怎麼辦，你要告訴他：「功德是無量也無邊，所以你看不見。你所能看得見的就是有量也有邊。」他當然要追問你：「那你的功德在哪裡？」可以告訴他：「我的功德在我的自受用之中，你如果也想要這個無量亦無邊的功德，就得要好好依照這個法去聽聞、熏習、修學，然後實證。」

這個功德猶如虛空一樣，無量亦無邊，才能夠使菩薩依於此經修習六度，快速到達一切種智的境界。因爲如果沒有這個實證此經而不退轉，能夠受持，進而自書、教人書，進而修習六度永不懈廢，他就不可能「疾至一切種智」。請問諸位：一切種智初步的實證是什麼時候？一切種智初步的實證就是入地的時候，但因爲不具足、不圓滿，所以稱爲道種智；圓滿了就成佛了，就是一切種智；但內涵是一樣的，只是有沒有圓滿具足的差別而已。所以一切種智，在佛地圓滿時就稱爲一切種智，在妙覺菩薩下至初地就稱爲道種智。

道種智初得，就是初地的入地心；這要從第七住位實證如來藏以後——懂得「此經」了，對「此經」有所勝解了，然後繼續進修般若諸經，把般若諸經通透了，所應修的已修了——非安立諦三品心及安立諦十六品心、九品心都修成了，所應累積的福德也修集完成了，所應發的十無盡願也誠懇發起了，解脫道中應伏除的性障也伏除了，他就可以入地了；這時就是一切種智的初分取證，已經把般若諸經全部通達了，就是一切種智的初分，稱爲道種智。由於這時對於一切種智的取證還不到十分之一，初地滿心了才有十分之一，初地入地心只是通達見道位的般若而已，只是對於大乘見道的實相般若妙法通達了。

但是為了讓大家證悟後得以通達，世尊演說《般若經》二十二年。但諸大弟子們為什麼能夠快速到達一切種智——「疾得一切種智」？正因為實證此經而不退轉，才能受持；能受持所以能自書，能自書所以能教人書，能教人書以後並且進而轉入內門廣修菩薩六度萬行——依第一義諦而修六度萬行，這樣才能快速到達一切種智。

一切種智的內涵，近代中國佛教界以前也沒有人講過，頂多是提到這個名相；只因為沒有人如實講解，所以以前有很多六識論的道場寺院，他們作晚課完了也迴向一切種智；等我們詳細講解了一切種智以後，他們知道一切種智是什麼內涵了，從此以後他們再也不迴向一切種智了，因為他們都是否定如來藏的愚人。我在書中告訴他們說，一切種智就是如來藏所含藏一切種子的智慧；他們想：「我們都否定如來藏了，幹嘛還要迴向圓滿具足如來藏一切種子的智慧？」所以他們從那時開始就不再迴向一切種智了。所以我說，沒智慧的人就眞的是沒智慧，他們應該懂了以後繼續迴向，然後把六識論改爲八識論，以後修學佛菩提道的路就好走了。可是他們沒智慧，要繼續堅持六識論，因此再也不迴向一切種智了。但是，證得如來藏以後，才能開始瞭解如來藏的功能差別；只要有初分的通達，就能夠快速到達一切種智，因爲以後的實修都是按部就班而不會再有所耽擱了，才說是「疾得」。

「若人讀誦受持是經爲他人說，若自書、若教人書，復能起塔及造僧坊供養讚歎聲聞眾僧，亦以百千萬億讚歎之法讚歎菩薩功德，又爲他人種種因緣隨義解說此《法華經》；復能清淨持戒，與柔和者而共同止，忍辱無瞋，志念堅固，常貴坐禪得諸深定，精進勇猛攝諸善法，利根智慧善答問難；」

如果讀誦、受持此經——如來藏「妙法蓮華經」，爲他人解說或者自己書寫、或者教人書寫以外，他進一步還能夠起塔，以及建造僧坊來供養、讚歎聲聞眾僧，並且以百千萬億讚歎之法來讚歎菩薩們的功德，還爲別人藉種種因緣，隨著對方所能瞭解的義理來解說這部《法華經》，再進一步還能夠清淨持戒，跟柔和者共同止住，忍辱無瞋，志念堅固；這眞的很不容易，可是這樣還不夠，還要喜歡或是看重坐禪而獲得深妙的禪定，並且精進勇猛地攝受種種善法，而使他有很銳利的根性來引生深妙的智慧，善於答覆別人的問難。這個可難了，可是在我們正覺出來弘法以前，佛教界都覺得這個不難，認爲他們都已經作到了；等到正覺出來弘法以後，他們就不敢再說這個很容易，也不敢再公開宣稱他們已經作到了；是因爲以前誤解了經文中說的道理。

如果能夠讀誦而且能夠受持《法華經》爲別人解說，自書也教人書，也轉入內門廣修了六度波羅蜜；依內門而修六度波羅蜜是很殊勝，但並不是修學大乘法就要排斥二乘法，因此仍然要同時護持二乘法。有一些出家人教人家說：「不要學什麼菩薩道，你只要好好學解脫就夠了。」可是你從來不會聽到菩薩說：「你只要修佛菩提道就行了，解脫道不要修。」你永遠聽不到菩薩這麼講，因爲如果有菩薩這麼講，他就不是眞正實證的菩薩。這不是《金剛經》的公式講的「所謂菩薩，即非菩薩，是名菩薩」，而是說，他眞的不是菩薩，因爲他說的道理已經顯示他是不懂佛法的人。

眞正的菩薩都瞭解三乘菩提，知道佛菩提函蓋了二乘菩提，也知道二乘菩提在佛菩提道中也是同樣要修的，所以他不會去否定二乘菩提，最多只是把它作出了與凡夫不同的定位，但不會否定它；所以如果有人告訴你說：「沒有佛菩提道，只有解脫道。」如果有人說：「講佛菩提道的人就是外道，那不是佛說的，佛說的只有解脫道。」你就知道那個人叫作佛門外道，因爲他顯然不懂佛法，也是不懂眞正聲聞解脫道的凡夫。

菩薩不但實證了解脫道，更實證了佛菩提道，所以菩薩修到這個地步時還要能夠起塔；起塔就是起造佛塔，就是起造佛教寺院；建造了寺院以後，同時得要建造僧坊，也就是讓僧眾安單的寮房，然後要供養讚歎聲聞眾僧。因此菩薩不排斥二乘人，也不排斥二乘法，但是要把它作好定位：聲聞法只是解脫道，與佛菩提道的實證還沾不上邊，得要納入佛菩提中才算是佛法。可是一定不會去排斥它，而且在二乘菩提衰微沒落，乃至失傳以後，菩薩還得把它建立起來，讓它可以重新再弘揚起來，所以菩薩只會定位二乘菩提，不會排斥二乘菩提。

然而爲什麼要建造佛寺僧坊、供養讚歎聲聞眾僧呢？其實是爲了成就福德。表面上看來，高位的菩薩來尊重讚歎低位的二乘聖人，好像是顚倒；其實不然，因爲於實修的眾僧身上種福田，遠比在世俗人身上種福田要來得廣大，那福德大很多；而且也可以讓眾生對於聲聞僧眾起敬仰心，這也是建立佛法中的一環，不能偏廢，這樣子來修集廣大福德。

這個供養讚歎聲聞的僧眾是有限度的，不是作無限度的供養和讚歎，所以接下來還要以百千萬億倍的讚歎法來讚歎菩薩的功德；所以你如果讚歎聲聞僧眾一小時，你就要用百千萬億小時來讚歎菩薩眾，要好好讚歎菩薩們的各種功德。這樣是裡外兼顧，裡子、面子都有。菩薩的面子從哪裡來？要讚歎菩薩法與菩薩們的實修功德，這是面子；從這個表面上的讚歎中，可以獲得隨喜功德，並且增長了自己跟一切眾生對三寶的信心。至於裡子，卻要從修集福德而來，就是從聲聞僧眾那裡去種福田，那個福田比之於凡夫們，可以說是最快最大。因爲你供養一個持戒的出家佛子，尚且勝過供養一般人十萬倍、百萬倍，如果這些聲聞僧裡面有幾個證初果的人，你去供養了可就是無量報。雖然你證悟了，你也實證聲聞初果了，甚至你已經入地乃至二地、三地、五地、八地不等，也都沒關係，你就建造寺院讓他們住，起造僧坊讓他們住，有機會就去說說佛法而作法布施，順便就作財物布施，從他們身上種福田；這樣自己的福德增長就很快，然後表相佛法也得以住世長久。所以要這樣子種福田，既護持了二乘菩提也增長了眾生的信心，同時讓自己獲得廣大福德。

可是你若想要去供養菩薩，這可就不容易了；因為菩薩大多不受供養，你們看經中那一些大菩薩們，什麼時候接受人家供養？你很難看見，只是偶爾受供。你想要供養 維摩詰菩薩嗎？他不接受；甚至於人家要供養 觀世音菩薩，他還不接受呢！《法華經》後面的〈普門品〉中就會談到這個。為什麼菩薩不太接受供養？因為自己都還要加修福德，怎麼可以受供來損福德？若是聲聞僧眾就無所謂，反正他們將來捨壽就是要入涅槃的，福德再怎麼損也都無所謂。所以菩薩在他們身上種福田，他們也不會拒絕；因為他們不是要修成佛之道，不必努力修集成佛所必須的福德。所以對菩薩，你只要以百千萬億讚歎之法來讚歎菩薩功德就夠了，可是對於聲聞道場那些僧眾，你就儘管供養，而他們也會接受你的供養，不會拒絕。他們不會認為受了供養就損了福德，特別是凡夫聲聞僧，他們想：「多多益善。」因為他們大多數是凡夫僧。可是，說到讚歎時可要記得喔！世尊已經開示了，你讚歎聲聞僧以後，就得讚歎菩薩眾百千萬億倍。要記得這一點，這個也是修集福德。

接下來還有法布施的福德要種，所以又要為別人在種種因緣之下，隨著對方所能瞭解的義理，來解說這部《法華經》；因爲《法華經》是圓滿三乘菩提、大小二乘諸經的經典，所以在判教中都說《法華經》是屬於圓教的經典。從人間善法、天乘的善法，講到聲聞菩提、緣覺菩提、佛菩提，把五乘都說完了，最後以一部經典收攝圓滿，這樣叫作「收圓」。你們在一貫道聽到「收圓」、「收圓」，「三期收圓」，有沒有聽過？聽很多了！可是他們完全不懂什麼叫作三期收圓，才講什麼青陽期、白陽期、紅陽期等，那都是胡扯。我說三期是什麼期？是阿含期、般若期、方廣種智期；這三期的佛法都說完了，用什麼經來整體含攝圓滿起來呢？用《法華經》。

但不能先講《法華經》來收攝一切法教，必須先以《無量義經》來作初步的收攝。就好像說，你要熬某一些東西成爲粉末，不可以用猛火一直燒到底，水很多時你可以猛火燒；然後火要漸漸變小，等到水很少的時候，還要用更小的火，然後慢慢去翻攪它，才能在最後把水燒乾而成爲你要的粉末。佛法也是一樣，聲聞菩提、緣覺菩提是阿含期的法義；第一期的法義解說過了，進入第二期的般若期，等大家都修學通達了，第三期要如何進修到佛地的法，就得要好好去演說了，於是就有方廣種智，也就是唯識學等等妙法，這就是第三期的唯識種智期了。當這三期諸法講完了，先要簡單的收攝爲一法，便叫作《無量義經》；在這部經中以一法來含攝無量義，以如來藏這一法來衍生出「無量義」。

就這樣用一個法來含攝無量法，這個法叫作什麼？正是如來藏。以前有人講過《無量義經》，但他不是依經文的眞義來講解，只是作科判式的說明而已，哪能把《無量義經》的義理顯示出來？演講《無量義經》時不能用科判式的說法，一定要依經文的所說加以演繹發揮，讓大眾得以如實理解在《無量義經》裡面，是用如來藏這個法來含攝一切法；是用「此經」如來藏含攝了一切法，是一個簡單的含攝。含攝到《無量義經》說的一法如來藏以後，再從這個法去函蓋無量無邊法，那就是宣講《法華經》了；把《法華經》的眞實義宣講出來而且圓滿了，這樣才能叫作收圓——才能把佛法收攝圓滿。

如果沒有把《法華經》講完，佛法就不算收攝圓滿，一定會落入偏狹的表相佛教而昧略了十方世界的廣大佛教，也會昧略了佛法中的許多重要教義；所以有人主張「大乘經非佛說」，就把《法華經》也否定了，那就表示他根本不懂 世尊說法四十九年前後三轉法輪的要義，才會這樣主張，顯然他也不懂《無量義經》。

有人否定《楞嚴經》，說那是中國人創造的，但是問題來了：如果沒有《楞嚴經》，佛法就不圓滿；因爲三乘諸經所說的佛法，有談到還要斷除五陰的習氣種子，可是遍查一切大乘經典時，就只有這麼一個吩咐，至於五陰的習氣種子要怎麼斷除，斷除的過程與內容又如何，有哪一部經典講過呢？都沒有，就只有一部《楞嚴經》詳細講解。所以如果把《楞嚴經》排除於佛法之外，說它不是佛法，說它是僞經，那麼佛法就不圓滿了，世尊便會成爲尚未圓滿演述成佛之道，就先入涅槃了。

所以不證佛法、不懂佛法的人，都不瞭解《法華經》的眞實義，也就表示他們其實也不懂其他大乘諸經的眞實義；既然他們不懂大乘諸經的眞實義，而把解脫道當成佛菩提道的時候，我們就可以判定他們其實也不懂解脫道。因爲懂解脫道的人絕對不會否定大乘法，實證者都會知道：解脫道的實修還是要依大乘法所說的八識心王具足作爲前提，才能修證；要有第八識作爲軌範，聲聞解脫道才有可能實證，否則解脫道都是不可能實證的。所以當他們那樣主張的時候，我們就可以判定他們其實也不懂解脫道。

《法華經》是函蓋佛菩提道全部內涵的一個總觀，也就是說，三乘菩提的演述是從很多的局部一一加以演述說明，讓大家方便實證，而表面上看起來似乎是互不相干的。可是你如果通達了《法華經》如來藏，從「此經」來看三乘菩提時，那就是階次分明，諸法都是法住法位、位次井然，這時你可以說「法住法位，法爾如是」。有人問你說：「爲什麼解脫道是佛菩提道的一部分？爲什麼解脫道必須要依佛菩提道才能成立？又爲什麼佛一定要先講解脫道然後才講佛菩提道？」你如果不想爲他多費脣舌，你就說：「法住法位，法爾如是。」

這是因爲各個法都有它們自己的位置，諸法的位次是不可能被變更的，永遠如是，各有自己的位置；就好像一棵樹不可能離開泥土而存在，一定在泥土上面存在，可是它在泥土上面的存在，基礎依舊是樹根；由樹根支持才有樹木的基盤，叫作柢；有根柢才能夠有樹幹支撐起來，有了樹幹才能有枝，才能有莖；有莖之後才能有葉，然後才能開花結果、長果實、生種子。不能要求樹葉放到根部去，不可以要求花長在泥土裡面，不可以要求樹幹長在最尖端，每一個部分都各有它應該安置的位置。

三乘菩提的法與次法亦復如是，各有它們不同的層次以及位階和位置，這是不可能被改變的。當你通達了般若以後，你就會瞭解這個部分；瞭解了以後，假使有人問起來，你想一想：得要用多少時間才能爲他講得清楚？這是個大難題。因爲你必須先把人天善法爲他講清楚，然後爲他把三乘菩提也講清楚了，才能夠爲他講解「法住法位，法爾如是」；然後三乘菩提跟人天善法的各種法之間互相連結關聯，各個法本來就應該住的位階以及地方、位置，你才有辦法爲他講清楚。所以當人家問你的時候，你要怎麼答？你想一想：這非得要爲他連著講上三個月不行。

那麼你想，哪有這麼多的時間？以前物資可以有美援的，可是時間就沒有美援的，時間永遠就只是這麼多。你一生就只是這麼多時間，所以你只好告訴他說：「一言難盡啊！總而言之就是法住法位、法爾如是，你如果眞的要弄清楚的話，來正覺修學，十幾年後你慢慢就會懂的。」你只好這麼說了，因爲眞的是一言難盡。不是委屈而一言難盡，而是因爲太深、太廣、太勝妙而難以說清楚。所以你若爲人家講解《法華經》，就依不同層次的人、不同根性的人，來施設不同的內涵而爲他們演說。

所以，遇到一個急求解脫的人，你告訴他《法華經》該怎麼說呢？你說：「你應該瞭解人類總共有八個識，而你要把自己的七個識滅掉，不受後有。但不受後有以後並不是斷滅空，是還有你自己的第八識獨存，常住不滅而全無見聞覺知。」這樣也是講《法華經》。因爲你這樣講解，他聽得進去！所以你這樣爲他說完以後，最後告訴他：「雖然我今天教你的是解脫道中最重要的根本原理，可是老實告訴你，我今天跟你講的這個還是《法華經》。」你只要附帶這一句，就是講《法華經》了；這樣子，你就可以獲得《法華經》的功德。

所以不管講什麼佛法，都把它帶進來說「這個其實是《法華經》」；他若問你說：「《法華經》裡面爲什麼沒有看到這個說法？」你就告訴他說：「因爲《法華經》你讀不懂，所以你沒看到，等你讀懂了就會看到了。」然後如果有人來問你人天善法，你就告訴他：「有因有果，昭昭不爽。」他說：「爲什麼昭昭不爽呢？」就答他說：「因爲你有一個本來面目存在，你所造的一切善惡業種都會存在這裡面，所以你行善以後，加上你受持了五戒，死後一定可以生欲界六天，所以因果絕對眞實，果報不爽。」他想：「那很好，我就來持五戒、行十善。」他高興聽受了，你就告訴他說：「其實這個也是《法華經》。」對啊！因爲這不就是講出了如來藏的持種功德嗎？

《法華經》裡面不也教人持戒修善嗎？也教人持戒修善啊！所以這也是《法華經》。只要你把它帶到如來藏上面來說，就說：「你持戒修善的福德都是如影隨形，果報是一定存在的，所以你儘管努力去持五戒修十善，不會唐捐其功。」他問你：「爲什麼不會唐捐其功？」你說：「因爲你有一個本來面目，叫作第八識如來藏，你所造作的一切善業都會收藏在這裡面，等到你死了以後，結算這些福德的時候，欲界天的境界現前，你就可以往生到欲界天去享福了，都不必上帝來幫你，你自己就生上去了。」那麼你就告訴他：「這個就是《法華經》。」

這麼一來，你本來爲他演說的是普通的人天乘法，但你告訴他說：「這個是《法華經》。」你就是在爲人演說《法華經》了！這功德比之於單說人天善法的功德如何？啊？無量倍。所以你要懂得運用。當你把《法華經》放到一切法中來看的時候，當你爲任何人演說一切法的時候，不管它是人天善法、聲聞菩提、緣覺菩提或是佛菩提，最後你就把它跟《法華經》連結起來。

當你跟《法華經》連結起來的時候，你就有為人演說《法華經》的功德。而這個功德的最後果報叫作什麼？就是「疾至一切種智」。

那麼請問諸位：想不想為人演說《法華經》呢？（眾答：想！）有智慧啊！但是你得先自己把它貫通。當你教導人家行善的時候，這個行善的法為什麼屬於《法華經》？是在如來藏的哪個位次中？你該怎麼連結起來，你得要自己先思惟。你思惟完成以後，就可以跟《法華經》連結在一起，來為人家演說；說完以後就點醒他：「其實這個就是在講《法華經》。」為什麼是講《法華經》的道理也要告訴他，那你就具有如實演述《法華經》的功德。因為這是如實的，你是連結《法華經》的，而且是完全符合《法華經》所說的；雖然這樣只是《法華經》中的很小局部，畢竟還是講了《法華經》。

那麼演講《法華經》的功德遠比演說任何經典的功德都還要大，因為這是總攝一切佛法的經典，所以屬於圓教的妙法。在判教裡面，對於佛法的法教，在分判的時候有分為「藏、通、別、圓」：三藏教、通教、別教、圓教。三藏教講的就是二乘菩提，通教是依二乘菩提來說菩薩證得聲聞果以後，永遠不入涅槃，利樂眾生永無窮盡，所證的法還是三藏教的二乘菩提法；但是大乘法含攝了二乘法，而二乘法不通大乘法，只是因爲這樣的證果者永不入涅槃，以解脫道的實證而永遠常住三界中廣行於菩薩道，時間久了以後遲早會遇到別教的法，於是他就轉入別教法中修學。

爲什麼叫作別教？因爲是依如來藏的實修去修學佛菩提道，這一個佛菩提道不共通教菩薩，也不共二乘聲聞聖者，所以叫作別教；這也與二乘菩提有別，也與人天善法有別，都不一樣，不是人天乘與二乘的行者所能知之，所以又稱爲別教菩提。當別教的菩提修學圓滿了，最後收攝圓滿時就稱爲圓教菩提。圓教菩提是怎麼說的，是一圓一切圓；當你把佛菩提整個圓滿的時候，一切法也就都圓滿了！所以你爲人家講人天善法時，也可以是圓教的《法華經》；你爲人家講聲聞菩提時，也可以是圓教的《法華經》；你爲人家講緣覺菩提時，也可以是圓教的《法華經》；爲人家教導別教的佛菩提時，也可以是圓教的《法華經》；全都收攝在《法華經》裡面，來圓滿成就佛法。

但是你要如何把五乘之法跟《法華經》一一聯結起來呢？就回歸那八個字：法住法位，法爾如是。這八個字常常出現在《阿含經》裡面，可是有幾位阿羅漢聽了記錄上去結集在經典裡面，卻沒有眞的懂，只有菩薩才能眞正懂這個道理。所以菩薩修到最後，依《法華經》圓滿一切法教，這時就用《法華經》來含攝一切法。因為《法華經》的函蓋面，是從凡夫地直到十方三世諸佛世界海，全部函蓋於其中，這樣才能夠說是演述《法華經》。所以，世尊說的「**又為他人種種因緣隨義解說此《法華經》**」，意思是在說什麼？就是說，你除了前面所說的那一些法義以外，還要能夠為別人，隨著每一個人的不同因緣，看他們所能理解的是到什麼層次，來解說他們所能理解的法義；解說哪一個部分的法義呢？就是這個《法華經》的法義，就是這個如來藏妙法的法義。

這是因為如來藏妙法不是人人都能懂，你就看他們能懂到什麼層次、地步，你就為他們說到那個層次、地步。你要告訴他們：「**這其實也是《法華經》。**」他們會問你：「**為什麼這也是《法華經》？**」你就從自己所思惟聯結完成的部分來告訴他們。這表示說，你要懂得為他所說的那些法，在整個佛菩提的位次和位置，或者說層次和位置是在什麼地方。然後，這麼一個法，比如像這麼大一個的話，你為他說的其中這小小一個法，就從這裡四面八方衍生出去而演述到整個圓滿，你可以這樣作；但是他一定是大部分都聽不懂，所以你告訴他那一個小部分就好了；但是要把它跟整個佛法聯結起來，最後告訴他：「這其實是《法華經》中說的。」那你就是為人「隨義解說此《法華經》」了。

所以「又為他人種種因緣隨義解說此《法華經》」，並不是一定要像我這樣上座，每次都來講解這麼廣、這麼深的法。你就隨著自己實證以後，所能夠為人家演說的，就告訴他：這個法在佛法裡面的位階是什麼？你就為他點出來：這其實就是《法華經》說的。當然，如果他讀過了很多經典，比如他是專門從事佛學學術研究，他一定會告訴你：「我讀了《法華經》好幾遍，研究好久了，我還寫了《法華經》的論文，怎麼沒有看到《法華經》這麼講？」你就告訴他：「因為你讀不懂嘛！你研究不出來嘛！因為你不是實證的。」事實確實是這樣，把一一法都跟《法華經》聯結貫通起來以後，你每次不論為人說什麼法，最後就告訴他：「這是《法華經》中說的。」那你就有為人演說《法華經》的功德。

這功德無量無邊廣大，因為你等於為他建立佛法的體系；當他心中建立起完整的佛法體系時，其實你就是在告訴他《法華經》。因為《法華經》的宣講前提是什麼？是《無量義經》啊！《無量義經》的內涵是什麼？是以一法含攝無量義，就是這個道理，那這個功德已經很偉大了！

接下來說「復能清淨持戒，與柔和者而共同止，忍辱無瞋」，還要能夠清淨持戒，可不是講的是一套，背地裡卻說：「某甲徒弟，現在道場沒錢用，送一百萬元來。」其實不需要那麼多，大概是缺個十來萬而已，他卻開口說要一百萬元。然後每次見了徒眾們就說：「現在道場好窮喔！什麼事都不能作。」一天到晚哭窮，就只是沒掉眼淚而已。這就不能叫作清淨持戒了，因爲心中起貪。如果是實證的正法道場，我向你保證：他不會對你哭窮。你們有沒有聽過正覺哪一位親教師跟你說：「我們正覺同修會好窮喔！都沒錢用。」有沒有？保證沒有聽過。因爲如果要哭窮，應該我先出來哭，也不該由老師們來哭；我不哭窮，老師們就不用哭窮。

實際上我們也不用哭窮，因爲我們沒有缺過錢；當我們要用錢時，就是剛好會有錢。最早期從中山北路地下室搬到這裡來，那時存款只有一千三百萬元，想要買九樓這個房子，得要三千七百五十萬或是三千八百萬元，那時得要去借錢，有的理事嚇死了就說：「我不要當保人，我不要再當理事了，我辭職。」就辭掉理事職位了。可是我們買好了，簽約了，我自己捐款護持以外，同修們也都鼎力捐款護持，後來付出房款以後結算，不但不必貸款，竟然還有剩餘，結果我們還是沒有窮過。

現在局面卻不一樣，我是被你們用錢把我砸得滿頭包，因為我現在得要想辦法把這些錢給用出去，不能積壓下來。所以該買道場時就買道場，該印書利樂眾生，該印傳單、口袋書利樂眾生，盡量去作；有時覺得我用錢的腳步還不夠快，冬天還得再作雪中送炭的工作。所以我們沒有缺過錢，根本不用開口勸募；你們捐錢、我也捐錢，你們每年捐、我也每年捐，這樣捐出來的錢可不能留在會裡，要設法把它用出去，因此就有很多計劃在進行。在這樣進行的過程之中，都還怕沒有辦法趕快用出去；若是留在會裡不使用出去，你們種福田，我卻是在揹福田，所以我要趕快布施出去。布施出去了，我每年捐錢就跟你們一起種福田，咱們大家的功德福德全都綁在一起，就這樣努力去作。

可是種福田時不能像外面道場亂花錢，我們還是一樣，把一塊錢要當作兩塊錢用；所以遇到人家開天價時，我的出價不會是腰斬，而是對他出價三折；因爲他開的是天價嘛！人家說「漫天開價、就地還錢」，如果對方正常開價，我就正常還錢，一定要依市價來買講堂，不能因爲是佛教要用的，就由著世俗人漫天要價。大家的錢都是辛苦錢，你們有誰家裡是存款好幾億元的？很難得有這樣的人啊！既然都是辛苦錢，我就不能亂花錢。因爲有的人，我們去接洽要買房地時，他們開出市價三倍的價格，你說我要怎麼買？縱使我要幫大家共同來完成福德，也不能讓人家敲竹槓，對吧？

如果被人家敲了竹槓，別人會懷疑說：「你是不是收了一半的回扣？」那倒還是小事，問題是幫助別人造了惡業與口業，那可是侵吞三寶的錢財，毀謗勝義賢聖僧，未來世該怎麼辦？侵吞一般人的錢，未來世都很難還得清，何況是三寶的錢財？所以我們就這樣去作。既然是被諸位推著要努力去作，表示那些錢有點燙手，對吧？所以我要想辦法把它弄出去，要不被敲竹槓又要趕快用出去，諸位的福德才能成就，不然老是放在會裡，那福田就變成我要揹欵！我當然要趕快用出去，諸位的福德才能成就，所以我絕對不要跟諸位哭窮，因爲會越揹越重。

因此如果有大師一天到晚哭窮，我跟你說：他一定不是持戒清淨的人，他是貪財。人家世俗人如果作了一件好事，過了幾年人家感恩而來回報，他不得不收下回禮的時候，都還會說：「不好意思，貪財喔！貪財喔！」對不對？還客氣說自己有一點貪財。其實他是由於多年前的行善而獲得的回報，他沒有想到會有回報，所以都覺得慚愧而說貪財。可是大法師沒有正法給四眾弟子，卻一天到晚跟信徒要錢，那可不只是貪錢財，那眞的要叫作持戒不清淨。

所以說，如果能夠爲人「隨義解說此《法華經》」，還能夠「清淨持戒」，他一定是在法上很用功，否則不會是清淨持戒的。像這樣清淨持戒的人，就能「與柔和者而共同止」。通常來說，跟心性柔和的人同止是容易的；可是如果他持戒不清淨呢？一天到晚想要人家的錢財，那麼其他的常住會不會排斥他？一定會嘛！因爲昨天張三來說被他要求了多少錢，今天李四又來說被他要求了多少錢，大家都說「常住貪錢」，那麼常住四眾都會覺得臉上無光：「我們道場怎麼出了這樣一個人？一天到晚出麻煩。」沒辦法與他「而共同止」啊！再怎麼柔和的人，也無法跟他「而共同止」了。

所以持戒清淨是必要的條件，能夠「與柔和者而共同止」的時候，他就可以「忍辱無瞋」，而且「志念堅固」；他對於法上的忍，以及對於事相上的忍，都可以成就、接受。忍就是接受。能接受而和合共住，修行的志念就能夠堅固而不退轉；如果不能「與柔和者而共同止」，就不可能「忍辱無瞋」，一天到晚生悶氣的時候，就不可能於佛菩提道「志念堅固」啊！那他遲早必須要離開道場。離開了就會有一個缺點，就是下面這一句「常貴坐禪得諸深定」，他也不可能獲得了。

在出家法中，往往有些道場規定每天必須坐禪幾個小時：或者一個時辰，或者兩個時辰。這是叢林裡的常規，因爲要修證禪定。然而對於禪定爲什麼要看重？是因爲禪定的實證可以使你作爲一個工具，來打開某一些無生法的境界，讓你得以體驗而使道業增上，所以禪定的實證也是很重要的。但不是任何時候都這樣修禪定，而是要依道的次第來修禪定；例如還沒有破參以前要修什麼禪定？要修淨念相繼的禪定。

例如參禪時得要會看話頭，可是看話頭的功夫不好修；佛教界有多少人會看話頭呢！現在連大法師都不會。你們覺得沒有什麼困難，可是大法師們都還不會。但這也是禪定中的一種，禪定就是制心一處，一般都是用坐禪的方法來修持。但為什麼《法華經》這裡也講要坐禪？因為要實證初禪、二禪等四禪八定。佛菩提道中是在什麼時候應該修？到了三地滿心前就得要修禪定，那時是專修。可是三地滿心前，你可能會有初禪、二禪乃至三禪，這是有可能的，但還不具足。修學《法華經》的菩薩，到了三地滿心前，不但修禪定，而且要能夠「得諸深定」。這個深定不容易得，因為所謂的深定，最少得要有二禪的實證；初禪還不能算深定，二禪等至位中一念不生住在定中而離開了五塵，了了分明，才能說是深定中的少分，初禪可就是淺定了。

修禪定對無生法忍有什麼關聯？有啊！你如果想要滿足三地心，三地滿心是要證得色陰盡的境界，那得要依禪定而證無生法忍，沒有四禪八定便不能成辦，頂多是偶爾讓您體驗到色陰盡的境界，但還不是實證，因為不是想要進入色陰盡的境界就能隨意進入。可是這時也許有人會問：「我們正覺同修會什麼時候要教禪定？」我說：「快了！快了！」可是這個快，到底是幾年？還說不準。套一句內地話說的：「沒個準。」因為我們如果要教大家實證禪定，得要等一個時節因緣，就是正覺寺蓋好了，有足夠的空間了。但如今祖師堂地目的變更，可以說百分之九十八是不可能的了！因為蘇□□的農舍曝光了以後，現在這一條路都走不通了，所以我們就得另外去改買建地來蓋。這也都是現在進行式，已經進行了大約一年。當正覺寺的地買齊了，蓋好了，到那個時候自然就會教了。

現在大家千萬不要自己摸索，因爲有一句俗話說的「走火入魔」，是有危險的。其實修證禪定時既沒有火、也沒有魔，都是自己的問題。而且修禪定時，要從伏除煩惱來下手，不是單從修定的方法來下手，否則事倍功半。轉依眞如以後煩惱比較容易除，接下來悟後繼續爲正法去努力，爲眾生去奮鬥，歷緣對境之時來修，煩惱就很容易除；這樣幾年以後不知不覺之中把煩惱除掉，將來修學禪定就很容易，我來教一教，大家一上座就能一念不生，沒有煩惱生起就沒有妄想，要證禪定就很容易。這樣來修，事半功倍。這一出一入差異很大，事倍功半與事半功倍，相差幾倍？一個是花了一倍的力量才只得到一半，一個是花一半的力量就得到兩倍，二者相差幾倍？四倍啊！你們修禪定以前，這個算盤要會打。

所以正覺寺，我們當然要建起來啊！因爲以後傳戒也要移到那邊去，住宿及傳戒都比較方便。我們每年傳戒時，這邊大樓住戶起煩惱；所以我們要另外買建地，當然還是不可以讓人家敲竹槓，應該要這樣。但因爲對方農地開的是天價，就不好買了。如果開出來的是市價，我們就不用出價，當場買了就是了！可是臺灣人有個壞習慣，聽到是佛教道場要買的，那就開出天價來說：「反正他們佛教道場師父們的錢又不是自己賺的。」眞不曉得是講什麼話，不都是信徒們賺的嗎？信徒賺來的都是辛苦錢。

尤其我們正覺又不像慈濟那樣，有很多大企業家當信徒，所以我們要很省著用；但是計劃依舊要繼續執行，等到那時候正覺寺蓋好了，就可以來教導大家修學禪定。禪定的修證其實不困難，現在諸位覺得困難是因爲我們沒有教，但以後還是會教。世尊說的是，菩薩如果能順著佛道的順序來修，到這個時候可以「常貴坐禪得諸深定」，進步就會更快，因爲禪定的功夫可以作爲你的工具，來幫助你更快完成另一件工具；你沒有各種工具就很難完成佛道，禪定就是有這個作用，所以將來還是要「常貴坐禪得諸深定」。今天就講到這裡。

《妙法蓮華經》上週講到一百五十四頁倒數第五行，現在要從第五行下方的「精進勇猛攝諸善法」開始講。上週說的是能夠受持者，還能夠於內門廣行六度波羅蜜，並且能爲他人演說「此經」，還能起塔、造僧坊供養，讚歎聲聞僧之後，「亦以百千萬億讚歎之法讚歎菩薩功德」，進而能夠藉「種種因緣隨義解說此《法華經》」；他自己還能清淨持戒、修除性障，並且還能夠證得各種深妙的禪定。

那麼今天接著說：「精進勇猛攝諸善法，」要精進而勇猛地攝受一切善法，然而學佛人想要「精進勇猛攝受」一切「善法」時，其實不容易。在其他道場修學、熏習或者共修，很少能像我們正覺同修會這樣「精進勇猛」而不休息的。對於一般學佛人來說，在正覺同修會裡面這樣子用功修學，只能用兩個字來說明，叫作「辛苦」；除了辛苦，還是辛苦。如果要套一句李清照的詞，說這個長期的辛苦眞的很難挨，就說：「怎一個辛苦了得！」確實啊！還沒有證悟之前，要作義工、修集福德、修除性障，而且還要作看話頭的參禪功夫；並且還要聞熏佛法的知見，眞的很辛苦。可是悟後也不輕鬆，悟後還有許多智慧要修學；同時還要進一步伏除性障，還要再進一步累積福德資糧，才有辦法繼續再往上走；因爲每一階位的圓滿，都必須有相應的福德來配合，所以在正覺同修會修學菩薩道時眞的很辛苦。

像這樣子辛苦而能夠持續地堅持下來，不退縮，眞的很不容易。所以有些人兩年半的共修完了以後，他心裡面想：「喔！在正覺裡面學法這麼辛苦，我要休息一陣子再說。等我休息夠了，覺得可以繼續了，我再回來同修會。」所以就暫時告假離開了，要過個一、兩年以後才會回來共修。那麼其他的人進了正覺同修會以後，一直努力精進都不休息，然後三年破參，或者五年、七年，或者十年後破參證悟；接下來進到增上班時還是要繼續再努力，都不能休息，這才能稱得上是「精進勇猛攝諸善法」啦！

有的人當然很聰明，所謂見賢思齊；心裡面想：「蕭老師把法送給我們，既不賺錢，也不求名利，他卻是比我們還辛苦，坐在電腦前一直寫、一直寫；然後每週要來講經以外，還要來增上班說法，每年又要辦禪三，也是都沒有休息。他是把法給我們，我們是從他那裡得法；他都不說辛苦，我們怎麼能說辛苦？」所以想一想就覺得說：「不辛苦！不辛苦！」反正能得法嘛！得了法以後法樂無窮，怎麼可以說辛苦呢？所以就努力去拼了！因此悟了以後也繼續努力奮鬥，爲復興佛教救護學人而精進努力。

其實有不少人是這樣想的，那我就知道，這樣想的人一定不會喊辛苦，一定會繼續努力：爲了正法的久住，爲了救護眾生，再辛苦都願意努力奮鬥。那麼這樣的人，眞的叫作「精進勇猛攝諸善法」，眞的是很辛苦，眞是菩薩。可是話說回來，眞當菩薩時會有輕鬆的嗎？且不說當菩薩啦！當佛好了，已經成佛了以後，成佛時是輕鬆的嗎？諸位想想看呵：兩千五百多年前，世尊示現成佛的六年苦行也就不談，單說成佛之後爲了度五比丘，從菩提伽耶走路到鹿野苑；那時還沒有柏油路、水泥路給你走，往往是彎彎曲曲的碎石路、泥巴路；而那個距離有多遠？以前我們搭遊覽車從菩提伽耶去鹿野苑，那路不是很好，卻是直路，遊覽車平均時速大約四十到五十公里；開了多久？開了將近六個鐘頭才到達。那麼不妨就以四十公里的時速來算好了，六個鐘頭正是二百四十公里，等於從台北走到哪裡？嗄？到嘉義喔？差不多到嘉義呵！那如果是彎彎曲曲的小路，距離就更長了。那麼諸位想一想，你走路得要走多久？那可是人天至尊啊！只爲了度五比丘，就這樣走遠路欸！

後來漸漸地，僧團建立起來了，徒眾多了，還有一件事情很辛苦，就是攝受弟子；這事情只會越來越辛苦，不會越來越輕鬆。諸位如果不信，把《四分律》或者《摩訶僧祇律》（但是我要附帶一句話，你得眞正證悟了才能讀。還沒有證悟以前，除非你出家了，否則不能閱讀出家律），在《四分律》、《摩訶僧祇律》中，你看那麼多的戒條是怎麼來的？都爲了這些弟子們不如理作意的行爲而制定出來的。每一條戒律的制定都要花掉 世尊很多時間的，因爲都是因事制戒啊！

那麼成佛時這樣夠辛苦了吧？還不夠！有時白天說法說到很晚，夜已深了，終於休息了；才休息一會兒，突然天際大放光明，因爲子時到了，天人來求法了，於是世尊又得接待天人爲他們說法！大概到凌晨四點左右，所有天人都走了，才可以再歇一會兒，但也還有他方世界的有緣眾生得要攝受。所以當佛也不輕鬆欸！你們不要以爲說：「**就如同佛像這樣子，坐在佛龕裡，只是受供而已。**」不是啦！忙得要死！所以既然你說：「**我要當菩薩，我一定要修習成佛之道，未來一定要成佛。**」那你就不要嫌辛苦，因爲當菩薩以及成佛以後沒有不辛苦的。

那麼當菩薩還有另一樣辛苦，就是要接受世間愚癡凡夫的辱罵，這是當三地滿心以下菩薩們的本分啊！所以有時候，例如早期常常有人告訴我說：「**老師啊！網路上又有人罵你怎麼樣……。**」我說：「**我不用聽啦！我早就知道他們會怎麼罵了。」而且我也說：「那都是正常的，本來菩薩就該讓人罵的。菩薩在人間就是要給人家糟蹋的嘛！所以這個不奇怪。人家會罵我，也是正常。」只有一個情況，人家罵我時，我會說是不正常；就是當我的法跟他們一樣是離念靈知、一樣不離識陰的時候，他們還來罵我，那就不正常了。因為大家同樣是離念靈知，他們憑什麼來罵我？他們應該認同我嘛！他們如果還罵我，說我不對，就是表示他們自己也不對！但人間不可能有這樣的人啦！

所以，如果我跟他們一樣同流合污，同樣是落入離念靈知識陰之中，那他們還會罵我，可就奇怪了。既然他們都是離念靈知，我說的開悟是證如來藏、證眞如，跟他們不一樣，他們不罵我才怪呢！因為我說的開悟是這樣，他們說的開悟是識陰那樣的境界；那麼這兩個人之中，至少有一個人錯誤。而他們不會承認自己錯誤，當然要說蕭平實錯啦！偏偏蕭平實寫了好多書，用聖教量、現量、比量，來證實如來藏妙法才正確；那他們在法上說不過我，當然只好匿名在網路上開罵了。他們假使不罵，怎麼能對徒眾交代？這不是他們喜歡罵，而是他們必須罵，得要罵給徒眾看：「你看！我公開說他不對！

我說他是邪魔外道。」那些徒眾就會繼續跟隨，否則他那麼大一座佛寺，難道要封山嗎？但他們不可能封山啊！若是眞的封山了，對那些信眾要怎麼交代？僧眾的生活、道糧又怎麼辦？所以證悟的菩薩給人家罵是本分。

甚至於有時還要被殺欸！如果人家只是罵你，沒有殺你，已經夠好了！你還抱怨什麼？所以我都不抱怨。因爲過去世，爲了求法幾乎死掉；有一世在天竺，師父很有名，他離開後，我爲了住持正法而破邪顯正，因此被殺死過；想起來，現在只是在網路上被罵，已經夠好了！這個待遇已經很好了，不要再想求更好的待遇啦！所以我都很安心地接受人家—不管他在網路上怎麼辱罵—我都很安心接受，心安理得。因爲我弘揚的是金剛心如來藏，他們罵得越多，我的罪業也消得越多，有什麼不好？

《金剛經》中這個說法可不是講著玩的！《金剛經》不是說：「如果有人受持『此經』，」「此經」就是如來藏！那麼這個人「被人家輕賤了，他的先世罪業也就全部消滅。」所以當菩薩給人家罵也是應該的。就怕沒有人罵，先世罪業可就難以消除滅盡。所以像這樣來當菩薩，你不能夠說辛苦，全都要接受。可是從說法的立場來說，也從眾生的立場來說，眞的要說菩薩這樣如實行菩薩道，就是這一句「精進勇猛攝諸善法」。身爲菩薩，攝受善法時不該嫌多啊！如果身爲菩薩，攝受善法的時候都嫌太多，那他就是新學菩薩，不是久學菩薩，其實是不該也沒因緣讓他證悟的。

很多人學佛學久了，都忘了三歸依的時候已經發了四宏誓願；其中有一句，關於善法的那一句怎麼唸？請大聲一點！（眾答：法門無量誓願學。）對啊！你看，三歸依的時候已經發了這個大願！不管善法的法門有多少，就是發誓願意把它學到底，要全部學完，結果才一聽到斷三縛結時就推說：「喔！那個太深了，我不要學，我不是那塊料。」都還只是聲聞法證初果欸！後來又聽到說，進入正覺以後不但要斷三縛結，還得要再求開悟明心，就說：「喔！那是聖人們的事哩！哪能輪得到我？我不能學那個，我不要學。」

原來，以前三歸依時在 佛前發誓「法門無量誓願學」，只是說著騙 佛的。對啊！就像是騙 佛的嘛！他當初發了願、發了誓，結果才一談到聲聞法的實證，就說：「喔！那個太深了，我不會，我不該學。」那四宏誓願就是全部忘記了，一般人學佛久了才會這樣啊！可是身爲菩薩，不容你自己這樣，所以一定要「精進勇猛」，要攝受一切善法，無一善法而不修學。

因此菩薩要「精進勇猛攝諸善法」，這樣修久了以後，一定會是上一句說的「常貴坐禪得諸深定」的人。坐禪而得深定，一定會有一段辛苦的過程；這種辛苦的過程，有很多人沒辦法接受；因爲攀緣慣了，坐在那邊要一念不生，心中無所事事，他會覺得心頭好難過喔！那有的人倒不是心頭難過，而是膝蓋難過、腳踝難過。像你們這樣來聽經，眞的不容易呢！只能坐在地板的蒲團上。很多地方聽經時都是有椅子坐的，咱們正覺講堂竟沒有設椅子。不過，我也不虧待你們，你們這麼辛苦，可以一直換腿，都沒關係；我坐上來是不能換腿的，直到要下座前才會換腿，因爲我得陪著你們嘛！那麼你們就不能抱怨說：「正覺講堂沒有椅子坐，只能坐蒲團。」因爲我在這裡講經說法時，也是全程都盤腿演說的。

我都不坐椅子的，因此你們不能抱怨，咱們就相安無事，可以不要再談事相上的事，就專心在法上用功。所以說，在道場裡面坐在蒲團上聽整整兩個鐘頭的佛法，在一般道場裡面，他們的學人是不太願意接受的，大約都會抱怨的。不過你們很不錯，藉這個機會練練腿功，以後正覺寺蓋好了，我們會擇期開講「枯木禪」，遇到週日時，可能就會有一根一根的五蘊枯木，全都杵在正覺寺的大殿裡面，因爲那時要修定啦！

那麼「得諸深定」是不容易的，以四禪八定來講，證得初禪是很淺的定；可是到了末法時代的今天，證初禪已經要叫作深定了。因爲你看看臺灣佛教界、大陸佛教界，有誰眞的證初禪？一個也沒有。佛門沒有，外道就更不用提了。以往也有人說他證得初禪了，只是爲了要顯示他眞的已經證得三果，但他其實連未到地定都沒有。更早以前也有人宣稱他得二禪、三禪，甚至也有外道宣稱證得第四禪，反而嘲笑正覺的禪定證量低，後來我們加以檢查，其實他們根本就錯會了，誤把五塵中的離念靈知當作四禪定境。

禪定難修，有兩個原因，一個是因爲不懂得實證禪定的原理，另外一個就是沒有人正確教授他修證禪定的方法，所以末法時代禪定很難修啊！可是我以前初學佛的時候，也沒有人教我禪定要怎麼修啊！我卻自己修起來了；後來去檢查以前誰曾經講過得初禪的，或是誰曾經講過得二禪的，我把他們一一檢查了以後發覺全都是假的，都是誤會後的初禪與二禪。那麼眞正的深定，其實得要具足四禪八定。不過因爲末法時代菩薩們弘法利生很忙，所以就沒有要求具足全部的禪定，只說「諸深定」。「諸」就是可以有好幾種的狀況，因此可以是得初禪、得二禪，或者是得三禪、得四禪，或者更能證得四空定、滅盡定等，有各種的不同。但是不能太粗淺，如果光是證得初禪，就不能說是深定；因爲若是眞有深厚的定力，是至少要得二禪的；也就是說至少住在定中得要離開五塵——不接觸五塵，至少要這樣，才能夠稱爲最基本的「深定」。

那麼，能夠受持「此經」，廣行六度；也能夠隨緣書寫「此經」，教人書寫、受持；還能夠教人家證得「此經」，還能夠清淨持戒，「與柔和者而共同止」；他有了「此經」的智慧以後，還能夠貴於—也就是看重—坐禪，而得到「諸深定」，這樣的人確實有資格說是「精進勇猛攝諸善法」，因爲修定也眞的蠻辛苦。如果修定想要輕鬆一點，最好依照我們的教導，努力去爲眾生作事，在不知不覺之中成功了忍辱行，煩惱自然就少了，然後要修禪定就容易了。接著就是等我們正覺寺蓋好了，我們開始講禪定修行的方法與原理，那時要證得禪定就容易多了，那叫作事半功倍。如果煩惱一大堆，只想用修定的方法來壓抑、來證得定境，那叫作事倍功半。這一出一入，相差四倍，諸位想一想，要用哪一種方法來修？

那麼像這樣子「精進勇猛攝諸善法」的人，他必然會成就一個功德：「利根智慧善答問難。」這樣的人絕對是利根。諸位想一想，他可以證得「此經」，然後不退轉而能受持，接著還能讀誦、書寫「此經」，還能內門廣修六度萬行，而且還能夠教人家證得「此經」、受持「此經」，還能夠為人演說「此經」，本身還能夠「清淨持戒」修忍辱行，而且還能夠證得深定，你想一想，他能夠具足這一些法，會是個鈍根的人嗎？不可能！遲鈍的人不可能有這樣的功德！

可是這一種利根的菩薩，在世間法上往往被人家瞧不起，因為在世間法裡面，人家藉冠冕堂皇的理由就可以欺騙他，就可以欺負他；在世間法上，他看來是笨笨的。利根菩薩並不是指聰明伶俐的人，所以你如果看到哪一個人說話嘰哩呱啦，好像機關槍一樣；不管什麼事情，他都能辯出一套理由來，你都辯不過他，也許你就說：「這人是個利根的菩薩。」其實錯了！這個人要叫作鈍根，因為他在世間法上聰明伶俐，那他在出世間法上就修不好。但是像前面這一位利根菩薩，在世間法上，他看起來會有點笨；但他是為什麼笨？只是因為他無心於世間法。所以人家講一個好理由，就可以欺壓他，而他就為眾生作很多事，勞累得要命，但他也會去作，也不懂得抱怨啊！

有一句諺語說「君子可欺之以方」，對不對？「方」就是端端正正！編造出端正的理由，就可以去欺負一個君子，因為他直心，就想：「你說得對啊！」於是再怎麼辛苦，他也願意去作。利根的菩薩正好就像這樣子，可是利根的菩薩難遇啊！因為一般人都會說：「啊！這個人看來笨笨的，他怎麼可能會開悟？」可是你們有沒有注意觀察，我們的親教師們大約都和我一樣，看起來大約也是笨笨的，講話時都不是很伶俐的，有沒有？（有人笑⋯⋯）可是他們都會開悟，而且都能教課，法義也都講得非常棒。這也就是一個直心，就只是一個直心啊！

有些人聰明伶俐，說起法來天馬行空，猶如行雲流水，滔滔不絕，可是好像沒有辦法上來當親教師欸！因為我們覺得不適合，他們都只在世間法利益上面用心。這就是說，我們要的是敦厚正直的人來當老師，不是要聰明伶俐的人。正覺的風格跟諸方道場都不一樣，所以我們是異類，但異類永遠都是少數，請問：「在世間，數量很多的比較珍貴呢？還是數量很少的比較珍貴？」（眾答：數量少。）啊！那麼你們就懂得當要當異類了。所以如果出去外面，當人家說到：「喔！你是正覺的人。」人家給你一個異樣的眼光時，你就不要覺得奇怪。你得要覺得說：「嗯！我是異類，我很稀有，我很值得保護。」那麼諸佛菩薩不護念你們，要護念誰啊？

所以，像這樣願意吃虧去爲眾生作事，願意吃虧去爲正法久住而努力，願意吃虧爲了救護眾生回歸正道而拼命，從世間法來看，你是愚癡人啊！但其實從佛法來看，你正是個利根的人，道業進展將會很快啊！想想看，現代斷三縛結是普天下大師們作不到的事，你來正覺同修會就作到了。你那麼「愚癡」不斷地爲眾生、爲正法去付出，結果你斷了三縛結；大師們那麼聰明，運用媒體的力量和其他宣傳的力量，以及造勢的方法，能夠營造出一大片產業，動輒一、二百公頃大山頭，大殿蓋得像皇帝住的金鑾寶殿一樣，金箔貼得金光閃閃；徒眾是出家人幾百眾，在家信眾少者十幾萬人，多則幾十萬甚至幾百萬人，他們夠聰明了吧？否則怎麼可能成就這樣的世間功業？可是他們都斷不了三縛結啊！而你們已經斷了三縛結，那麼請想一想：是他們利根呢？或者是你們利根？是誰？（眾回答：我們。）對嘛！就是你們利根嘛！所以要這樣看「什麼叫作利根、什麼叫作鈍根」，千萬別從世間法的表相上看，從世間法的表相上來看是不準確的。

那麼像這樣子努力去修行，「得諸深定」等等，能夠有這一些功德的人，當然是利根人啊！在世間法上不必說：「哎呀！我什麼都比不上人家。」不必去管世間法，你只要管佛菩提這個部分：他們是不是可以具足？若是能夠具足，他們就是利根人。這樣的菩薩既然是利根人，顯然智慧足夠「善答問難」。當人家來提出疑問，他可以解答；人家來提出質疑，他也可以如理答覆，這就是「善答問難」。可是這樣的利根人，往往是被新學菩薩們所瞧不起的；然而沒關係，被新學菩薩瞧不起，只要咱們大家互相瞧得起就好了！因為咱們大家都是久學菩薩了，所以我們就信受這樣的久學菩薩，就如法修行，使自己的道業進展神速。

這不是為了你自己喔！是為了眾生而要使道業進展神速啊！每一個人的背後都有很多的眾生因緣，那一些眾生的因緣就要先依靠你們在法上的實證；到未來世，你們就可以攝受他們，而他們從這一世與你們之間的關係也就得到了利益。所以是要為眾生來得法，不是為自己而得法。那麼在世間法上，人們瞧不起這樣的菩薩，都說：「這個菩薩眞笨，有錢不會自己花，有時間不會去享受；把錢拿去花在眾生身上，把時間都用在眾生身上，過得那麼辛苦，眞是個呆瓜。」可是佛陀不說這種人是呆瓜，佛陀說這種人是利根菩薩。

對於這樣的利根菩薩，佛陀接著就吩咐說：「阿逸多！若我滅後，諸善男子、善女人，受持讀誦是經典者，復有如是諸善功德，當知是人已趣道場，近阿耨多羅三藐三菩提，坐道樹下。」佛陀作了這麼如實的、一點都不誇張的讚歎。佛陀特地告訴 彌勒菩薩說：「如果我入滅了以後，諸善男子、善女人等，如果受持了『此經』，也讀誦了『此經』，並且還有前面所說的六、七種功德，就應當要知道這個人並不是等閒之人，這個人已經趣向道場了。」也就是說，他已經趣向佛菩提果的金剛座，已經開始走向那個金剛座了。這裡「道場」解釋作成佛時所坐的那個師子座。應當知道這個人已經開始走向那個金剛座了，他已經接近無上正等正覺，他已經是坐在道樹之下，不久就可以廣爲人天說法了。

釋迦如來滅後，到了末法時期想要爲人如實演述「此經」是不容易的，「此經」就是如來藏；《法華經》就是指如來藏，和《金剛經》中一樣稱如來藏為「此經」。如來在世時沒有人能夠挑戰，如來不在世間了，大菩薩們都跟 如來到另外一個世界去，度化別的星球世界的眾生去了，這裡已經沒有 如來跟大菩薩們住世，那麼你要繼續受持「此經」，並且還要弘揚「此經」，就是很困難的事。想一想，我們弘法以來，直到五、六年前，才開始不被正統佛教道場罵作邪魔外道。以前正統佛教全都落入六識論中，成為常見外道，竟反過來罵我們正覺是外道呢！

當年罵我們邪魔外道的道場可真不少呢！可是自從我們寫出《假如來藏》、《辨唯識性相》、《燈影》、《眞假開悟》、《識蘊眞義》之後，正統佛教就沒有人敢再罵我們是邪魔外道了！原因在哪裡？因為我們從根本來證明：「此經」如來藏才是佛法眞正的中心義理，三乘菩提都不能違背第八識如來藏。然後我們再告訴他們識蘊的內涵是什麼，我們也告訴他們開悟的內容是什麼；也說明什麼是悟得眞，什麼是悟得假；然後把增上慧學中，人家提出來質疑的內容寫了《假如來藏》、寫了《辨唯識性相》與《燈影》，來證實我們的法眞正無訛；最後，我再用《眞假開悟》作了一個總結。於是大家一看，心想：「好像沒有辦法推翻他，因為他說的都跟聖教量一樣啊！」然後，我們再來寫《阿含正義》，幫助他們自己去斷三縛結、證得初果。

我相信現在臺灣正統佛教中，應該有不少沒名氣的法師或居士已證初果，這是我很篤定相信的，除非他們只閱讀、只觀行而沒有絲毫定力。因爲經由《阿含正義》的教導，他們只要肯如實去消除性障、修集福德、加修定力，然後如實去作觀行；當他們如實觀行以後要斷三縛結、證初果，並不是難事啊！那麼，因爲從正覺的書本中學習而在法上得到利益，所以他們開始禁口，不再說正覺是邪魔外道，因爲我們教導他們實證聲聞初果了！他們以前對於初果都沒有辦法實證，一談到證初果，大家都說：「**喔！那是師父的事，那是菩薩們的事。**」現在自己親證了，對於我們所寫的那一些大乘法的書籍，就多少都能夠領受一些妙義了，所以他們漸漸地開始回歸正道了。當他們回歸正道的時候，就跟我走在同一條路上了；當他們跟我走在同一條路上的時候，還能罵我是邪魔外道嗎？當然不能罵了，除非他們準備罵自己是邪魔外道，準備死後下墮三惡道。因爲大家已經走在同一條路了，當然就一樣是菩薩而非外道了。

因此說，像這樣子在 如來滅度之後，爲人家宣揚「**此經**」如來藏是多麼困難的事；而我們這樣前後經歷二十年，才終於辛苦走過來了。以前有很多人在等著，想要在最後為正覺作一個判決，當年他們想要給正覺判決的結論是什麼？就是「新興宗教」。可是現在呢，他們大概都把這個判決從心中捨棄了，不敢判出來。佛教界以往一直有人在等著看：「看你們正覺什麼時候分崩離析，那就證實是新興宗教了。」這是因為：新興宗教通常有一個特色——活不過二十年，最後人家會認清楚：那不是正統的佛教，不是正統的基督教……等，所以就稱為新興宗教。可是現在呢，大家看看說：「欸！『此經』如來藏弘揚起來了，也有一些道場不敢再罵如來藏是外道神我了，更有許多道場開始認同如來藏了。」還有一些大道場各自組成研究小組，開始在研究正覺的書籍，想知道如來藏到底是哪一個？希望自己將來也可以弘揚「此經」如來藏。

所以你想，我們正覺從各個方面寫了這麼多書籍出來證明：佛法的修學應當如何，不應當如何。我們是分兩方面來作的：法應當如何，不應當如何。我們寫了這麼多的書，像這樣子有內容而且是正確的，書裡的內容又這麼豐富，講的層面又這麼廣，你們去找找看，當代佛教界還有什麼人能夠這樣作？

大約就是言不及義的大量糟粕佛書罷了。但我們這樣作到了，在完成這個內容時當然會作得很辛苦；前後二十年了，佛教界裡不對的說法，我們一一挑出來，然後爲大眾說明爲什麼不對，把現量、聖教量都拿出來一一說明，再從現量觀察而提出比量，來說明爲什麼這是對、爲什麼那是不對。

爲了救護被誤導的大師與學人，所以我們講的法義層面很多；有禪宗的，有般若中觀的，也有密宗的，還有唯識增上慧學；不但有聲聞法，也有菩薩法，不但有講經的，也有寫成論的體裁，然後所說的菩薩法裡面還講到唯識種智的部分。我們從許多不同的層面來說明以後，經過了二十年，如來藏正法才終於被臺灣佛教界接受。所以「**此經**」如來藏的弘揚眞的不容易啊！眞的要很辛苦才能辦到啊！我們必須要作得面面俱到，佛弟子四眾覺得哪一個部分我們還沒有說明，所以就不相信我們，那我們得要爲他們再繼續寫下去，來幫助他們提升上來。那你想，「**此經**」如來藏的弘揚是那麼容易的事嗎？當然不容易啊！

所以佛陀這麼說，衡之於二千五百年後的今天，眞是早就洞見機先了！佛說如來滅度之後，不管是誰，能夠信受「**此經**」如來藏都是不容易的事，如果能夠受持那就更難了；結果呢，菩薩竟然能夠自己內門廣修六度萬行，還教導大眾同樣證得「此經」如來藏，還要教導大眾都能夠受持、讀誦、書寫而不退轉。這眞是不容易啊！那麼諸位就要瞭解說，每一個人行菩薩道時，都要先設下這樣的目標：「我自己將來也一樣要這樣作。」不要畏懼辛苦啦！會給眾生罵，那就給眾生罵，沒有關係，你就把臉皮鍛鍊厚一點吧。就好像說，你常常要伸手去水裡救落水狗，那你就要準備一雙厚手套，準備讓那隻狗咬你；當牠誤會而咬著你，你就把牠拉上來，放牠走，牠才會相信你眞的是要救牠而不是害牠。無明的佛門四眾剛開始也會像這樣，總會認為你是要害他走入外道法中；直到你救了他們，讓他們認清自己眞的得救了，才會放開咬你的嘴，那你就要這樣練功夫啦！

所以菩薩度眾生，都得要練這個功夫。在世間法上，本來臉皮都很薄，人家講一句話就覺得不好意思，耳朵都會燙起來；可是在度眾生的時候，眾生怎麼罵都沒有關係，耳朵一點都不會發燙，這就是菩薩要練的忍辱功夫啦！那你能夠這樣子作，就能夠像 世尊說的這樣子作到。你要立下這樣的志願：「將來有一世，我就是要像這一段經文所說的這樣，我要能夠作得到。」

那麼應當知道那時的你，是已經開始趣向佛地的金剛寶座了，這表示你已經邁入第二大阿僧祇劫的修行時程了。

進入第二大阿僧祇劫時，就是聖種性的菩薩，已經離開了道種性、性種性、習種性；這三個位階的種性已經超越了，所以這時就是正式入地了。入地之後就是正式邁向佛地的過程了，因爲已經不是「遠波羅蜜多」，而是開始修習「近波羅蜜多」而開始大乘修道位的過程，這叫作「已趣道場」，就是已經開始趣向佛地的境界了。那時你就知道說：「喔！比起以前來，我現在已經更接近無上正等正覺了。」因此諸位應當要發這樣的願。

那麼當你發了這樣的願，如果你也達成了這一些條件與功德時，你就可以「坐道樹下」。坐於道樹之下，意思是說，你已經有能力爲眾生全面說法，而不再是依文解義了。並且也不再是侷限於一個很小的層面來說法，你可以爲大眾廣作說法，這叫作「坐道樹下」，就是爲大家廣說種種法的意思。

那麼將來你有這樣的功德時，眾生應該要怎麼樣對待你，世尊都爲你預先安排好了，所以 世尊又吩咐說：「阿逸多！是善男子、善女人，若坐若立若行處，此中便應起塔，一切天人皆應供養如佛之塔。」當你將來走到這個地步的時候，你所坐過的地方，眾生就應該爲你建造一個佛塔，就是紀念塔；當你在什麼地方站立了一會兒，不是直接走過，那麼眾生就應該在那裡造一座塔來紀念。當你走過某一條路，那一條路也應該選個地方，爲你造個塔作紀念說：「某某菩薩何年、何月、何日，曾經從這一條路走過。」

這一些紀念塔，不管是有幾個，當這一些塔一旦造立起來，不但「一切人皆應供養如佛之塔，乃至一切天人只要來到人間，他們就應該供養這些塔，如同供養佛塔一樣」。也許有人想：「爲什麼這個善女人或者善男子若坐、若立、若行之處，就應該起造寶塔？」可能諸位已經想到是什麼原因。當然是因爲他的功德很大！然而那個功德的範圍太廣了，我們就把那麼大的功德，歸納到智慧上來說；因爲有智慧的人就一定有功德，如果沒有智慧而說他有功德，那個功德其實都只是福德，不是功德。

還記得以前曾經講過嗎？「自受用稱爲功，他受用稱爲德」，功就是功用！自己可以得到那個功用！當你有這個智慧的時候，你自己可以有這個智慧所產生的功用，因此可以爲人說法，也因此而使自己可以解脫於生死，這就是自受用！有了這個自受用，就可以爲人說法，幫助別人同樣來證得，這個叫作他受用——使別人同樣可以得到這個受用。那麼這就是你的德行，為德於眾生！那麼他有這一些功德，可是這一些功德追究到根源，把它歸納到最後是什麼？還是智慧。

然而這個智慧，我們在這裡要特別說明，主要就是因為《解深密經》（或者別譯《深密解脫經》）所說的七眞如的實證；如果說他已經「趣向道場」，「近阿耨多羅三藐三菩提」，可以「坐道樹下」為人說法，結果竟然是不懂七眞如，那麼顯然他根本還沒有入地嘛！入地以後就不該不懂七眞如啊！只要把七眞如的名相列出來，他就可以告訴你其中的道理。為什麼懂七眞如時他就能夠具足那一些功德，而使他或坐或立或行處，眾生就應該為他造塔紀念？因為那個智慧是無生法忍的智慧；所以他「若坐若立若行處」，就應該起塔記念。

可是你們現在一定有人在想：「不曉得咱們蕭老師坐的那個地方要不要起塔？」（大眾笑…）我告訴你，不用你來起塔，我自己已經把塔起好了；我所行處也已經起塔了，乃至於我所立處，以及我晚上睡覺之處，也都已經起塔了，全都起好了。「欸！可是塔起在何處？」這就是諸位要端詳的地方了。

所以當你有這個功德的時候，你心裡面禮拜的是誰？是「此經」啊！「此經」是什麼？（眾回答：如來藏。）如來藏的所在有沒有塔？有啊！你奉持「此經」的時候「即為起造七寶塔」。前面 世尊已經講過七寶塔，我也為大家詳加解釋了！忘了嗎？沒有喔！這表示你有聽進去。所以眞的是如此啊！要懂得其中的密意！

那麼話說回來，既然因為有這個七眞如的實證，因此他所坐所立所行之處，眾生便應為他起塔，也要恭敬供養於這些塔，包括天人全都如此。那麼這個七眞如到底是什麼？現在先請求諸位少安勿躁。因為七眞如，在後面不是還有重頌嗎？佛陀每開示完了，怕大家印象不夠而記不住，所以又講一遍重頌；在那重頌裡面講到這部分經義時，咱們再來談一談什麼叫作七眞如；但也只作概略性的，很簡略地說明一下，諸位就可以增長智慧了。好，那麼接著再看 佛怎麼說？

經文：【爾時世尊欲重宣此義，而說偈言：

若我滅度後，能奉持「此經」，斯人福無量，如上之所說；

是則為具足，一切諸供養；以舍利起塔，七寶而莊嚴，
表刹甚高廣，漸小至梵天，寶鈴千萬億，風動出妙音；
又於無量劫，而供養此塔，華香諸瓔珞，天衣眾伎樂，
燃香油酥燈，周匝常照明。惡世法末時，能持是經者，
則為已如上，具足諸供養。

語譯：【世尊想要重新宣示這些正理，就以偈頌再說一次：

如果我釋迦牟尼滅度了以後，有人能夠奉持「此經」如來藏，這個人的福德無量亦無邊，猶如我上面所說的一樣；

這樣就是已經具足，以一切種種諸物而作的供養；等於是以佛舍利來起造寶塔，用金銀、琉璃、硨磲、瑪瑙等七寶，在這個七寶塔上面作種種的莊嚴，而這個七寶塔，從地面開始往上修建，既廣又高，往上建造就越來越小，最後到達梵天；並且於寶塔上懸掛千萬億的寶鈴，微風吹動就產生出和雅勝妙之音；

不但如此，只要能受持「此經」而不退轉，就等於建造了七寶塔以後，又經過無量劫來供養這個寶塔，而且無量劫中用各種花、香和許多種的瓔

珞，再加上天衣，以及各種歌唱和音樂，並且點燃了香油和酥燈，於寶塔內外全部都加以照明而不間斷。

如果惡世末法的時候，有人能夠受持這樣的經典，他就等於已經如同上面所說的起造寶塔，而在無量劫中具足了種種供養的功德。】

講義：這就是說，在惡世之中是很不容易受持「此經」的；如果在五濁的惡世又碰上末法時期，更不容易受持「此經」啊！因爲　如來已經不在人間了，這時沒有　如來可以依靠，也沒有　如來可以爲他宣示說：『此經』**如來藏才是正法**。」所以在　如來示現入滅後，延續到惡世末法的時候，受持「**此經**」而不退失，這功德就非常之大了。在法末之世，如來的正法妙義已經不容易被眾生信受；因爲眾生的根性已經遠遠不如正法的時期，也不如像法的時期了。到了末法的時候，眾生對於外我所非常執著；即使是修行人不很執著外我所，但是他們對內我所卻會非常的執著，也就是對於自內我很執著，就是眾生所最珍惜、最貪愛的自己。

末法時期的修行人特別執著的內我所，就是離念靈知；所以到末法時期，連大師都教導你說：「**要當自己，要把握自己**。」佛陀明明告訴大家說：

自己是虛假的，是生滅法。又怕大家不懂，就把人類這個假我區分爲五陰，說這叫作色，這叫作受、想、行、識，告訴大家說這五陰全部都是因緣和合暫時而有，所以這五陰無常故苦、空故無我；處處宣示五陰的每一個法都不是眞實的自我，所以說沒有自己，就說是無我！要這樣才能證得初果啊！甚至於阿羅漢是要把自己永遠給毀滅，未來永遠不再有自己出現在三界中，所以叫作「**不受後有、後有永盡、更不受有**」，這才是眞阿羅漢，講的都是無我！

結果現在大法師們教導弟子們說：「**要當自己，要把握自己。**」這就是執著於內我所；不管他執著的是能見聞覺知的六識，或者執著能見聞覺知了了分明而一念不生的離念靈知，或是執著六識心能覺能知的自性，全都是內我所。好！當末法時代所有大法師們都叫大家要把握自己、要當自己的時候，你卻說自己全部都是假的，只有自己背後的如來藏才是眞的，那麼顯然的，你受持「**此經**」一定是很困難的。因爲大家都在大法師的教導下「**要把握自己，要當自己**」啊！而你卻主張解脫道的修證是要否定自己、毀滅自己，當然你不可能被大法師們接受啊！

然後當他們提出來質疑說：「那你這樣不是斷滅空嗎？」你說：「不！這樣不是斷滅空。因爲捨壽後把自己全部消滅殆盡而不再受生以後，還有一個眞實的我，叫作如來藏；如來藏永遠獨自存在，就是無餘涅槃。」好！你這樣一講，他們就開始罵你：「啊！如來藏是外道神我，你跟外道神我合流了，所以你是邪魔外道。」就罵起來了！對不對？對啊！我們正是如此被錯罵了十幾年哪！所以在末法之世，同時又是具足五濁的惡劣時代，你想要具足受持「此經」而不退轉，眞的困難重重啊！可是不要抱怨，正因爲困難重重，而你仍然能夠受持不退，這個福德才是無量無邊啊！

假使整條街都在賣同一個產品，大家的產品一模一樣，性質與價格全都一樣；那你同樣跟著賣那種產品，能夠賣得好價錢嗎？你只能賣得一般價。譬如賣珍珠，你就得有一種特別產品，叫作黑珍珠，又大又圓而且不是養珠，那你就可以開高價；人家一百斤賣多少錢，你一顆就賣那麼多錢。對啊！如果不是養珠，是眞正的黑珍珠又圓又大，直徑兩公分，你想那要賣多少錢？你會想要賣多少錢？那時人家來出高價，你說：「喔！這個不賣，我要留下來，因爲以後再也不會有了。」如果是黑珍珠而且不是養珠，直徑達到兩公分，又大又圓，那眞的應該要留下來，因爲你賣出去就買不回來了！人家跟你買了去，你再怎麼求，他也不賣回給你了。

這就是說，你這顆寶貝，人家願意出幾千萬元跟你買，原因在哪裡？是因爲稀有啊！正因爲既大又圓而且稀有，又是眞正的黑珍珠而不是養珠，很稀有。通常都是白珍珠，黑珍珠本就稀少；而且養珠都是放一顆圓的塑膠進去，那珍珠蚌就分泌物質把這個外物包起來，漸漸增厚就成爲珍珠，正是銀白色的。可是你那顆珍珠從裡到外都是珍珠，拿透光鏡一看就可以照得出來啊！又是黑珍珠，又大又圓的直徑兩公分，哪裡去找啊！眞是稀有啊！所以人家一百斤珍珠也賣不到你那一顆的價錢。

同樣的道理，正當末法之世，大家都落在識陰六識裡面，或是落在意識裡面——全都是白色的養珠；你獨自堅持說：「這些都不對，只有如來藏『此經』才是正法，只有證得『此經』如來藏，才是般若的實證。」等於你賣的是既大又圓的黑珍珠而且不是養珠；而你親證以後不退轉，普天之下就只有你一個人這樣子，那你說說看，珍貴不珍貴？當然珍貴啊！然後因爲你知道祂很珍貴，你就知道自己的福德無量。所以，像這樣的大而圓的黑珍珠，咱們有了以後要怎麼樣？要設法多多生產啊！不然我創立正覺同修會幹什麼？我就是要多生產特異的黑珍珠，別人都培養不出來。

然後我還要設法讓每一顆黑珍珠漸漸地增長，將來同樣都要有兩公分的直徑。因為我不怕多，比起全球六十億人，現在是幾億人？七十億嗎？比起七十億人口來說，就算我們有幾千顆兩公分的黑珍珠，也不算多啦！這意思在告訴我們什麼道理？是說，越是末法之世，越難受持「此經」。但是在越難受持之中而你能夠受持，你的福德就無量無邊！諸佛菩薩都會看在眼裡：「到了末法時期，現在還有誰在受持『此經』啊？還有誰受持『法華經如來藏』呢？」看一看說：「啊！現在全世界只剩下一個正覺同修會在受持。」然後再看看：「正覺同修會裡有多少人是能夠受持而不退轉的？」看一看說：「欸！現在不錯，有幾百個人呢！」於是諸天額手稱慶。

你不要以為我是在講笑話，你們每一個人在禪三被我印證的時候，我要你們去向佛菩薩稟告，那是為你們，不是為我。其實我印證完了，諸天早就知道了，因為他們知道說：「我們天眾會越來越增廣。」高興得不得了！只要正法住世，諸天天眾就會越來越增廣。因此從人間傳到四王天，又傳到忉利天，傳到夜摩天，一直往上傳，比你打電話還要快啊！因爲末法時代五濁惡世之中受持「法華經如來藏妙法」是很困難的事，但是不要抱怨，正因爲困難，所以你繼續受持的福德就無量無邊的廣大。

那麼你如果能夠這樣受持，就等於已經「具足一切諸供養」了；具足了什麼樣的供養？就是能夠在五濁惡世而且末法的時代受持「此經」如來藏，就等於是用佛舍利來起塔，而且是「七寶而莊嚴，表刹甚高廣」，乃至高到梵天，「寶鈴千萬億，風動出妙音；」不單單是建好而已，而且接著「又於無量劫，而供養此塔」，是以種種妙物供養此塔，就等於是這樣的功德了。

那麼諸位想一想，如果你眞的有大財富、有大威德力，可以有一堆人來蓋這個七寶塔，並且這一堆人還能夠飛行，能夠飛到梵天；也就是可以從人間飛到四王天、忉利天、夜摩天，一直往上飛到梵天，才能夠爲你起造七寶塔，因爲這個七寶塔是要從人間蓋到初禪天去的。想要從人間蓋到初禪天那麼高廣，當然要有那樣能力的人，才能爲你蓋。可是這樣蓋好了，加上種種莊嚴以後，還要無量劫以種種妙物供養，這個功德眞夠偉大。然而有一個功德比它更大，就是證得自己身中的「法華經」，並且於惡世末法之時受持不退。

諸位想一想，蓋那個七寶塔要蓋多久？要從人間蓋到初禪天，你想想看要多久。那你再想想看，你來正覺同修會斷了三縛結之後，接著明心、受持不退，要多久？快的話兩年半，慢的話十年。也許有人說：「十年還算太快了。」你們一定說：「嗯！十年太久了啦！我不要十年。」對不對？我們說假使有人因緣眞的很不好，在正覺待上三十年才開悟，然後受持不退，比起那個蓋七寶塔的人來，看是誰快？當然是來正覺三十年的人快喔！而且那個蓋七寶塔的人，他的福德竟不如三十年後才開悟不退的人，那你想想，你要當哪一個人？（有人回答：當三十年才開悟的人。）你眞的要三十年喔？（大眾笑……）唉！掉入陷阱了。

但我其實只是一個譬喻，不要你們發願三十年明心。如果你們個個都發願三十年才明心，我就沒有可用之人了，那我要怎麼弘護正法、怎麼救護眾生、如何復興佛教呢？所以，應當要發願說：「我最遲五年、最遲八年證悟明心，盡此一生能夠爲正法作更多事。」千萬不要發三十年的願。那麼這樣子大家就瞭解了，所以不要抱怨說：「哎呀！現在五濁惡世，又是末法啦！

我來正覺學法都被以前道場的師兄弟們罵翻了。然後我說眞的開悟了，他們卻老是說如來藏不是正法。」那時你就不要抱怨、不要煩惱，因爲他們罵得越兇，你的福德就越大啊！而他們罵得越兇，你先世所造一切罪業全都消滅，有什麼不好？就讓他們去罵啊！等他們罵完了，作揖說：「感謝！感謝喔！爲我消除先世一切罪業，明天請你到素食館好好吃一餐，眞的感謝你。」

明天請客，請他吃完勝妙的一餐了，再感謝他一遍，看他以後還罵不罵你？再也不罵了。爲什麼他不罵？因爲他知道：「原來《金剛經》說的、《法華經》說的都是可以實證的，不是那些否定大乘的人講的，說大乘經典中說的都是神話。」那麼當你請客過後，再一次感謝完了，那個人未來世就是你的徒弟了，那到底是誰攝受了誰？你就懂了喔！表面上好像是你對他很服氣，所以你請客供養他，其實是你攝受了他。那你看 世尊滅度後，受持「此經」的福德如是無量無邊，想一想，是不是應該要發願受持「此經」呢？這就很清楚了。接著再看 世尊下一段重頌中怎麼說：

經文：【若能持此經，則如佛現在，以牛頭栴檀，起僧坊供養，

堂有三十二，高八多羅樹；上饌妙衣服，床臥皆具足，
百千眾住處，園林諸浴池，經行及禪窟，種種皆嚴好。
若有信解心，受持讀誦書；若復教人書，及供養經卷，
散華香末香，以須曼瞻蔔、阿提目多伽，薰油常燃之；
如是供養者，得無量功德，如虛空無邊，其福亦如是。
況復持此經，兼布施持戒，忍辱樂禪定，不瞋不惡口，
恭敬於塔廟，謙下諸比丘，遠離自高心，常思惟智慧，
有問難不瞋，隨順爲解說？若能行是行，功德不可量。
若見此法師，成就如是德，應以天華散，天衣覆其身，
頭面接足禮，生心如佛想。又應作是念：「不久詣道樹，
得無漏無爲，廣利諸人天。」其所住止處，經行若坐臥，
乃至說一偈，是中應起塔，莊嚴令妙好，種種以供養。
佛子住此地，則是佛受用，常在於其中，經行及坐臥。

語譯：重頌的第二段 世尊說：

【如果能夠受持「此經」，就如同釋迦牟尼佛現在正在眼前一樣，應該

以牛頭栴檀來起造僧坊，供養大乘僧眾；而這個僧坊總共要建爲三十二個大堂，每一間僧堂應該高達八棵多羅樹的高度；

各間僧堂裡面並且還要以上妙的飲食和勝妙的衣服，包括臥床以及所坐的禪床等等全都具足，是可以使百千僧眾在其中安住的處所，每一間僧堂外面並且還要有園林和種種的浴池，還必須施設可以讓僧眾經行和坐禪的地方，種種處所都應該莊嚴妙好。

如果有人對「此經」如來藏有信解之心，能夠受持「此經」、讀誦「此經」、書寫「此經」；或者乃至教導別人同樣受持、讀誦、書寫，以及供養「此經」的經卷；並且用華香、末香來散供，又用善攝意花、瞻蔔花、薰香草和薰香油常常來點燃；

像這樣供養眾僧的人，可以獲得無量無邊的功德，他的功德將是猶如虛空一樣無量無邊，而他所得到的福德也同樣是如同虛空一樣無量亦無邊。

更何況是能夠受持「此經」的人，他又能夠同時修行布施、持戒、忍辱，而愛樂於禪定的境界中安住，對眾生也不瞋恚、不惡口，而且能夠恭敬於佛塔、佛廟，又謙下於諸比丘們，自己也能遠離自高的慢心，還能夠常常思惟智慧；假使有人來問難的時候，他的心中不生起瞋恚，而能夠隨順於對方的所問來爲對方解說？如果能夠修這樣的菩薩行，他的功德不可測量啊！

如果能夠看見這樣的法師，成就了這樣的功德，應該以天華來散花供養，也應該以天衣來遮覆其身而作供養；見到了這樣的法師，也應該以頭面接足禮來表示恭敬，對這位法師生起如同遭遇佛陀的想法。

還應該這樣子想：「這樣的法師再經過不久，就能夠前往道樹下安坐，可以證得無漏無爲法，而廣爲利樂一切人類與天人。」他所安住、所停止過的地方，不論是經行之處，或者所坐所臥之處，乃至他爲人演說一首《法華經》偈頌的地方，在這些處所都應該要起造七寶塔，要把這個七寶塔起造得很莊嚴，而且用各種寶物來裝飾，使它很勝妙、美好，並且在造好之後還要以種種勝妙之物來作供養。

佛弟子如果已經住於這樣的境界之中，那就是佛地的受用了，就是對於佛菩提道的自受用功德，他常常都在這裡面經行，以及宴坐或躺臥。】

講義：「若能持此經，則如佛現在，以牛頭栴檀，起僧坊供養，堂有三十二，高八多羅樹；上饌妙衣服，床臥皆具足，百千眾住處，園林諸浴池，經行及禪窟，種種皆嚴好。若有信解心，受持讀誦書；若復教人書，及供養經卷，散華香末香，以須曼瞻蔔、阿提目多伽，薰油常燃之；如是供養者，得無量功德，如虛空無邊，其福亦如是。」如果能夠受持「此經」，就如同世尊還在世的時候，以牛頭栴檀來起造三十二間僧堂，用來供養僧眾；這些僧坊既高又廣，要高達八棵多羅樹之高，裡面又預備了最好吃的食物、飲食，也要以最勝妙的衣服來供養僧眾，讓他們在裡面所需的臥床以及坐禪用的禪床全部都具足，要像這樣可以供給百千僧眾的住處。造好之後，外面還要有園林和諸浴池，而不是光禿禿的一片，並且還要安立僧眾可以經行的處所以及坐禪的禪窟，這些地方都要建設得很莊嚴、美好。可是這樣建立的結果，其實遠不如受持「此經」如來藏。

受持「此經」妙法蓮華的功德爲什麼遠勝過建造這樣的僧坊而且具足供養？因爲這是三乘菩提的根本。起造僧坊供養僧眾千百人，只不過是一個佛教的表相，並沒有佛教正法的實質。佛教可以繼續存在，並且可以利樂眾生的所在，是因爲有一個根本，這個根本就是佛法；如果沒有根本，徒有佛教表相，那麼佛教滅在不久啊！所以受持「此經」才是佛教的根本，而不是寺院或硬體建築，也不是僧眾無量無邊啦！

為何這樣說呢？因為不但大乘法中這麼說，在二乘經中也是這樣說的。在《阿含經》裡面 世尊早就說過了：當末來末法之世，相似像法廣大弘揚之時，了義的究竟正法就會被漸漸淹沒，然後就消失了。相似像法或者說是像似正法，是什麼人講的？就是廣大的凡夫僧眾所講的啊！了義究竟的正法是什麼人講的？是少數的證悟菩薩講的。自從邁入像法期以來，就開始往這個方向演變，到了末法時期就幾乎都是相似像法而不是了義正法在弘揚了，於是相似像法的勢力廣大，而了義正法的聲勢就被淹蓋而不受注意了。

以現代來說，相似像法就是為人解說：「一切法緣起性空，大乘非佛說，阿羅漢就是佛，成佛之道就是解脫道。」然後他們所說的解脫道是該怎麼修的？「就是要修四聖諦、八正道、十二因緣，這就是解脫道，就是佛菩提道。」這就叫作相似像法，因為言不及義；不但對佛菩提言不及義，乃至對於他們自己所說的解脫道一樣是言不及義啊！這就叫作相似像法。這種情形，世尊在《佛藏經》中也已經早就說過了。在正覺弘法之前，不管哪個大師講佛法時都說：「大乘佛法就是緣起性空。」然後修學佛菩提而證果的時候，同樣也是證得聲聞法的初果到四果，不是證得大乘菩薩道五十二個階位的果德，其實都只是聲聞道，不是大乘佛法。

在正覺弘法之前有沒有人說佛菩提道就是要藉明心、見性作爲入道，然後次第進修般若的別相智以後，再經由十度波羅蜜而進修一切種智才能成佛？有沒有呢？沒有。在咱們弘法之前，有沒有人提出來說「**成佛之道就是要依佛菩提道的五十二個階位來進修**」的呢？也沒有啊！所以他們講的所謂佛法，就只是四聖諦、八正道、十二因緣，而且都是只依六識論來解說，說這樣就叫作佛法，那我們就說這叫作相似像法。

從表相上看來，他們說的也眞的很像佛教的正法，大家一聽就說：「**對啊！緣起性空啊！沒有錯啊！**」可是 佛陀說的緣起性空，是依無餘涅槃中的本際常住不變，來說蘊處界緣起性空而不受後有的啊！而他們都只講一半，只講表面的部分；所以他們對解脫道的解說都已經言不及義了，把聲聞解脫道套上佛菩提道來說成佛之道，也就更加言不及義啦！而禪宗在他們的眼裡，就好像是跟佛菩提道無關的一樣。

所以在末法之世，相似像法不斷地擴大弘揚，於是了義正法開始弘揚的時候，這位出世弘揚了義正法的菩薩就倒楣了，他就會被所有大師們視為異類，凡夫大師們群起攻擊：「怎麼別人都不對，就只有你一個人對？」我們正覺開始弘法不就是常常被人家這樣指責嗎：「喔！難道大師們都錯了，就只有你們正覺對？」偏偏就只有我們對啊！（眾笑⋯）因為從來只有百萬士兵一將軍，不會是百萬將軍一個兵嘛！本來就是這樣！當宴會結束的時候是醉的人多，還是清醒的人多？當然是醉的人多！只是醉的程度差異不同罷了！所以是大部分人都醉了，只留下一個清醒的人為大家開車！（大眾笑⋯）否則大家都難免車禍死掉。因此我們就辛苦一點為大家開車，讓他們迷迷糊糊去睡覺，就讓他們睡到家都沒關係，咱們大家就辛苦一點。

所以說，相似像法廣大弘揚之後，正法就被漸漸淹蓋而在最後被消滅了！這是在《阿含經》中早就講過的聖教，不只是大乘經中才這麼講的。所以佛教的存在，最重要的根本是什麼？是法，不是寺廟，也不是出家的僧人有多少。古時天竺佛教之所以滅亡，是因為出家的人都修密宗去了，菩薩沒有辦法弘揚正法，都被排擠了，只好往南方走。往南方去以後，古時又不是像現在資訊發達而使正法消息可以廣泛傳播，所以信受的人也是越來越少；

當然也是因爲眞的很難實證，所以信受的人越來越少，然後越來越受凡夫大師們的排擠，最後被排擠到最南方的海邊去。

大乘佛法在天竺最後是多麼可憐，你們不知道；那時是在南方海岸邊生存，眞的是如此。以前我去朝聖的時候，坐在遊覽車上；當時他們的遊覽車很差，沒有冷氣，座位又小，所以給每一個人坐兩個位置；我在車上盤起腿來，剛好一個人夠坐，我就入定去了。那時還沒有破參，我在定中看見有一世在尼泊爾山區的蜿蜒小道，順著小道離地一尺飛著前進。還有一世在印度南方的海邊。我那時候還不曉得，心裡奇怪說：「**我怎麼會看到這些影像？我以前曾經住在這裡嗎？**」那時還沒有破參，還沒有具足生起如夢觀；我是回復往世證量後入定時，陸續又看見更多的往世景象，再把所見的很多前世事情連貫起來，然後就知道：「**啊！原來如此！**」

所以那個佛教歷史的記載是正確的，大乘了義佛教最後是到印度南方海邊苟延殘喘。最後連那裡也沒辦法延續了，只好生到中國來啦！就這樣子在隋朝末年才生到中國來的，這也證明眞是奮戰到最後一刻！所以我們是一千四百多年前才來到中國的。那你想，正法的存在容易嗎？不容易！所以佛寺建造得再多，最後還是被密宗外道佔據了！佛教在天竺就已經實質滅亡了，至於密宗被回教軍隊滅亡時，只是密教化以後的假佛教被消滅而已。這就是佛教史研究者一致公認的：「**密教興而佛教亡**。」這是個歷史事實。

所以我們不須要鼓勵大眾建造一大片的僧院、僧坊或者佛寺，而是要把法——把正法的寺廟蓋在大家的心裡面，這樣正法才會有未來。所以在末法之世還能夠受持「**此經**」，就像是有人於 佛陀還在的時候，用上好的木頭起造了高八多羅樹的僧坊，有三十二個僧堂，作種種供養、種種莊嚴；另一個人在末法之世受持「**此經**」，功德比前面那個人還要大，因此我們是應該要受持「**此經**」絕不退轉。當你受持「**此經**」而不退轉的時候，你就比這個起造偉大僧坊無數棟而作供養者的功德還要大；那麼諸位這麼想一想，就知道自己應當如何安住了。好，今天講到這裡。

《妙法蓮華經》上週講到第一百五十五頁第二段第三行，最後講的是能夠受持「**此經**」的人，等於是用最好栴檀木來起造既高又廣，具有三十二個堂閣的僧坊來供養僧眾，以及各種妙好的供養都具足了，這個功德非常廣大；而且起造像這樣的僧坊無量無數來作供養，功德眞是無量無邊了。但如果有人因為實證而能夠受持「**此經**」，他的功德比起建造三十二個堂閣的僧坊，建了無數座的人來，功德是更大的。當然大家都知道「**此經**」就是講如來藏，包括祂所函蓋的一切法，都是「**此經**」。如果有人更進一步信受了，也有勝解了，也就是可以「**受持**」了；但還得要不退轉，才是眞的受持，退轉了就不算。所以不退轉才是眞正的受持，而且還要能夠讀誦，並且親自書寫「**此經**」。

親自書寫「**此經**」是什麼意思？就是可以為人書寫如來藏妙法啊！這個書寫「**此經**」的密意從來沒有人講，都只說要照這部《法華經》經卷中的語言文字，一個字一個字去抄寫。可是，他就算盡其一生努力精進去抄寫，都不睡覺也不吃飯而一直寫，一生可以寫幾部？眞的很有限。就算他整整一世都在重複書寫「**此經**」，那他其實依舊是不懂如何寫《法華經》的人。眞懂得如何寫《法華經》的人，是能夠信受而且已得勝解的人。那問題來了，到底為人家講《法華經》、讀誦《法華經》，為人家書寫《法華經》，或者不為人家而只為他自己，來受持、書寫、讀誦，到底從古至今能有幾人啊？

那麼如果要說現在，放眼天下無一人。因為放眼天下，能書寫「**此經**」

的人全都在正覺同修會中啊！所以受持的前提是勝解，勝解的原因是因爲實證——證得「此經」；而 佛陀說的《法華經》就是指如來藏，這在前面那幾品已經都講過了；那麼這樣子才是懂得讀誦，也才懂得書寫！所以眞懂《法華經》的人，跟不懂《法華經》的人，他們在受持、讀誦、書寫上面的理解是完全不同的。

一般人受持《法華經》就是每天抱著經典說：「我信受《法華經》所說的一切法。」他的讀誦就是每天捧著《法華經》勤加課誦；而他的書寫就是拿起了宣紙，蘸了毛筆好好去書寫；錯了一個字便得廢棄，從頭再寫；所以往往寫了好幾年，寫不好一部《法華經》，這就是一般的凡夫俗子在受持、讀誦、書寫《法華經》。可是眞正受持《法華經》的人，當你跟他講：「《法華經》是經王，多麼勝妙！」他趕快把耳朵摀起來就走了。你問他說：「你爲什麼不肯聽？我很努力在受持，你都不肯受持，這樣不行啊！」沒想到他說：「我這樣才是眞受持啊！眞正的《法華經》是言語道斷欸！你還跟我講什麼《法華經》。」能夠這樣講的有兩種人，一種是證悟者，另一種則是野狐大師。野狐大師也會模仿證悟者這麼講啊！那你就要檢查一下他有沒有狐狸尾巴。人家是那樣受持，菩薩卻是聽到了趕快摀起耳朵就走了，是這樣受持的。

那麼讀誦呢？好多人拿起摺頁的《法華經》，弄了個精緻的竹片，每天課誦；因爲時間不夠，也許一天課誦兩品、三品；或者時間多的話，就課誦五品、七品；然後把竹篾夾在那個地方，明天又從那裡再開始，他們是這樣讀誦《法華經》的啊！他們讀誦起來還蠻好聽的（此時導師開始唱誦起來：）「**如是我聞，一時佛在舍衛國，**」（大眾笑…）喔！他的腔調還不錯喔？

問題是他這樣讀誦太慢了，因爲讀誦經典時有個妙法，叫作總持；用總持的讀誦方式是很快的，沒有人能比得上。這個總持的讀誦法是怎麼讀的？他來到佛前禮三拜完了，把《法華經》的經本一捧起來，高舉過頂，然後又放回佛案上去，再禮三拜就走了，這樣子就整部經都讀誦完了。這才是眞正懂得讀誦《法華經》的人啦！可是同樣的，這樣讀誦《法華經》也有兩種人（有人笑…），一種是證悟者，一種是野狐大師，因爲他會學表相，知其然，不知其所以然。

那麼關於書寫呢？有的人好幾年寫不到一部；因爲常常寫錯字，只要一個字錯了就要換掉；那他如果是有分頁的話，倒也還好，若是有一個字寫錯了，就把那一頁換掉，其餘的都還可以保留；如果用整卷裁成的整軸宣紙來寫，一面捲一面寫，寫完的那邊就一面放開，那麼這個捲軸只要錯寫一個字，那一幅捲軸就全部完了，所以好幾年都寫不了一部啊！可是人家證悟者每天都能寫一部，而且寫得飛快。他早上禮佛三拜之後，向佛稟告：「世尊！弟子我今天還要再寫一部《法華經》。」於是把佛案上的筆提了起來，往虛空打個勾，就稟告世尊說：「世尊！《法華經》一部已經寫畢。」他再禮三拜就走了。這樣就寫完一部了，而且是完整的一部。

那麼你說，像這樣受持、讀誦、書寫，有誰會？一樣是有兩種人啊：一種是證悟者，另一種是野狐大師。那麼眞實證悟的人，不但自己這樣書寫了，還要教導人家如何書寫。如果他是野狐，他也這樣教人家書寫，有一天不免會被徒弟拆穿；當那個西洋鏡被拆穿的時候，可就不值一文了。因爲他悟的並不是如來寶鏡，只是西洋鏡。所以說，菩薩眞的知其所以然，再以這樣的內涵來教導人家也同樣懂得如何眞正書寫。不但如此，再加上每天還供養經卷；而他的供養經卷，就是把《法華經》供在佛桌上，每天上來像我剛剛說的這樣子讀誦、書寫一下，簡單幾秒鐘就讀誦書寫完了。

可是他無妨像世俗人一樣，或者一小碟水果，或者一小碟香花就供上去了，這樣也是供養經卷啊！可是他這個供養經卷，跟世俗凡夫供養經卷的本質卻不一樣啊！因爲他的功德很大。世俗凡夫供養經卷的時候，也許四果、三花，加上兩個香油燈，也許他再弄上一盤醍醐或是熟酥上供。可是那些凡夫俗子每天這樣子供養經卷，不如這個證悟者就這樣一小碟香花，或者一小碟水果的供養；因爲他是從實際的層面來作供養的，所以他供養的時候，無妨具足種種供養，也無妨只有一種供養；因此說，同樣是散花香、末花香來作供養，他的功德跟人家的功德不一樣啊！他所得的福德也遠大於別人豐盛供養的福德，因爲他有那個智慧，也有那個福德，所以他來作供養的時候，眞的供養了《法華經》這部眞經，功德就無量無邊廣大，福德亦復如是廣大，這是因爲他本身就是功德田。

佛有開示過：「舍利弗啊！你供養我同樣的食物，我也供養你同樣的食物，而我所得的福德比你所得的福德多。」因爲佛是最上福田，舍利弗雖然是個功德田、大福田，仍然不是最上福田；因此 佛陀以最上福田，是最勝之施主，並且迴無尊下之分別而布施給舍利弗時，能得最大福德，都因爲佛地之心最爲殊勝故。同樣的道理，凡夫用心來供養經卷，供養得非常豐盛；而證悟的菩薩縱使供養不豐盛，可是他的供養是至心供養，因爲他是從實際理地來作供養，不是從五蘊的境界以及食物、香花的境界來作供養的，所以他這個簡簡單單的供養是以理而作供養，遠勝過那個準備豐盛食物、香花等等莊嚴具來供養的人，功德、福德都更大。

但是在凡夫地還是應該用花香、末香來散花供養的。散花供養，最早期我們佛像安座的時候，我是曾經用過散花的方式供養的。當年我家裡佛像安座時，我是自己供養安座的，也是這樣供養的啊！那時有用到紅色玫瑰花和黃色的菊花，我把它們撕成一瓣一瓣的，然後再買一些含笑、玉蘭花，有香味的；在安座完成以後，往佛像前面灑下來，這樣叫作散花供養。所以佛龕裡面在那時也眞的好美。

當年我想：「我能夠請誰來幫我家佛像安座？」大法師嗎？大法師一定請不來。而且我依照經典的說明，時間定在午夜十一點，也就是子時開始安座，有哪個大法師會接受？而且說實話，當時的我，不論是對誰都請不動。

後來回心轉意一想：「那些大法師又沒開悟，我請他們來安座幹嘛？不如我自己來。」所以就跟我同修兩個人，半夜裡自行供佛、請佛安座（有人笑⋯），安座完了，你們不曉得那舍利花結得多漂亮，那油燈長了舍利花，然後我同修好高興，她的五十肩自然就好了，以後就都沒事了。

所以情況若許可，是應該要散花的。凡夫如是，證悟者又何妨如是。假使你有因緣經過花市、花店，剛好看見說：「欸！這花適合。」那就買回家向佛菩薩聖像散花供養，同時也可以一束鮮花供養，至於末香當然也行啊！有的香，是不必點燃就有優雅的香味，那你也可以用末香供養；等到香味消失了，再把它掃除掉就好了！

另外是「須曼瞻蔔」花，是在印度才有，須曼又叫作善攝意花，這個名稱非常好；意思是說這一種花，善於攝受你的心意不會散亂，讓你可以專注。這種花是白色的，有點偏於黃色，應該是比乳白要黃一點點；這個善攝意花，是很高雅的一種花。瞻蔔則是黃花。

「阿提目多伽」叫作薰香草，應該類似西洋料理的薰香草一類，例如迷迭香，或如放在衣櫃中的薰衣草一類。又譬如人家喝威士忌的人，他們也有一種香草；因爲我年輕時喝過威士忌，以前沒有學佛之前沒有別的嗜好，飯後喜歡喝一小杯酒。喝威士忌的人，有一種香草種子的莢，是一根長長的，有點像桂皮捲成一小卷，把它放進酒瓶中去，幾十天以後打開瓶子，那威士忌的味道喝起來就很不一樣，那也屬於香草類。但是這個「阿提目多伽」跟那個有一點不同，是屬於點了以後會很香的，應該類似香茅草那一類。現在印度還有很多線香是用香茅草去做的，這叫作「阿提目多伽」。

另外要用「薰油」，就像現在密宗他們用酥油，可是那個酥油並不香。不如用奶油還來得好一點，奶油是將牛奶製成脫脂奶粉時的副產品，點起燈來供佛時還很香，遠勝過密宗他們用的酥油。他們在西藏的酥油是用什麼做的？是殺了牛、宰了羊，肥肉拿來熬了以後，放冷了就變成酥油。如果你當佛、當菩薩，信徒把那種油點了供養你，你會感覺怎麼樣？你會覺得說：「這腥味好濃，受不了。」也會覺得不慈悲，對不對？甚至於眞正的佛菩薩早就不安其座，早就離開了。那時誰會來受供領受？只有鬼神啦！所以不要用他們那一種酥油供佛。

你若是想要用酥油點了來供佛，現在有人賣一罐一罐的奶油，用那個來點燈上供時，還很香咧！不但供了燈，也等於供了香。至於眞正的薰油是用芝麻的花做的，如果是在中國製作的，可以再加上一些桂花，這樣做出來的酥油，點起來味道就很清香，正可以用來供佛。凡是辛香類的就不可以用來供佛，所以供佛時不要用炒蘿蔔一類的菜餚，例如白蘿蔔、紅蘿蔔，或者炒青蔥、炒芹菜，那些都不能用來供佛。

還有一種東西叫作茴香，也不該炒來供佛。有很多人不敢吃茴香，那是翠綠色的植物；因爲那個味道就是會熏鼻，一般人都不敢吃，那種東西就不能用來供佛，連供菩薩都不行。但是你可以用某一類的香料，譬如有時你把磨得很細的沈香粉加一點進去也行，或者乳香粉加一點進去也行，就加到這芝麻花、桂花裡面，用油去熬出來以後再用來點燈，這樣供佛就很適合。

解釋過供養「此經」的花、香以後，接著說：當一個人對「此經」有信受、有勝解，還能受持，然後還能夠讀誦，也能書寫，還能教人書寫，再加上自己供養「經卷」，這六種都具足了以後，功德就很大囉！因爲他供養「經卷」的時候，用花香、末香來散供，還用善攝意花、薰香草，也用薰油點燃了而有香味來供養。像這樣供養「此經」的人可以得到無量功德，他的功德猶如虛空一樣，無邊無際啊！

功德無邊無際，福德也一樣是無邊無際啊！因爲他是依實際理地，就是依《法華經》的眞實義如來藏心而作供養，讓眾生生起很大的信心，心裡面想：「這一位眞正懂得《法華經》的人，眞正受持《法華經》的人，對《法華經》的『經卷』竟然是這樣地恭敬。」就可以使眾生對《法華經》生起極大的信心。因此他所得的功德非常之大，因爲功德來自於自受用啊！他實證了「此經」而對演說「此經」的「經卷」作這樣的法供養，並且在事相上他也眞的作了這麼多的供養；而他的供養是從實際理地來作的法供養，所以他的福德跟功德一樣大，眞的無邊！

「況復持此經，兼布施持戒，忍辱樂禪定，不瞋不惡口，恭敬於塔廟，謙下諸比丘，遠離自高心，常思惟智慧，有問難不瞋，隨順爲解說？若能行是行，功德不可量。」像這樣興建偉大僧堂又大作供養的人，他的福德、功德已經這麼偉大；如果再推進好幾步，在受持「此經」以後又加上布施、持戒、忍辱，並且愛樂於禪定，還勤修忍辱行，以四攝法跟眾生同住，所以不瞋、不惡口；而且凡是有供奉佛菩薩的塔廟，他都願意恭敬地示現；此外，對一切塔廟中安住的比丘以及所有的比丘尼們，他也不生起慢心，遠離自高的心態；又常常思惟智慧，有人問難的時候，他也不生起瞋心，都能夠隨順為人解說，他的功德當然更是遠遠超過前面那兩個人的功德。

遠離自高之心並不容易，自高的心在證悟者心中，多多少少都會有啊！可是大家要儘量設法把它消除掉，否則永遠到達不了通達位，見道的功德便無法圓滿。這是因為悟後應該好好修持非安立諦三品心，沒想到才剛在善知識幫助下悟入，就起了慢心，這是連第一品心都修不好，還能完成三品心而到達第十迴向位？當然更無法進入通達位而成為初地菩薩。而禪師常常說的「一味平懷」，也就是證悟以後不覺得自己是超於其他的凡夫僧眾，仍然和以往一樣的平常胸懷，來看待其他的凡夫僧眾；自始至終都是如此，才叫作一味平懷啊！

假使你在增上班上課，上過一段時間了，去到外面時看見路上有比丘，你就搖頭；看見了比丘尼，你也搖頭，那就不是一味平懷了。所以說，悟後剛開始，在初見時搖頭，是因為覺得說：「哎呀！這些人好可憐喔！出家了，還不知道出家所為何事，一天到晚渾渾沌沌過日子，都是為了食衣住行在奔忙，為了名聞利養在奔忙，好可憐、好可憐！」所以就搖頭。可是你這一搖頭，旁邊的世俗人看見了就想：「這個人看見了出家人就搖頭，是不是出家人很不值得尊敬？」這就產生不好的結果出來了，這對於自己未來攝受佛土也有妨礙啊！所以要趕快改。

可是我發覺這真的不容易改，因為他雖然不搖頭了，可是下意識還是動了一下（眾笑…），因為他覺得說：「哎呀！這些人好可憐啊！」這就表示他的習氣種子還在，這雖然是悲心，其實同時也就是一種很微細的自高心。表面上當然是沒有，因為是憐愍對方啦！可是這背後難道不就是有一點點的自高之心嗎？那我們大家都要設法把那一點點的自高心也給滅掉。所以如果遠遠地—不相遇就沒關係—如果是剛好正面交會，無妨就合個掌：「師父！阿彌陀佛！」這樣就好了。不必多說什麼，因為崇隆表相僧寶，至少對佛教、對眾生都有好處；我們何妨就隨順，這樣才是有智慧。

當然啦！如果你是　維摩詰菩薩，我就不這樣要求你，因為他是專門要來教訓那一些聲聞僧的；所以你看大阿羅漢們（其實他們大多數人本來就是菩薩，但因為那時候初轉法輪時被度而成為聲聞阿羅漢），才剛剛要迴小向大的時候，佛陀也剛剛要開始演講《般若》，維摩詰菩薩就立刻來幫忙，要教這一些人全部都趕快迴小向大——要趕快回歸菩薩道，所以他專門來作這一件事。他專門來糾舉這一些僧眾：「**你們都不懂佛法。**」讓大家對大乘佛法有所敬畏而且要生起眞正的崇仰之心。

如果你們的證量跟 維摩詰菩薩一樣，我就不跟你們講這個；但現在就得講，因爲你們都應該效法 維摩詰菩薩。但是在三賢位之中，最重要的是怎樣可以在永伏性障如阿羅漢、以及無生法忍和福德的修集上面；在這三個層面同樣與時俱進，這才是重要的事。所以不要去跟人家搖頭，這才是對自己的道業比較有利的。

那麼，這樣子已經能夠受持，而且自己書寫、教人書寫，種種的供養經卷，再加上內門廣修六度萬行，也對眾生不瞋、不惡口；然後對於諸比丘們也要有謙下心，讓眾生對佛教僧寶起敬。這些都是很重要的，這樣也同時使自己的自高之心降伏了，乃至同時能夠斷除。接著不是可以自滿，而是要常常思惟般若智慧。在沒有通達之前就是要常常思惟，把一切法都帶進來思惟，行住坐臥之中都在思惟——除了睡著眠熟之外，那麼這樣你要通達入地就會很快。

接著這一句是：「有問難不瞋，隨順爲解說？」這一句是順著「況復持此經」等內容講下來的，因此末後句的後面是問號。「有問難不瞋，隨順爲解說」，這是爲了什麼？大家一定說：「這是爲了眾生，要恆順眾生、利樂眾生。」可是還有另外一面呢？就好像一張紙一定有兩面，你不要只看一面，還要看到另一面。每一張紙都有兩面，另外一面就代表你在攝受佛土，因爲攝受眾生就是攝受未來成佛時的佛土啊！所以菩薩如果去逛窯子給了錢，那個罪過並不是最重的啦！但是只要惡心罵人一句話，那個罪過比他去逛窯子一整年的罪過還要嚴重。

窯子懂不懂？不懂啊？換一句現代話，叫作綠燈戶！你們都不讀古時候的章回小說，所以這些都不懂啦！古時候罵女人家，背地裡罵得最難聽的一句話：「窯姐兒！」罵她是窯姐兒。窯姐兒是什麼？就是妓女啊！好！這意思就是說，菩薩犯瞋是最重的過失，遠比犯邪淫的罪業更重，所以列入十重戒之一，就是「故瞋」！菩薩不許故意犯瞋，即使不是故意而罵的，只要公開辱罵了別人一句話，都比去逛一整年窯子的罪過還要大。因爲逛一整年的窯子，一年三百六十五天，每天換一位妓女的話，這些窯姐兒未來世遇到了這位菩薩，還會聽他的話乖乖學佛，因爲前世是恩公啊！（大眾笑…）所以到時候叫她們說：「欸！妳們來學佛吧！」她們當下就說：「好啊！我們就跟你去。」可是如果罵人呢？被辱罵的那個人，未來幾十劫都不會跟著他學佛！所以菩薩犯瞋是非常嚴重的事情，要非常小心，不要隨便犯瞋。

同樣的道理，你既然要攝受眾生、攝受佛土，就要記住這一句：「有問難不瞋，」這是第一個條件，然後你才能談到第二個條件：「隨順爲解說。」以前常常有人說：「老師啊！您怎麼不懂？他是在質疑您欸！您怎麼還爲他講解了一大堆妙法？爲他講那麼多幹嘛？他不懷好心！」我說：「沒關係！我講一大堆給他，他的正見提升了，他在法上就有信解；信解了就不會退轉了，不會退轉的人在未來世就會跟著我繼續努力往前進啊！總比把他『打殺』絕了緣分好一點吧！」我這樣講了好多年以後，大家終於聽懂了。

所以最近這十年就不太有人告訴我說：「老師啊！他是在質疑您欸！」就不太有人講了，因爲大家知道這個道理了。可是我也眞的不知道人家在質疑，確實笨到這個樣子。爲什麼呢？因爲我寧可認爲他是在請法，不願意認定他是在質疑；這對我有好處啊！因爲當我認爲他是在請法的時候，我就會滿腔喜悅把應該告訴他的法都告訴他，把應該爲他解惑的地方都幫他解開，那他心中也很歡喜，我也很歡喜啊！我如果先認定他在質疑，那我答覆起來就有點不情不願了，那你想：如果爲他說十分鐘，那十分鐘裡是不情願的，我得要死掉多少細胞？心情也不會好，何苦來哉！雙方都覺得不愉快。

那我當作他是在請法，爲他講一個鐘頭，他聽完了說：「欸！我跟他質疑以後，他竟然可以爲我講這麼多法，拉拔我快速往上提升。」他也很歡喜。他歡喜，我也歡喜啊！皆大歡喜，何樂不爲？所以當傻瓜還是比較聰明的。這就是聰明的傻瓜術啦！諸位要學啊！不要老是覺得人家在質疑！當你後來發覺他是眞的在質疑的時候，那你就施設方便，把他一步一步拉回來正道，這就是你應該作的事！因爲你把他拉回來，表示你即將喪失的一分佛土，終於沒有喪失，保住了嘛！對自己是有利的啊！那爲什麼要去排擠他？所以呢，當傻瓜才是聰明的，菩薩就是這樣當的。

菩提道的最後成就，從一開始到最後成功，不都是在利他之中而成就的嗎？何曾是爲了利己而成就的？想通了這一點，就不要再覺得說：「欸！人家來問這個法義，是不是在質疑我？」不要這樣想，因爲當你認爲他是在質疑的時候，你想方設法要讓他感覺不出來是很困難的；縱使你堆著滿臉的笑容，人家還是會感覺你是皮笑肉不笑。可是你如果是打從心中認爲他是在請法，那你就會知道說：「啊！我是正在攝受佛土啊！」你想，多攝受一分佛土，不是很高興的事嗎？當然是從心中滿心歡喜爲他說明！你歡心爲他解開疑惑，他也會很高興啊！那麼你才能夠眞的作到「有問難不瞋」。

「有問難不瞋」就是從這個心態開始的，有正確的心態——問難不瞋，你才能夠隨順於對方的需要、隨順於對方的根性，來爲他演述他所需要的法義；然後他因爲你爲他所作的說法，解開了疑惑，他就會繼續跟隨你在正法中次第前進，這對你的成佛之道也有幫助啊！所以不是只有利他而已。因爲菩薩道是只有在利他之中，才能利己！否則你的佛菩提道不可能成就啊！所以要先建立正確的心態，不要處處懷疑別人是在質疑，要當作對方是誠懇地請法；雖然當作是誠懇地請法，有的人態度很不好，有的人態度很好，你就全部當作這樣子：誠懇請法的人，就是有這兩種不同的態度。

所以，不誠懇的請法者，也是誠懇的請法；態度惡劣的請法，也是誠懇看一體，以後了受接樣這你那，況情種兩這有是就法請地懇誠為認。法請的待，一味平懷，你就詳細為他們解惑釋疑，然後把他們的佛法知見水平提升上來了。可能因為你跟他詳細地解說了三乘菩提以後，他回家去，重讀其他善知識的書籍以後，他會發覺說：「哎呀！這些善知識錯得一塌糊塗，為什麼我以前都不懂、都看不出來？今天為什麼能夠看得出來？啊！都是因為這某某人告訴我那一個鐘頭佛法以後，我現在才有這個智慧啦！」他有一天一定會想通這一點。當他想通了，他就是你的孫悟空，你就是他的唐三藏，將來成佛的過程之中，在無數劫之中，他都會跟你配合得很好。那麼，未來世他將是你的得力助手，使你的成佛之道攝受佛土更容易、更快速。

諸位可以從另一個層面來想一想：敢來質疑的人，是不是他自己的思辨能力很好？如果他的思辨能力不好，他不會來質疑你的。然後再想，他敢來質疑，又肯來質疑，表示他願意給你一次機會；相較於別人都不肯給你一次攝受的機會，你想，誰是應該讓你青眼相視的人？當然是這個肯來質疑的人嘛！有的人是不管你說什麼，他永遠都不聽，反正就是你不對，卻不願提出來說。可是他願意來質疑，願意讓你講講看，表示他願意給你機會啊！所以這個人，你就要當他是誠懇來問法。

所以我說，誠懇來請法的人有兩種，一個是態度不好，另一個態度很好。不好的人也是誠懇，因為他至少願意給你機會為他解惑釋疑，別人是根本不給你機會的。當你這樣想通了以後，把那個質疑的觀念丟掉；以後不管誰來問法，都當作是誠懇的人；態度好、態度不好，都是誠懇的。當你這樣想的時候，你就可以「隨順為解說」啦！然後你一面講一面觀察他的根性，看他可以聽懂到什麼地步；如果他不耐煩你為他解釋到很詳細，你就為他概說三乘菩提，一個鐘頭內把它講完，這就是「隨順為解說」。

可是你要懂一點方便善巧，否則他不讓你講一個鐘頭的，你講上一分鐘他就嫌煩了；那麼你就告訴他：「菩提之道只有三乘法義，其他增加出來的，不論什麼廣論、狹論，統統都不是佛法中的論。」他心中好奇起來了，那你就告訴他，什麼叫作聲聞菩提；你就可以開始講解，先講五蘊；也許你才講了色蘊，他不耐煩了，你就告訴他：「我現在要告訴你的，是外面聽不到的內涵，跟別人講的不一樣；我只有告訴你，對別人我可不講的喔！」先引起他的興趣。所以一面講，一面注意旁邊有沒有人，也觀察他的接受能力，要有方便善巧。

如果常常有人從旁邊走過，就拉著他：「我們到別的地方，不要讓別人聽見。」然後告訴他色陰，你就說：「色陰有五色根，還有五塵，並且還有法處所攝色。」你知道他正在想著：「你講色陰怎麼跟人家不一樣？」你就說：「是啊！所以我不想讓人家聽到，我這個這麼深的法，只要告訴你啊！」他就有興趣了，他想：「這個人對我有好感，我質疑他，他還肯跟我講這麼勝妙的法。」然後呢，色陰講完了，先講識陰，他比較會有興趣；識陰講完了，再講受、想、行。他一聽：「嗯！怎麼你講的跟別人不一樣，能夠瞭解這麼多？」你告訴他：「還有很多法哦！可是我怕你會煩。不是瞧不起你，是怕你聽太多了，一時間吸收不了。你如果願意聽，我就講更多給你聽。咱們交情這麼好，你才肯來問我，別人還不肯來問我呢。」其實每天都有人來問你，你卻告訴他：「別人都不肯來問，就你肯來問，我當然要講給你聽啊！」他聽了很高興：「哎呀！他把我當作自己人欸！」你要有一些方便善巧，雖然這是妄語，但卻叫作方便妄語。

但是，如果有悟而騙人家說沒悟，沒悟卻騙人家說有悟，那可不叫作方便妄語了，那叫作大妄語。方便妄語是不損害對方，無關乎證量，更不是欺騙對方，而是以保護對方、提升對方，以利益對方爲目的，那才能叫作方便妄語。例如小孩子不肯吃藥，你告訴他：「你不吃藥，明天就會死掉喔！」他就乖乖吃藥；可是眞的不吃藥，明天根本就不會死。但這是想要讓孩子的病盡快好起來，完全爲了利益他，這才叫作方便妄語。如果爲了利益自己而妄語，那可不能叫作方便妄語了。

當你有這樣的方便善巧，一面講就一面觀察他聽不聽得懂；知道他到某一個層次就聽不懂了，那你在那一個部分就講到這裡，再從別的部分同樣也講到那個層次，三乘菩提都只能講到同樣的層次。你把三乘菩提很簡單說完了，至少得要一個鐘頭，也許他說：「欸！我還想再聽欸！」本來是質疑你，但後來發覺你有心幫忙他，他就想要再聽；假使他有很好的未到地定，你接著可以告訴他：「如果你眞的有心，我就幫你證初果啊！」他想：「眞的、假的？你可別矇我。」你說：「不矇你，眞的，我幫你講完了以後，你自己再觀察一遍。一定要自己觀察，你觀察完了以後，再用三縛結來檢查看看，就可以證明自己有沒有證初果，除非你在次法上面都沒有好好修行。」

那你就把次法一起爲他講解，大約還得要一個小時；他若是本來就很努力修定、也有在培集福德資糧，已經有證初果的條件了，當你講完五蘊全部的虛妄本質以後，他有如實勝解了，就眞的證初果了。然後他未來世就一定成爲你的孫悟空，你永遠當了他的唐三藏；未來世不管怎麼樣，他都會聽你的。要這樣才能夠說是「有問難不瞋，隨順爲解說」。所以《勝鬘經》中說，攝受眾生就是攝受佛土，攝受眾生其實就是攝受正法。像這樣子攝受了正法、攝受了眾生，也就攝受了佛土，你未來世的成佛之道就會走得很快。可是先要改正自己的心態，不要當作別人是來問難的，而要認爲他只是態度不好，可也是來請法的，沒有所謂問難的事。那你一開始就接受了，爲對方說法時就沒問題了。

所以人家來問難的時候，你就當作不知道，偏要當作他是來請法；這樣子你心裡面就很輕鬆了，可以滿心熱誠爲他，難道感動不了他嗎？他既然給你機會，你就有機會爲他說法了（編案：本會新的規矩是所有同修們不許在網路上論法，避免在隱匿眞實身分的平台上產生諍論，對雙方都不好）。所以如果你有那個誠意，對方終究會領略到。當你能夠這樣子修菩薩行，功德不可量啊！因爲沒有多少人能作得到。諸位想一想，有幾人能作得到？眞的很不容易。可是諸位如果接受了這個觀念：「**請法的人有兩種人，一個態度很好，一個態度很不好，同樣都是請法。**」你都接受了，那你本來就是有信受、有信解、有受持、有讀誦，也能書寫，也能爲人演說，還能教人書寫；而你又加上這六度努力來修行，然後用四攝法恭敬眾僧；遇到有佛教的塔廟、寺院，看見了比丘、比丘尼，你就藉機會種福田，而他們不能拒絕，其實大多是歡喜的。明知道你在他身上種福田，他也會歡喜接受，因爲他披著僧衣就有那個義務。

那你多種福田了，多累積福德、功德，未來世還怕沒有行道的資糧嗎？大家都要建立這個觀念喔！不要像少數人，才剛剛開悟了以後，在路上看見了出家人，老是想：「**哼！這個是凡夫僧，那個也是凡夫僧。**」不要這樣想。有機會時，你只要看見他是眞正的出家人，不是騙子，而他站在路上托缽，可見他的道場難維持，你從口袋裡掏出一百塊、兩百塊錢來說：「**供養師父。**」你要雙手放到他的缽裡面去，你可不要單手這麼一丟，否則就失去了好多隨喜的福德。你在他身上種福田，他還很歡喜你種福田；可是他不知道你種了這麼個福田，福德、功德有多大。他都不知道，因爲你是以眞平等之心、以無分別的「此經」如來藏心，是三輪體空而在他身上種福田，而你自己心裡很清楚。這樣子隨緣種福田，那是送上門來的機會，你憑什麼不種？要懂這個道理呵！

那麼以後每逢週二來講堂聽經時，看見講堂外有許多出家人托缽時，就恭敬供養一百元，讓他們可以有道糧保住出家身，也是很好的。悟後能夠這樣子布施、持戒、忍辱、愛樂禪定，常常思惟智慧，也就是靜慮的意思，般若就會不斷地增長；接著轉而利樂別人，就是「有問難不瞋，隨順為解說」，這就是經文中說的第三個人。但是這兩句經文後面加上了問號：「有問難不瞋，隨順為解說？」是什麼緣故，這得要探究這段經一開始說的「況復」二字了。

是因為前面說的是只持「此經」的人，他的功德猶如在佛世起造偉大僧坊無量無數，並以種種供養來供養三寶，這單單受持「此經」的功德一點都不輸建造僧坊廣作供養的功德。第二個人是加上讀誦、書寫，教人書寫，還供養經卷。第三個人是再加上內門廣修六度萬行，以及利樂眾生，而且用四攝法攝受眾生證悟之後，帶領他們繼續像這樣子內門廣行菩薩萬行；更何況是有人前來問難時，他心中都無火氣，以柔軟心而全心隨順於對方的根器，而爲對方解說呢？就以「況復」二字而在最後加上這個問號，來顯示這三人眞是功德不可限量。那麼諸位來到正覺同修會實證了以後，懂這個道理，就不枉今晚來這裡聽經；因爲你眞的可以付諸於實行，這功德確實很大啊！

假使有一個小法師，道場很難維持，他每天都在同一個地方托缽，你就每週的同一天對同一位比丘或比丘尼供養；要恭恭敬敬供養，讓他加深印象；當你供養過一年之後，他每次來到那裡托缽就有個預期的心理，知道你一定會來供養他。供養了一年以後說：「師父！我想供養你一本書，你一定要讀喔！」他說：「好啊！」他一定會說好，難道要說「不好」？等拿到手一看作者是「蕭平實」（大眾笑…），可是已經答應你要讀了，對不對？欸！回去寺裡當然就要找時間讀了。不管他讀得情願或不情願，讀了以後瞭解眞正佛法了，是不是就被你度了？對啊！他就可以開始離開邪見，然後他會發覺：「人家說的還眞的有道理。以前別人罵蕭平實，我就跟著罵，還眞是罵錯了。」那他就有救了啊！他也就懂得找機會在佛像前懺悔滅罪。這一世不管他能不能悟，未來世就有因緣了，那你又攝受一分佛土了。

這就是方便善巧，你們要有這個智慧。你每週都供養一百塊錢，恭恭敬敬地雙手奉上，恭敬地說一聲「阿彌陀佛」，一年後他還會不認得你？他會認爲你是一個很虔誠的佛弟子，心性太好了，印象好得不得了；最後你送他書，他也得要接受啊！以後你就不再談書的事情，每週還是繼續來供養，再供養了一年，你再送上深一點的另外一本，這就是你的智慧啊！能夠像這樣攝受大眾的人，你說他功德不大嗎？沒有人會懷疑的，這功德一定是很大的。也就是說，你已經勝解「此經」，還能夠受持、讀誦、書寫，教人書寫，乃至供養經卷，還能內門廣修六度萬行等等，你的福德當然無量大！因爲一定是有智慧才能夠「有問難不瞋，隨順爲解說」。假使有菩薩眞的能夠如此修行、利樂眾生，他的功德廣大一定是不可測量的。

「若見此法師，成就如是德，應以天華散，天衣覆其身，頭面接足禮，生心如佛想。」大家想一想，佛說的最前面第一個人，他的功德已經那麼大了，但他只是受持「此經」並且廣作供養而已。可是第二個人加上那麼多的功德，他當然比第一個人的功德更大；可是這第三個人，不但利己還能利他，那他爲什麼能夠這樣作？因爲他通達了「此經」，所以有種種的方便善巧來攝受眾生，因此自己有受用之功，也能夠由此來引生他受用之德。既然有自受用之功，也有他受用之德，就表示他的福德一定很大；那麼像這樣的人，假使有機會遇見了，這個人不論示現在家相或出家相，都一定是「**法師**」。

爲什麼是「**法師**」？因爲他是說法者，當然是法師啊！只要所說的法是眞正的，不是講常見、斷見本質等外道法的人，就叫作「**法師**」。我們電視弘法的時候，有個片頭唸了一段阿含部的經文：如果爲人家解說色陰是無常、苦、空、無我，這個人才是 佛所說的法師；爲人家解說色、受、想、行、識是苦、空、無我、無常，是應該要厭患的，是應該要滅盡的，可以證無餘涅槃，能夠爲人這樣說法的人才是「**法師**」。

依據 佛陀這個開示，那麼一天到晚教人家說「要把握自己、當自己」，教人家要以離念靈知心爲眞如，那樣的人是不是法師？顯然不是法師喔！因爲他自己要把握五陰，也教導徒眾要把握五陰啊！那就是堅固執著而不肯放捨我見的凡夫，不是 佛所定義的法師了。如果有人告訴你「五蘊苦、空、無我、無常」，那個人就是法師。假使他身現外道之相，像佛世那個大薩遮尼犍子一樣，他也還是佛門裡的法師，要瞭解這一點。

所以要看他說的是什麼法？如果他說的法符合佛說，那就是法師了。如果像那些大山頭說：「開悟就是證得離念靈知，了了分明而不分別。」那叫作愚癡人，是教導大眾要執取五陰自我，違背聖教，那就不能叫作法師啊！假使有人像後山那位比丘尼一樣，公開宣稱「意識卻是不滅的」，這是公然違背 佛陀的聖教量，當然不是法師。如果有大法師宣稱自己開悟的是「離語言妄念了了分明而不分別」，不但落入識陰中，未曾斷除一絲絲我見，也違背了他自己的所說；因為當他說是不分別的時候，卻又了了分明，已經同時落入五陰之中而有分別了，其實是誤認五陰中的識陰常住不壞，成為常見外道了！而且他也眞是個糊塗蟲，眞正不分別的時候怎麼可能了了分明？怎麼可能了了？了了就是分別完成了，才能叫作了了分明。所以他連自己所定義的法師都當不成，更別說要當 佛陀在《阿含經》中所定義的法師。

講到這裡，這還只是聲聞菩提中說的「法師」的定義；如果有人能夠把「此經」——這部如來藏心「妙法蓮華經」，具足這三個條件，圓滿具足這三種所修；當你看見這樣的「法師」成就了如此功德，就應該用天華來向他散花供養，也應該用天衣來為他遮風避雨。不但如此，還要表示恭敬，要「頭面接足禮，生心如佛想」。

「頭面接足禮」，你們大概都沒有行過，我這一世曾經行過一次，但那位大法師被我嚇了一跳。頭面接足，就是對方站著或是坐著，只要他的腳掌踩在地上，你頂禮時要把額頭放在他的腳盤上面，以額頭接觸他的腳趾頭，輕輕貼在他的腳趾上面；然後用雙手的四根手指頭輕輕靠著對方的腳盤或是腳後跟；只能輕輕地靠著，不能抓緊緊的喔！否則就很不恭敬了。所以左右手的手掌平伸出去，把四指輕輕地碰著對方的腳後跟，或是放在對方的腳盤上，然後站起身來；這樣叫作「頭面接足禮」，這是最恭敬的禮拜。

假使有因緣遇見這樣的「法師」，爲什麼要行「頭面接足禮」呢？因爲要「生心如佛想」。能夠通達「此經」的菩薩法師，在人間難可得遇，所以應該行「頭面接足禮」，應該把對方當作諸佛世尊一樣，你就能夠如實受學第一義諦。如果心裡沒有恭敬心，他倒給你一籮筐的顆顆滾圓直徑一寸的眞正珍珠，你可能還得不到一顆，因爲沒有恭敬心。若沒有恭敬心，他說的法，你就不會眞的想要取證；所以別人可能拿著布袋子來承接，或許臨時沒有布袋，至少雙手弄得好像碗一樣去接，也可以接得好幾顆；但這個沒有恭敬心的人，他心中猶豫著要不要伸手去接，因爲他不是很想要嘛！於是半伸手出去，往往還接不到一、二顆眞正的大珍珠。

他是不方便說不想要，但不伸出手來接，又好像對不起人，所以還是伸手出來了，但是似有心而眞無意的結果，可能連一顆也留不住，因爲他心中根本不想要。所以說，有沒有恭敬心是很重要的事，有恭敬心的時候，會很專心去攝受、去聽取；善知識說了什麼，他就攝受什麼法。可是如果心中有疑，不管善知識講解了什麼，他心中都會想：「眞的嗎？眞的嗎？你自己編出來的吧？也許只是聽來的吧？」對善妙法完全沒有信受之心，善法就不可能留在他心中；於是左耳進了，右耳出；右耳進了左耳出，都是留不住的。

所以應該要瞭解的是 佛陀特別告訴我們的：「若見此法師，成就如是德，應以天華散，天衣覆其身，頭面接足禮，生心如佛想。」因爲能夠眞正懂「此經」的人，在末法時代的人間眞的不多啦！正覺同修會出來弘法以前，都沒有人懂啊！若要說正覺同修會出來弘法以前就有人懂，那個人在正覺同修會出來弘法以前就一定已經過世了，所以還是沒有人懂。那麼能夠懂「此經」，並且具足這三種條件，這個人就是眞法師，不管他示現什麼模樣。

假使某一天有一隻狗來了，牠能講話，而牠也有上面說的這些功德，你就要當牠是法師，應該開始追隨牠，因爲牠具足了 世尊說的這三種功德啊！這三種人的功德牠都具足了，雖然受生爲畜生，也許是前世乘著某一種願，爲了度某一種特殊的眾生而受生的；或者牠往世曾經有一時間不愼作了什麼惡事，才受生爲狗；但牠既然現在示現具足這三種功德，這三種人的功德牠都具足了，我們就應該認定牠是法師，不要看牠是什麼身分。

這意思就是說，凡是佛弟子可以得到什麼樣的好處，佛陀都不辭辛苦爲我們吩咐。可是當有人自稱他懂《法華經》，願意爲你演說《法華經》，意思是說他是眞正的法師，那你得要先確定他有沒有這三種條件。至少要有第一種，如果連第一種人的條件，他都沒有，而說他是能演述《法華經》的法師，你就甭信了。因爲你如果信了，可就被騙了；被騙了以後，三十年、四十年努力供養他，那些是世間財，倒也無所謂，就當作布施；可是那三十年、四十年的學佛光陰，可就沒辦法挽回了。所以要有智慧先去判讀一下，看他有沒有這三種人的功德；若沒有具足第三種人的功德，至少有第二種人的功德；若沒有第二種，至少要有第一種人的功德，不要愚癡地就輕易被騙了。

那麼如果眞的被騙了，希望不要被騙太久，最多五年就夠了。如果被騙了五年還不知道被騙，那他就是天字第一號大傻瓜，因爲現在都已經有正覺同修會講出正法來啦！如果在還沒有正覺同修會以前，被騙三十年、五十年，我都不會怪他，都不會說他笨；但現在有正覺同修會把正法的理門、教門和行門，全部都呈現出來給大家，他竟然還能夠繼續被騙三十年、五十年，也眞的是太笨了！因此 佛陀說：「若見此法師，」又特別吩咐了下一句話：「成就如是德，」這句話千萬別忘了：他有這樣的功德。那你就應該以「天華散其身，天衣覆其身」，然後「頭面接足禮」，而且在自己心中，應該要把他當作佛陀一樣來看待。

「又應作是念：『不久詣道樹，得無漏無爲，廣利諸人天。』其所住止處，經行若坐臥，乃至說一偈，是中應起塔，莊嚴令妙好，種種以供養。」接著，心裡面還應該生起這樣的念頭，才能夠說你是眞正生起了具足的恭敬心。是說你明確觀察證實以後，應該想：像這樣的一位法師，不久之後他就會走向菩提樹啦！他就會得到無漏無爲，可以成佛而廣利一切人類和天人。因爲能夠通達的人至少已經修過第一大阿僧祇劫了，也許他已經度過二大阿僧祇劫了，相對於凡夫眾生而言，這眞的要叫作「不久」啊！也因爲還差一大阿僧祇劫才能成佛，才說是「不久」。所以想起來說：「喔！他不久就會成佛，我還要很久，因爲我還要三大阿僧祇劫。他已經過完第一大阿僧祇劫，也許只剩下一點五個阿僧祇劫便能成佛，至少不會像我是三大阿僧祇劫吧？」

因此對於具足這三種功德的人，要生起這樣的想法，認爲這位「法師」——說法之師：「不久詣道樹，得無漏無爲，廣利諸人天。」有了這樣的認知，恭敬心就會很堅固，對於 佛陀所交代的就會如實奉行：這樣的法師所居住、所安止的地方，以及他所經行的地方，或者他坐下來休息、說法的地方，或者他躺臥休眠之處，乃至於某一個地方他曾在那裡講解過一首佛經中的偈頌，即使是他待過而時間那麼短的地方，都應該要起造七寶塔來紀念、供養。這個七寶塔要用各種莊嚴來使寶塔很勝妙、很美好，接著用花、香、飲食等等來作供養。

爲什麼 佛陀交代要這樣作？因爲這是種福田的大好機會。像這樣的法師，在世間很不容易值遇的。世尊告訴我們的就是這個道理，是說這樣的法師不容易值遇啊！所以你如果有因緣值遇了，應該「生心如佛想」，作種種的供養。他爲了宣演《法華經》而需要的安住之處、休息之處，若坐、若臥之處，以及經行的地方；或是他演說《法華經》乃至短短一句、一首偈的處所，你都應該在那裡建塔紀念。這個塔要作得莊嚴美好，還要作種種供養。爲什麼要這樣呢？這些都只是事相啊！然而爲了重法，爲了尊重無上大法，所以對這一位法師，應該作這樣恭敬的行爲出來。

聽到這裡，諸位可別明天來這裡，就在我這法座上安了一座小佛塔。你安了一座佛塔在這裡，我怎麼坐上來講經？塔應該是怎麼建的？（有人答話…）欸！你們都懂。你把「此經」供在你這個五陰七寶塔之中就對了啊！當你遇見了這樣的法師，他所在之地，你就心裡面想：「在這裡建一座寶塔。」那個寶塔是什麼？就是那位法師的五蘊身啊！這就是個七寶塔，你要恭敬禮拜這個七寶塔。不是叫你眞的去蓋七寶塔，否則的話，這位宣演《法華經》的法師，他不久就得搬家了，因爲他沒有一個地方可以安止了；到處都是寶塔，他怎麼安止、怎麼演說《法華經》呢？

世尊開示的這個密意都要聽懂，就是說他所在的地方，你就想：「欸！

這裡就立一個寶塔。」你想完了，寶塔就已經蓋完了，而那個寶塔就是那位法師的五蘊身。那麼當你們每一個人都這樣想，那麼這位法師就有……例如你們有一千兩百個人每逢週二就來聽我講經，一個講堂坐滿了是三百個人，四個講堂就有一千兩百個人，當大家都這樣想的時候，那麼我這位法師就等於接受你們一千兩百座寶塔的供養了。如果依文解義而眞的造塔供養，那麼他住的地方，若坐、若臥、經行、說偈之處也得一樣建塔，那就有五倍之多，等於六千座寶塔了，哪還有地方可以安單或講經呢？所以你只要看見這位法師了，心中就建立一個寶塔，這樣就對了！要在你心中把它立起來。

那麼話說回來，爲什麼能夠這樣子來攝受眾生而演說《法華經》，能隨順爲人解說「**此經**」的法師，需要大家這樣爲他建立寶塔呢？因爲他是通達「**此經**」的人啊！可是宣稱通達「**此經**」時，可不能空口白話，不能單憑口才辯給、舌頭伶俐，就自稱是通達《妙法蓮華經》的「**法師**」。必須要有實質，而這個實質，我把它作一個最簡單的判別——就是看他懂不懂七眞如。七眞如是《深密解脫經》所說，《深密解脫經》有另一個譯本叫作《解深密經》，就是解釋深密法的經典。

那麼七眞如是依於所有三界六道一切眾生的眞如而說的，是遍於四聖六凡法界的。如果有人說他通達了《法華經》，結果他對七眞如卻是不懂的，那你就知道：「他的程度可能只是第一種受持《法華經》的人。」如果他對七眞如只有懂一點點，後面的兩點、三點、四點、五點、七點就都不懂了，你就說：「啊！這個人，大概是第二種能夠受持《法華經》的人。」如果是另一個人，他是通達佛菩提道的人，一定是懂得七眞如的。那麼因爲他有這樣的智慧，所以他能通達《法華經》，對這樣的法師，你們應該對他「頭面接足禮，生心如佛想」。

那麼七眞如，我從經中抄出來爲大家略說。這七個眞如名稱，如果諸位有興趣可以記一下。第一個講「邪行眞如」，第二說「流轉眞如」，第三是「了別眞如」，第四「相眞如」，第五「安立眞如」，第六「清淨眞如」，第七「正行眞如」。那我們從第一個來略講「邪行眞如」，所謂的邪行眞如，顧名思義就知道說：這是眾生在種種邪行之中，顯現出來的眞如法性。還沒有實證的人一定會覺得很奇怪：「欸！那眾生一天到晚都在邪行，怎麼可能會有眞如？」偏偏就是有！因爲眞如遍一切有情，遍三界，遍於十八界，遍於一切時，遍於八識心王啊！怎麼可能邪行的眾生就沒有眞如呢？

「邪行」，例如有一類有情心術不正，往往殺人啊！放火啦！或者巧取、豪奪、詐欺，造作一大堆的邪惡之行，這些事情都是收集流轉生死的種子，與集諦相關；可是當他在幹這些惡事邪行的時候，他也有「此經」如來藏啊！他的第八識「妙法蓮華」配合著他幹惡事的七轉識，他的第八識在運作時仍然會顯示出眞實而如如的法性，這就是「邪行眞如」。那我們把祂另外作一個定義，什麼叫作「邪行眞如」？就是苦集諦的眞如；當眾生造作種種苦業——在廣集後有種子的時候，他的如來藏依舊時時顯示出眞實而如如的法性；所以正在苦集諦的種種邪行之中，而仍然顯示出祂的眞實而如如的法性，這叫作「邪行眞如」！

那麼第二個「流轉眞如」呢，今天沒有辦法講很細膩，就大略講一下。第二個「流轉眞如」是說祂有一個流轉的過程，因爲所有的流轉都有過程；凡夫有情流轉生死的過程是不會中止的，若中止了就不叫作三界生死流轉了，而這個無量劫流轉生死的過程中，都是由無量的身口意行所造成、所顯示。那個流轉的過程是延續不斷的，才可以叫作流轉；那麼眾生從過去世的無量劫前流轉到今生，又會從今生流轉到未來的無量劫以後去，在這前後三世無量劫的流轉過程之中，有時在很遙遠的東方世界，這一世生在這裡，未來可能又到很遙遠的西方世界，這個流轉過程也可以是無記性，非關善惡，就不歸類在「邪行眞如」中。那麼以前在很遙遠的東方某一個世界時，可能是當天人；這一世來到這個娑婆世界，可能是當人類；這一世不小心造了惡業，下一世也許生到別的世界去，或許依舊生在這個世界裡，但有可能墮落三惡道，這是不斷流轉的過程，但不談善惡業。

這個流轉的過程是不會停歇的，窮盡過去不曾停歇；乃至窮盡未來際也不會停歇，這就是凡夫眾生的「流轉眞如」。可是這些凡夫眾生，在三世無量際的流轉過程之中，不論他們後來修聲聞聖道、修凡夫道、修三惡道的法，他們在一切行之中，時時刻刻都已顯示他們各自的眞如法性；雖然他們自己都不知道，可是這個眞如法性是在他們一切行的過程之中不間斷地顯示出來。造惡業時如是顯示，造善業時如是顯示，修淨業時也如是顯示；悶絕了如是顯示，入定了如是顯示，死亡乃至入了無想定、滅盡定中，亦復如是顯示；於一切行的流轉過程之中不曾一剎那停止過，永遠都在流轉的過程中顯示第八識的眞如法性，這就叫作「流轉眞如」。這個眞如跟眾生流轉時的過程沒有先後差別，跟眾生造作一切業行時也沒有先後差別，是永遠隨時隨地在顯示眞如法性，這就是「流轉眞如」。那麼這樣的流轉眞如就遍三界九地，也遍一切時了。

再來談第三個「了別眞如」。爲什麼叫作了別眞如呢？也就是一切有情，只要是有情，那麼他在三界六道不論是哪一道之中，貴爲諸天天主，或者在人間惡道中，下賤至於細菌乃至病毒，或者更不如而下墮到無間地獄去，這一切的有情，只要是有情，莫不都有了別。可是這個了別的功能有粗、有細，有廣、有狹；例如人間，人類可以了別很多法；如果是細菌呢？細菌的了別就只能是牠所接觸到的物質，是喜歡或討厭而已，了別功能很差。還有一種就是病毒，病毒比細菌更差。但病毒是不是有情？（有人答：是。）是嘛！否則牠怎麼會變種？對不對？會變種就表示牠是有機物，不是無機物嘛！有情才會變種，無情不會變種，那麼病毒就是有情啦！

所以禽流感最近不是鬧得沸沸揚揚嗎？你看以前那個 H1N1，現在這個叫作什麼？H5N2，哇！我都記不住啦！牠們爲什麼會變種？因爲牠們遇到不順心的境界，就轉變自己的體性，來適應於現在這個狀況，牠們就可以存活啊！這表示牠們有沒有了別性？有嘛！因爲現在這個情況很難存活，牠們就趕快變種，變種的結果已經成爲現在這種生命，已經不是H1N1了，所以牠們存活下來繼續生存，那牠們就是有情啊！

但是有情的特性是什麼？是什麼？（有人回答：了別。）是了別！有情的特性就是能夠了別。好！當病毒正在了別的時候，爲什麼稱祂爲「了別眞如」？也就是說一切有情，不論他具不具足八識心王，只要是有情就能了別，差別只是了別的內容或多或少而已；而了別的過程就是諸行的過程，也就是行陰啊！因爲了別不可能只有一刹那，了別的功能可以完成，一定要有前後兩個刹那作基礎，然後第三個刹那把前兩個刹那作一個對比而了別出來，才知道情況是什麼。

那麼這個了別性能夠離開第八識眞如心而存在嗎？能夠離開嗎？例如說：以病毒來講，了別性能夠離開牠的意根以及牠的極粗糙、極簡陋的意識嗎？不可能！那麼如果是人類具足八識心王，因此可以了別六塵中的一切法，乃至今天講這部《妙法蓮華經》，不是一般人所能夠聽懂，而你還能夠了別，表示你的八識心王運作得很好，熏習的佛法基礎也夠，所以你能夠了別其中的法義，當然不離意識覺知心的了別性。那麼了別須不須要有過程？一定要，而了別的過程就是行陰，當然必須要有眞如心配合運作才能完成。好！那麼「了別眞如」的意思就顯示說：在了別的過程之中，分分秒秒、剎那剎那都在顯示第八識的眞如性，就稱爲「了別眞如」。所以只要是能夠了別的有情，他就有眞如；當他在了別的過程當中，也就時時刻刻都顯示出他的眞如性。

當你證得自心眞如的時候，能夠現觀你的八識心王配合運作時，確實能夠顯示出第八識的眞如法性了；那麼你改用顯微鏡來觀察細菌，那一堆的細菌，你把牠們所討厭的少量物質放進去時，你觀察到細菌會怎麼樣？一一散開了，全都逃開了。當你證得眞如了，你從那裡看見牠們也有了別性，但你也從牠們那裡看見牠們都有「了別眞如」。所以對這個「了別眞如」，可以給祂一個定義：一切的行，全部都是識別的法性。這是因爲了別一定都要有一個運作的過程，這就是識的行陰，因此身行也跟著進行不輟，所以一切的行全部都是識的法性；識就是了別，識的了別法性正在運作時，同時就顯示出如來藏阿賴耶識的眞如法性，這就是「了別眞如」。這樣有幾個眞如了？一、二、三，三個了哦？

接著是「相眞如」。為什麼叫作「相眞如」？「相眞如」顧名思義就是，你從人的法相以及有情八識心王展轉所生諸法的法相，和八識心王自己的法相中，都可以看得出眞如法性，而一切有情都是生滅性，都無眞實我。有情，我們把他分為人跟法兩種，人就函蓋了動物、天人，一切畜生道、餓鬼道、地獄道、修羅道也都函蓋了，這叫作「人」。「人」在這裡是指有情眾生，譬如一群狗，你會說：「哎呀！那隻狗一天到晚要咬別人。」你不會說：「那隻狗一天到晚要咬『別狗』。」而是說咬「別人」，即使你所說的是咬其他的狗，所以那個「人」字代表其他的狗。這一條狗咬其他的狗，就說：「這條狗一天到晚咬『別人』，因為牠要當王，牠要當老大。」所以「咬別人」那個「人」字，代表其他的狗。因此「人」是代表什麼？是指有情眾生。

一切的有情都有「人相」與「法相」兩種。人相就是說他的五蘊自身，五蘊自身就稱之為人。人，可以區分為五蘊，或者區分為六入、十二處、十八界來看；或者甚至區分為地水火風空識六界來看的時候，其實在五蘊、十二處、十八界等等法相之中，都可以看得見一定有眞如。雖然人是虛妄的，人是無我的，人是生滅無常的，可是人這個相存在的時候，他的無我法相之中是同時顯示了什麼相？顯示出了眞如相，但二乘聖人不懂這個眞義。由於每一個人，那條狗你也可以稱牠爲一個「人」，因爲「人」代表有情；每一個人由於各有這樣的眞如性的緣故，所以顯現出是無我的，就是「人無我」；由「人無我」的行相來顯示眞如法相，稱爲「相眞如」。

同樣的道理，你把人區分爲十八界，十八界裡面再區分出八識心王相應的心所法等等，一一把它加以細分，就有好多「法」，這些「法」裡面你可以看得見：當這些「法」存在和運行的時候，同時也有第八識如來藏的眞如性。例如說，以八識心王來講，意識有五個遍行心所法——觸、作意、受、想、思，還有五個別境心所法——欲、勝解、念、定、慧，還有其他的善、不善心所法——貪、瞋、癡、慢、疑及有慚、有愧……等，這些都是心所法，這就是「法」，而意識一定會有這些法可以相應，當你證悟以後，從意識與這些「法」相應的時候，就可以看見有第八識的眞如法相同時存在。

由於意識不能單獨存在，當祂以這些心所法在運作的時候，顯示出這些心所法是從眞如心中生出來的，而且你可以看見有第八識眞如心配合意識來運作。雖然這些「法」的運作過程中顯示沒有眞實不壞的自我，可是在這些法沒有眞實我的時候，卻同時顯示了有「法無我」的第八識眞如法相，時時刻刻顯示在那裡。這就是從「法我、法無我」的法相之中來示現出眞如法相，這也叫作「相眞如」。所以「相眞如」有兩種，是從種種有爲行相中的人相、人無我相，以及從法我相、法無我相，來顯示出有眞如法相的眞實存在，這就是「相眞如」。那這樣一、二、三，有四個眞如了呵！

好，接著是第五個「安立眞如」。安立眞如在告訴我們什麼道理呢？是說一切有情的存在莫非是苦啊！有哪一個有情的存在是純樂而無苦的？也許有人想：「欸！持五戒修十善，死後生到欲界天去，不就是快樂無苦嗎？」問題來了，在忉利天享受最多快樂的是誰？是天帝釋提桓因。可是爲什麼他有一天去請求 佛陀賜給他生命？哦？因爲五衰相現，生命快要結束了，他覺得很苦惱，所以去求 佛爲他解決啊！佛就爲他說法，說法以後，使他獲得新生，五衰之相當時就滅除了，這表示他也有苦啊！

也許又有人想：「那閻羅王一天到晚在欺負人，他應該很快樂吧？」其實不快樂啊！他也是每天要受苦欸！每天一樣會有一個時間要融銅灌嘴，全身焦爛，死了再活過來，然後再去處罰別人，他的業報就是這樣啊！所以沒有誰是無苦的。有人也許想：「那生到無色界天，不就無苦了嗎？」嗯！好像對喔？例如證得非想非非想定，死後生到非想非非想天去，八萬大劫之中都是一念不生，可是他八萬大劫的定中過程不就是行陰嗎？對啊！就是意識、意根住在行陰裡面，是這樣過完八萬大劫。然而「行」不可能是常啊！三法印中也說「諸行無常」，那他最後還是得要死啊！而且會死得很難看，因爲他把福報在非想非非想天八萬大劫的一念不生之中享盡了，在那裡死後下來時就沒有福德作爲依靠，可能想要當人都還有困難！諸行無常，當然他也是有苦，怎麼可能是沒有苦呢？

可是不管哪一種苦，一切有苦眾生，即使是癩痢狗，可能三天都還得不到一餐飽飯，還要被其他的狗咬；即使墮落成爲餓鬼，長年得不到一口膿痰吃；這樣的苦受者，也是在他們的行陰過程中，不斷地顯示出眞如法性來，就依他們受苦過程中所顯示的第八識眞如法性來安立其中的眞如，就稱爲「安立眞如」。既使墮落到無間地獄去，每天哀號，呼天搶地，怨天尤人，依舊在他們的行陰上面顯示出他們各自第八識的眞如法性，就稱之爲「安立眞如」。所以眞如可以安立很多種，遍及三界六道有情身中都能安立這個眞如：非想非非想天的眞如，無所有處、識無邊、空無邊、四禪、三禪、二禪、初禪天有情的眞如，乃至欲界天中的眞如，下至人間、修羅道、餓鬼道、畜生道、地獄道有情之中莫不有苦；但是在一切行苦之中，你都可以爲他們安立眞如的名稱，就說：「這叫作地獄眞如，那叫作天人眞如；這叫作人類眞如，那叫作畜生眞如。」不論什麼眞如，你都可以安立，凡是有苦的眾生，你都可以爲他們安立種種眞如，就稱爲「安立眞如」。

那麼若是要細說「安立眞如」，可就不只七眞如了；用「安立眞如」的正理，可以遍三界六道二十五有等有情，全都安立眞如，說是狗的眞如、細菌的眞如、病毒的眞如，你都可以安立。爲什麼會這樣安立呢？因爲同樣都有苦啊！也就是依於苦聖諦，來安立三界有情一切不同狀況的眞如，這就是「安立眞如」。所以安立眞如在顯示什麼呢？在顯示一切三界有情都有苦，都不離生死輪迴，這樣來安立一切眞如，因此也可以名爲「苦諦眞如」，這就是「安立眞如」，是依苦聖諦而安立的種種眞如。好！那這樣有五種了喔！

接著說第六種的「清淨眞如」。怎麼樣叫作清淨？清淨有不同的層次啊！對於世間人來說，所謂的清淨就是安分守己、奉公守法，這樣叫作人類的清淨行，但是這還不能符合佛法對清淨的界定。比世間人高一點的層次，例如有的人修天道說怎麼樣叫作清淨呢？他們說：「**我吃齋，我不傷害別人，我也勸人吃齋。我自己也在布施、慈濟眾生，死後憑著這些善行可以往生理天。**」這就是一貫道所說的天道清淨行，可也不符合佛法說的清淨。

佛法裡面說的清淨眞如，第一個層次要符合聲聞菩提。聲聞菩提主修四聖諦，依哪一個聖諦而說清淨？（有人答：滅聖諦。）對啊！要依滅聖諦來說清淨；因爲已經「**不受後有，我生已盡**」，不再有後世的三界輪迴染污諸法，就叫作「滅」；證得這樣的滅，他的第八識才能叫作「清淨眞如」。所以，「清淨眞如」的第一個層次就是聲聞菩提的實證：「**不受後有，我生已盡。**」這是因爲「**所作已辦，梵行已立**」，所以才能「**不更受有**」啊！這就是第一個層次的「清淨眞如」，正是依聲聞人所證滅諦而說他的第八識心的眞如性。第二個層次是緣覺所證的「清淨眞如」，雖然他與聲聞人一樣都沒有「證眞如」，但菩薩依自己的所證來施設二乘聖人那個境界叫作「清淨眞如」，這就只能等下一週再講了！請張老師幫我記一下，還有菩薩的「清淨眞如」待講。

今天應該說是各位家人回家了！（編案：大陸的同修們遠來求受菩薩戒圓滿，留下來聽經。）遠行的家人們回家了，已經住在家裡的家人們，大家要歡喜迎接、禮讓，所以把大家趕到五樓、二樓去擠一擠，把九樓與十樓讓給諸位大陸的同修們擠著聽經；因爲大陸的家人回來了，畢竟是很難得的！可是從大陸回家的諸位先不要激動，我想問問諸位：「你們是搭飛機回來啊？或者坐船回來？或者是走路回來？或者搭車子回來呢？」該怎麼答？不好答？（大眾笑⋯⋯）（有人說：如來送來的。）嗯！他懂得黃龍第一關（大眾笑⋯⋯）。

因爲我們講的《金剛經宗通》，不同於凡俗大師所說，而我們演講《法華經》，亦復不同於凡俗大師；如果我講經時跟一般大師講的相同，那我就不須要講了；因爲凡俗大師們都已經宣講過了，我就不必再重複了。然而《法華經》說的「此經」，究竟是阿哪個經？（有人答：如來藏！）欸！所以呢，禪師看見某人來了，覺得有緣，就要問一問啦：「鄉關何處啊！」然後又問：「到此之前，經歷了哪些禪寺啊？」這可不是在噓寒問暖。如果咱們也噓寒問暖，那我們正覺就該改名作某某山或者某某山，不再叫作正覺同修會了！所以我要問候諸位：「一路辛苦否？」（大陸的同修們回答：不辛苦！）不辛苦？應該回答說：「不知道。」（大眾大笑⋯⋯）這才是《法華經》的宗旨。但是因為我這部《法華經》已經講很多了，快要滿三年了，當然不可能把二〇〇九年夏天講到現在的內涵，在幾分鐘裡就跟諸位講完，所以還是請諸位回家的親人們，按照我們所講的經文順序，我再依序為大家來演說。

那麼就回到《法華經》來，上週講到最後一段是一百五十六頁最後，就是這一頁的全部五行，我們已經說到倒數第三行：「**其所住止處，經行若坐臥，乃至說一偈，是中應起塔，莊嚴令妙好，種種以供養。**」我們上週最後是講這六句的道理，在這六句經文中，我們講到應該如是供養的原因，是因為演說《法華經》的人，由於證得「七眞如」，才能夠使他為人演說《法華經》時可以獲得這麼大的功德。大家聽聞《法華經》時應該這麼作：是說有這麼一位法師，成就了前面所說的三種人的功德；這三種人的功德，就請諸位等待以後《法華經講義》整理出來時再閱讀了；因為我若要再重講一遍，又會去掉兩個鐘頭時光了，所以我們就作個前提敘要說：

有這麼一位法師成就了對於《法華經》的這三種人的功德，當你遇見了這樣的說法之師，應該以天華來散花向他供養，也應該以你獲得的天衣來為他遮覆其身，並且還應該對他行「頭面接足禮」，心中要對他生起如同親值 世尊的想法，還應該再生起另一個想法：「這位法師再過不久將會前往菩提樹下，並且證得究竟的無漏無為法，將來會廣大利益諸天和一切人。」生起了這樣的想法之後，接著在他所居住的地方、他曾經停留的地方、他用齋後經行的地方，乃至於他所坐下來休息過的地方、晚上眠臥的地方，甚至他只是為人演說短短一首《法華經》偈頌的地方，咱們都應該在這些地方為他起造七寶塔來紀念；應該要造得很莊嚴，應該要使它非常的美好，並且用種種寶物加以莊嚴，完成之後再用各種供養之物來作供養。

上週說到這裡的時候我們有說，這位能為人演述《法華經》而且具足前面三種人所修大功德者的內涵，而為人演述《法華》的時候，他的功德為何能夠大到這個地步，值得 世尊吩咐我們要處處建塔來紀念他、供養他呢？是因為他證得了七眞如，才有這樣大的功德。而我們上週說明了七眞如的內涵時，已經講了邪行眞如、流轉眞如、了別眞如、相眞如、安立眞如，正要講完清淨眞如而開講正行眞如時，時間就到了。所以今天要從清淨眞如還沒講完的內容開始說起，那諸位今天也只能聽到這兩種眞如。

言歸正傳，必須要講清楚：唯有這樣的說法之師值得這樣偉大周至的供養，是因爲他已證得七眞如，所以當他爲人演講《法華經》時，才值得大眾對他這樣子供養。如果沒有證得七眞如，他再怎麼努力演講《法華經》，由於沒有具足實質，還是不夠格被人家這樣供養的。即使他把《法華經》講上一百座，也不值得被這樣供養。這就是說，七眞如的實證是很不容易的；而菩薩在大乘法中先斷了三縛結，然後證了眞如；也就是證了第八識如來藏，然後現觀「此經」第八識的眞如法性，證明實有眞如可證；這樣仍然不具備這位法師的大功德，因爲眞正的法師是有區分的。

二乘法的法師只能如實講解：四聖諦、八正道，五陰無常、苦、空、無我，所以緣起性空。如果他有進而實證了因緣觀，他再加上因緣觀的實證之後的智慧，來爲大家解釋說：名色緣識，識緣名色，所以有十因緣；基於十因緣現觀的智慧，他還爲大眾解說十二因緣法，令大眾得以實證緣覺法。能這麼具足演說，才叫作二乘菩提的法師。因爲四阿含諸經裡面，佛有明文開示什麼才是 如來所說的法師，是爲人家演說色陰無常、苦、空、無我，應該要遠離，應該要滅盡，這才是　如來所說二乘菩提中的法師。為大眾演說受、想、行、識無常、苦、空、無我，應該要離欲、應該要滅盡，這才是　如來所說二乘法中的法師。

這只是二乘法裡面　如來所說的法師，如果是大乘法的法師，除了以上的內涵以外，還得要教導大眾：如何是諸法的本母？諸法之所從生，就是如來藏。還得要教導大眾說：諸法之中有眞如，而眞如是「妙法蓮華經」如來藏運作時顯示出來的法相；能夠如此現觀的人，就是證眞如的賢聖，才會有實相般若智慧。還得要這樣子教導，才算是大乘法中的法師。像這樣的法師，可不管你是剃頭著染衣出家而住，或者燙了頭髮、畫了眉毛、擦了口紅、穿金戴銀的女眾菩薩法師。世尊說的這個「**法師**」之義，不論你的表相，只管你實質的內涵；只要你有實證本質的內涵，也能為人如實演說三乘菩提，那你就是　如來所說的「**法師**」。《華嚴經》中有個很具體的實例，就是婆須蜜多。

如來在大乘法、二乘法中都如是說，所以「**法師**」之中有出家相的人，也有在家相的人。那麼在家相的法師有男、有女，出家相的法師也是有男、有女；可是出家的法師裡面也有戴著天冠或戴著寶冠，長髮飄逸，天衣飄飄，加上臂釧，胸前還有瓔珞，這是哪位菩薩？（大眾回答：觀世音菩薩。）觀世音菩薩、文殊師利菩薩都是如此啊！所以這樣的出家人也是法師，這眞的是出家人啊！像我們祖師堂的常住眾，他們就是出家人；但他們也許不穿僧衣，只穿菩薩衣。這意思就是說，「法師」的定義叫作「說法之師」，如果不能如理作意、如實說法，就不是 如來所定義的「法師」；所以你們不論是比丘或比丘尼，只要是依著 如來所說爲人說法，就是 如來所說的「法師」啊！

那你們如果像我們臺灣那些大山頭的大法師所說：「要把握自己，要當自己。」那你和他們就都不是 佛陀所說的法師了！所以你們是法師，他們不是法師，因爲他們具有凡夫我見，爲弟子們所說的法義違背 如來所說。或者有一位很有名的比丘尼在書中公然說：「意識卻是不滅的。」然而 佛陀前後三轉法輪時都說：意識是由意根觸法塵作爲藉緣，才能從本識眞如心中出生，所以意識是生滅法，故說識陰六個識無常、苦、空、無我，應該離欲、應該滅盡。如來一向這麼開示，她卻反過來跟 如來唱對台戲、唱反調說：「意識卻是不滅的。」我可不管她出家幾十年，年紀多麼大，我依舊說她不是佛教中的法師，所以佛法中的「法師」是要這麼定義的。

可是，話說回來，能教人家證聲聞、緣覺法，能夠教人證果了，還教人家明心、眼見佛性了，已經是大乘法中的「法師」了，但都還不足以成爲佛陀在這首重頌中說的「若見此法師」的這位法師啊！因爲這位法師的功德是這麼大，以致 如來這麼說：「其所住止處，經行若坐臥，乃至說一偈之處所，都爲起塔，供養紀念。」那爲什麼他有這樣大的功德，值得 如來這麼吩咐？因爲他的功德跟能夠教人實證三乘菩提的法師的功德大不相同，是因爲他有七眞如的實證。那我們上週講了七眞如中的五種眞如，今天接著要繼續再講最後兩個眞如。

這第六個眞如叫作「清淨眞如」。什麼叫作清淨的眞如？我們上週有說，邪行眞如是因爲眾生心有邪思、口有邪說、身有邪行，所以集合一切的世間苦種，也就是造作了惡行而成就了集諦，因此收集了惡業種，使他的眞如被命名爲邪行眞如。意思是說一切畜生等三惡道有情，乃至人間造作種種爲害眾生等邪行的有情，他們雖然有種種邪行在造作，但也同時顯示出他們各自的眞如法性，一樣是有眞如法存在，所以把他們的眞如安立爲「邪行眞如」，正是因爲他們造作了各種收集惡道後有的種子。

反過來就是第六種的「清淨眞如」了，也就是說，他依眞如現觀而懂得邪行眞如、懂得流轉眞如、懂得了別眞如、懂得相眞如，也懂得安立眞如了；那麼他知道這些眞如或是爲眾生而施設的，或是依三界六道不同層次而施設，或是依四種聖者的境界而施設，或是依修道位而施設，才會有種種不同的眞如，但畢竟也是一個安立，所以種種眞如，無非稱爲「安立眞如」，可是想要離開凡夫們這樣的「安立眞如」境界，轉變後成爲「清淨眞如」，也就是想要成就佛地眞如而不只是二乘菩提的「清淨眞如」時，那該怎麼作？

菩薩爲人教導《法華經》的時候，懂得如何教導大眾實修實證，次第修證「清淨眞如」；能夠具備這樣的功德，也有悲心要救護眾生，當然要把這個眞實義教導給大家啊！所以他得要去探究「清淨眞如」之所以被立名爲清淨，原因何在？於是探究的結果，發覺「清淨眞如」亦復是眞如啊！之所以名爲「清淨眞如」，就是一切染污全部滅盡；但是染污滅盡是有許多不同的層次，而不是很簡單就像阿羅漢那樣把三界愛的現行滅盡而已。

在解脫道中，初果的清淨也只是見地上的清淨而已，只是知道五蘊、十八界無常、苦、空、無我，不可愛樂；見地是清淨了，可是你若叫他說：「欸！我現在加持你，讓你可以立刻入無餘涅槃，好不好？」他一定告訴你：「不好！」因爲他在見地上是證實了五陰的每一陰、十八界的每一界、十二處的每一處、六入的每一入，全部無常、苦、空、無我，可是那也只是在見地上面的現觀，在他心裡面可還沒有想要入涅槃、不受後有呢。因爲你帶著他修證解脫道時，得要教導他入無餘涅槃是「所作已辦，梵行已立，不受後有，我生已盡」，他才一聽：「我死了以後是要滅盡自己欸！喔！入無餘涅槃是這樣入的？這還不行欸！我還想到天上去晃一晃呢！」所以他的清淨只是見地上的清淨。

那麼二果人呢？二果人也還是不想入涅槃的，因爲他覺得人間或者是欲界的五欲雖然是應該厭離的，他的貪也變得很少了，可是他仍然斷不掉啊！還有不少貪愛的殘留欸！那麼到了三果算是比較清淨了，也是「清淨眞如」，所以三果人對於欲界的種種法沒有任何貪愛了，已超過欲界境界了；因此捨報之後能夠生到色界天去，永遠不再還來欲界，只會往出三界的道路繼續前進而不會後退，因此被稱爲不還果。可是三果人也有七種差別啊！讓他們捨壽時立刻入無餘涅槃，他們也作不到；有的人要中般涅槃，品質最差的還要生到初禪天，然後在初禪天死了再生到二禪天，二禪天死了再生到三禪天，繼續不斷地往上受生，那個壽命都是好長久的，所以他也不是很願意立刻就入無餘涅槃，表示他的眞如依然不是究竟清淨。

所以說，只有阿羅漢是最清淨的眞如。但阿羅漢有兩種，叫作時解脫、非時解脫。時解脫就是慧解脫，因爲他要等待捨壽的時間到來，才能入無餘涅槃，就稱爲時解脫。另外一種叫作非時解脫，也就是俱解脫，俱解脫是隨時可以入無餘涅槃，所以不必待時—不必等到捨壽的時間到來—就可以提前入無餘涅槃。但是不管哪一種解脫，都不算究竟清淨啦！爲什麼呢？講個典故給諸位聽一聽，就可以證實我的說法。

有一天提婆達多去慫恿阿闍世王，要害死佛陀；佛陀快到中午時，下山進城去托缽，這阿闍世王弄了許多大象來，把大象灌了很多烈酒；看見佛陀下山走到城裡來了，就把醉酒的許多大象放開，往 佛陀衝去。那時跟在 佛陀身邊的阿羅漢們，個個跑光了，有神通的就飛在天空中；這表示他們那時還是不願意死，只剩下阿難一個人跟在 佛陀身邊。阿難也不是不怕死，而

是對 佛陀具足信心，他相信 佛絕對可以依靠，可是阿羅漢們全跑光了。阿難尊者跟在佛陀身後，那大象衝過來，佛陀伸出手掌，大象就停住了，而且嚇得屁滾尿流，向 佛懺悔，不久就捨壽了。捨壽後生到哪裡去？生到欲界天當天人去，享福去了。那麼由這個故事可以知道，阿羅漢是不是究竟清淨？不是嘛！只是相對於三果人，說他究竟清淨、究竟解脫；也是相對於凡夫說他究竟清淨、究竟解脫，其實不能跟入地的菩薩比。

入地的菩薩是通達七眞如的，那麼阿羅漢之所經歷的修行過程，他已經一一經歷過了，然後再故意生起一分思惑，成爲起惑潤生，不怕辛苦繼續受生於人間，所以他的佛菩提智慧不是阿羅漢所能瞭解的。那麼阿羅漢所有的清淨他也有了，可是他認爲這樣還不能叫作「清淨眞如」，因爲清淨的圓滿是要到佛地才究竟的。可是清淨眞如的實證，卻是應當從大乘法的四聖諦加以實修，必須先經歷了各種現觀；其中的現觀，例如現觀一切有情的邪行眞如，能夠斷除一切的集；但這個集是包括現行與種子的集，而不是只像阿羅漢斷三界愛現行的集。

那麼這個邪行眞如，他已經瞭解要這樣子斷，又去現觀一切有情的流轉眞如：十方三世一切有情都在流轉中，也都有眞如法性時時刻刻顯現著；再從諸大菩薩的眞如，從二乘聖人的眞如，從賢位菩薩的眞如，從一切外道凡夫、天主、天人的眞如，以及一切三惡道有情的眞如，一一觀察瞭解各個都有眞如，便依這個事實而安立一切有情的眞如，如實了知「安立眞如」。

這不是只有看見他自己，或者看見人類而已；這樣他瞭解了一切法中的眞如，無始劫來不斷地流轉，到未來無量劫後仍然是流轉眞如。這樣子觀察之後，再從自相、共相上面去觀察一切眾生都有「了別眞如」，也就是說一切眾生的眞如都有識別的法性；所以一切眾生的眞如出生了眼識，眼識就能識別色塵了。出生了耳識，就能識別聲塵；乃至出生了意識，能夠識別各種法塵。可是這些識的了別莫非眞如所生，而眞如了知這些識的運作，因此說眞如也是識性，故名阿賴耶識、異熟識、無垢識；而一切識莫非攝歸眞如，所以就說是「了別眞如」。

那麼這樣去瞭解以後得到現觀，他就能親自證實「三界唯心，萬法唯識」，因此了知遍十方三世一切有情莫不皆有「了別眞如」，所以一切識的眞實性其實就是眞如。這個觀察的範圍是很廣的，完全不是二乘聖人之所能知，也不是三賢位菩薩之所能知啊！這樣的觀察之後，再來觀察一切有情修學二乘菩提道之後，證得無我法而可以出離三界生死時，這樣的出離三界生死，也只是在人無我的實證上的法相而已，然而阿羅漢不知道人無我之中還有眞如相，而菩薩親見了、實證了。

接著呢，菩薩還從一切法中：五蘊、六入、十二處、十八界，或者說地、水、火、風、空、識六界等等，乃至一切心所法等等，於一切法中觀察諸法無我，可是這個諸法無我，其實依舊是依於眞如而建立的法相，不外於眞如、不離於眞如、不異於眞如啊！這不是在三賢位中所能觀察的。他這樣子觀察以後發覺：「原來這麼多的眞如都只是安立，依於不同的眾生所住的不同境界，然後安立各種眞如。那我要怎麼離開安立眞如的境界？使我的眞如變成究竟位的清淨眞如？」

這就有問題啦！因爲，地上菩薩所觀的清淨眞如，知道不能單憑對於二乘解脫道的實修而稱之爲清淨眞如；因爲二乘解脫道的實修，他們說的四聖諦，所謂的知苦、斷集、修道、證滅，都只是在三界愛的現行上面去見、去斷、去修、去證而已，但是在法我上面如何去把它斷盡而具足法無我？這可不容易喔！這就得要依於大乘法所說的四聖諦來修了！也就是要依勝鬘夫人所說的四聖諦來說明、來瞭解、來思惟、來實修、來實證，所以勝鬘夫人說：「阿羅漢、緣覺沒有證四聖諦。他們的四聖諦只是方便施設，不是眞正的四聖諦。」因此入地後的菩薩要依大乘法所說的四聖諦來付諸於實行，那是依無生之法來修行。

而且不是滅後的無生，因爲滅後的無生是二乘法；菩薩應該依於本來無生的法來修，不是像二乘聖人以五陰滅後不再受生的無生來修證，這才是大乘的四聖諦。就這樣子來修四聖諦，從法無我上面來知苦、斷集、修道、證滅，那麼這樣的苦所知的範圍就很廣了；這樣子所應斷的集就不單單是現行，還包括習氣種子；而這習氣種子不只是三界愛的習氣種子，也包括行陰與識陰等非異熟果的異熟生習氣種子。已經長劫修行而把這樣的習氣種子及異熟法種全部斷盡，才算是大乘法的集已經斷盡了，才能說是究竟清淨的眞如。

可是這樣的集斷盡以後，所證的滅諦到底是什麼境界？是先把二乘聖者所斷的三界愛現行全部斷盡而入地之後，接著再去斷除五陰的習氣種子；那麼五陰的習氣種子滅盡時，就是成佛的時候了。這時才能夠說已經滅盡了一切所應滅之法，眞如心中含藏的所有種子都不再有變異了。當種子流注的前後都不會再有更易，度過變易生死了，這才是大乘四聖諦中滅諦的內涵，這才算是具足證滅——具足證得大乘的滅諦，才能說是大乘法中的「清淨眞如」。但這得要經由大乘四聖諦的道諦來修行，才能全部完成。

也就是說，三界愛的現行斷盡了，五陰裡面的色、受、想三陰的習氣種子滅盡了，滿足了七地心，接著還要把行陰與識陰的無記性習氣種子變異性滅盡了，才能滿足妙覺位的修行啊！然後才能成佛，眞如心中的一切種子再也不需要變易了，種子究竟清淨而使眞如心體與種子都常而不變，這是內外皆常而成爲究竟位的眞常。所以這個大乘滅諦非同小可啊！更不是現代那些凡夫大師們所能知道的，可是這樣的大乘滅諦究竟應該怎麼證？那就要修大乘的道諦。大乘道諦具足實修圓滿了，所以大乘的滅諦也就完成了，這就稱爲清淨眞如了。

那麼諸位想想看，這「清淨眞如」好不好證啊？（大眾回答：不好證。）不好證啊？因爲我也覺得很難啊！（大眾笑…）眞的不容易啊！過往無量數劫努力奮鬥，流了多少汗、掉了多少淚、喝了多少母乳，然後壞掉了多少色身，也曾被佛門外道刺殺身亡，混到今天也才懂這麼一點點！那你想，佛地那個清淨眞如要如何證？今天終於知道了，可是很難解說啊！因爲我們這裡不是在講《解深密經》——不是在講《深密解脫經》，所以在這裡也只能略說。可是我今晚講的這個略說，諸位以前有沒有聽過或讀過？（大眾回答：沒有。）沒有哦！我以前也沒有公開講過，因爲諸位今天這麼辛苦飛到臺灣，終於回到佛法家中了，我不得不講一點以前沒有公開講過的，諸位還不曾聽過的法義。

我最近在回收一本書，就是《楞嚴經講記》第十四輯；因爲這個跟滅諦眞如有關係。由於《楞嚴經講記》是十年前講的（編案：二〇〇二年所說），那時候宣講時，老實說，那時往世的智慧還沒有完全恢復過來；而且是因爲希望大家快速實證，所以也有一些內涵沒有演說，當時比較側重於幫助大家快速實證眞如、眼見佛性，是以那樣的前提來演說的，所以當初對於五陰盡的定義還是有一點點小錯誤；但是對佛門凡夫而言，對那些大師們來講，可都沒有錯誤，因爲他們完全讀不懂（大眾笑……）。（編案：此段《法華經》是二〇一二年三月十三日所說。）

那麼出版第十四輯的時候，因爲我那時事情非常忙，所以只是針對錯別字校對回來，改正後就趕快印了，沒有再重讀一遍，所以十年前講解時的一點小錯誤沒發覺。等到第十五輯要付印之前，我正好有空，花了半個月把第十四輯重讀一遍，才發覺裡面有錯誤，所以作了修正。那麼第十五輯現在已經印好了，卻還不能上架，提前印好擺著，不能先賣給會員、學員們，否則總經銷會抗議的。那麼這第十四輯，因爲我在增上班的課程中有談到五陰盡的定位，剛好我們有同修們已讀到第十四輯的《楞嚴經講記》，增上班聽了以後想：「欸？怎麼有點不一樣？」所以來跟我反應，我說：「在那當初付印時我沒有重讀，沒發覺。那一定還會有別的地方有錯誤。」所以我就重讀一遍作了修改，因此重印。那麼可能還有一兩百本存書，就趕快停售，希望重印出來以後大家都來換書。

然後就有一件有趣的事發生了，欸……楊老師呢？楊老師在辦公室喔？就有一家書局跟楊老師說：「看你們第十四輯還有多少，我們全部要買。」因爲聽說我們講那本書有錯誤要收回，所以他們要全部買（有人在笑…），那我今天要請楊老師跟對方講，他既然說不管多少他們都要買，就請楊老師明天問問他們：「一萬本他們要不要買？」眞要買的話，我眞的再印給他買，依照舊本眞的印給他，（大眾笑…）因爲他說不管多少都要買嘛！那買了去，他們的目的是要作什麼？要研究嘛！要看你錯在哪裡，我好拿來破你！好！我就賣一萬本給他們，他們也是無法破，因爲他們根本讀不懂嘛（大眾大笑…）！

因爲這不是未入地的人所能瞭解的，而且就算是讓他們眞的入地了，讓他們到了初地、二地，也是無法完全瞭解的，他們還是破不了的。因爲想要破人家的時候得要有理由，一方面要有聖教量，一方面也要有現量的觀察，否則根本不知道從何破起啊！第三個呢，必須依於聖教量和現量所作出來的比量是絕對正確，不會被人家駁倒的。現在問題來了，即使是初地、二地也沒有辦法來破的法義，他們一群凡夫能破嗎？那麼諸位，我用一句臺灣的笑話說：「這不必用腦袋想，用什麼來想？用膝蓋想就知道了。」所以今晚就拜託楊老師告訴那家書局說：「我們還有一萬冊。」看他要不要買？眞要買，我眞的再以原版補印寄給他，我就多少賺一點嘛！（大眾大笑…）那麼賺了他的錢拿來弘法也不錯，可以利樂眾生也很好啊！這可以算他們一分功德，我是說眞的。

這就是說，要眞的懂「清淨眞如」不是容易的事啊！因爲要懂清淨眞如的人，或者說他要能夠去針對我的《楞嚴經講記》第十四輯所說的五陰盡的內涵，提出來作法義辨正的話，他至少要有色陰盡的實證體驗，而且前提是還要先有無生法忍。單有無生法忍你還是作不到的，必須要有色陰盡的體驗才能和我對談，看有什麼地方講錯了，那就不是容易的事囉！所以這人間有誰能破我？其實是我能破我。那剛好因緣就這麼湊巧，我在增上班說了：色陰盡是三地滿心，受陰區宇破盡了成爲受陰盡，那就是六地滿心了；如果到七地滿心呢？就是想陰區宇破盡了，成爲想陰盡。

剛好我在增上班這樣解說了，恰好就有人讀過了來告訴我；因爲才剛出版不久嘛！他覺得：「好像跟第十四輯說的不太一樣，所以來告訴您。」這第十四輯出版的時候我忙得一塌糊塗，根本沒時間把它重讀一遍，所以沒有機會發覺那個錯誤，正好我在增上班有解說了，大家正好可以比對：「欸！第十四輯中說的有些不同。」我說：「那一定還有別的小錯誤，我得要重讀一遍才能修改。」然後讀過就重新加以修正。那麼諸位想一想，解說五陰區宇的破盡，得到五陰盡的境界是哪一地，說句老實話，從古至今沒有人講過、沒有人寫過。可能有菩薩講過，但沒有記錄下來；因爲那是 彌勒菩薩在兜率天宮講的，也沒有在人間記錄下來，目前爲止就只有我一個人把它如實宣講出來，所以我講解的五陰盡的內涵，是沒有人能破的。因此請楊老師明天問問那家書局，說我們還有一萬冊，半個月可以交貨，看他要不要買？眞要，我就賣給他。

那麼這意思就是說，想要達到清淨眞如的境界，函蓋的範圍是非常廣的。那五陰盡的境界呢，有許多都不是我們能想像的，所以五陰盡的境界全部完成了，才算是應該修證的清淨眞如完成了。那麼菩薩至少已經知道清淨眞如的內涵，從邪行眞如、流轉眞如、相眞如、安立眞如，還有一個了別眞如，一直到這第六個清淨眞如，這位能夠演述《法華經》的菩薩知道，所以他能演述的《法華經》是函蓋了大家所應該知道的內涵。這裡說的「大家」是指實證眞實法的菩薩們，而不是指外面還在外門修菩薩行的佛弟子們。

那麼能夠知道七眞如的內涵，來爲人演述《法華》的時候，就可以具足宣說，不是依文解義，而是知道《法華經》背後的眞正義涵，然後如實演說。所以當他能夠這樣爲人演述《法華經》的時候，對這樣的法師，大眾應當以天華來散花供養，應當以天衣披覆其身而作供養，見到他的時候應當「頭面接足禮，生心如佛想」。因爲知道他比起我們而言，一定是不久就會在菩提樹下坐，不久就會成佛。因此他所行住坐臥、經行之處，乃至爲人簡單說一點點佛法的地方，都應該在那個地方起造寶塔而作供養。

那麼因爲他瞭解七眞如這個功德，而這個清淨眞如證得了，才算是大乘滅諦完成了。這是指大乘四聖諦裡面的滅諦，不是二乘菩提中的滅諦喔！是要圓滿了清淨眞如才算全部完成，所以這個清淨眞如眞的不容易證。因爲五陰盡的修證圓滿了，才算是五陰的習氣種子全都滅盡了，才算是證得清淨眞如。可是單單說最粗淺的色陰盡，那是什麼境界？那得要先有無生法忍，在有無生法忍之前是要先有什麼？要先有阿羅漢的實證！然後呢，接著才能夠有時體驗一下色陰盡的境界。

那色陰盡的功德具足實證的時候，是三地滿心時；若是偶爾體驗一、兩次，不是想要住在那個境界就能住在那個境界中，就不是滿足三地心。三地滿心的時候，白天等於黑夜，黑夜等於白天，沒有差別。所以布滿了烏雲的無月之夜，又碰巧停電了，也沒有蠟燭可以點，這時你可不要因爲幾年前被三地滿心菩薩罵過一句話，心裡就想：「現在你看不見我了，我就當你的面瞪一下你。」你可別瞪眼，他看得清清楚楚。色陰盡就是這樣啊！他在白天所見與黑夜所見只有一點差別，就好像一張亮面的相片，不小心被墨水給淋了，你想：「這張相片很重要，是我生命中很重要的一個紀錄，不能毀棄。」就趕快拿去水龍頭沖洗掉，沖洗了以後，相片是回復原來的色彩和影像了，卻有一層薄薄的黑色蓋在相片上面。諸位有沒有看過這樣的相片呢？自己拿一張不重要的彩色相片試一下就知道了，都不妨礙你看那一張相片的內容與色彩，但是卻有一層微微的黑色覆蓋著。這就是色陰盡的三地滿心菩薩在暗無光色時所見的色塵境界，三地滿心菩薩在全然無光的暗夜裡所見的色塵就是這樣子。

可是三地滿心菩薩色陰盡的所見並不只是這樣，而比你們白天的所見還要清晰喔！爲什麼呢？因爲即使是很遠的地方，例如一丈、二丈遠的牆壁油漆沒有刷好，在暗夜完全無光時，也能看得清清楚楚；假使二丈遠的牆壁在修飾水泥時沒有做好，留下一點又一點的毛細孔，粉刷了白漆以後，如果沒有用白土全部塡滿再上漆，那三地滿心菩薩即使是暗無光線的情況下，還是很清楚地看得見，這就是色陰盡的境界。

那你進入三地以後可能會有一次、兩次體驗到，不會是經常如此。遇見這境界時，若是「不作聖解」，也就天下太平；若認作說：「喔！**我已經證得三地滿心的境界了，我現在是四地菩薩了。**」對不起！那就等死後下地獄去；因爲這是大妄語啊！你想一想，三地滿心這個色陰盡是很不容易實證的。如果具足實證了，這時他是可以分身到別的世界去喔！然後由那些分身爲眾生說法，他自己在這邊聽著分身出去別的世界爲佛弟子們說法，成就「谷響觀」。而這只是三地滿心的境界，才只有色陰盡而已；那你想想，六地滿心的受陰盡，七地滿心的想陰盡，十地滿心的行陰盡，諸佛則是識陰盡，你如何想像呢？沒有三地即將滿心位的無生法忍智慧，絕對不可能如實瞭解的。會外有好多人自稱五地、八地菩薩，你們可以用這個境界檢驗他們，自然會知道他們都是大妄語人，死後報在地獄，可別被他們的大膽妄語所欺騙，跟著走上歧路。

那麼識陰盡的時候是什麼情況？是六根互通啊！因爲眞如性已經完全不受拘限啦！那可不是說：「喔！我開悟了，在見地上眞的六根互通。」開悟明心所證的見地上的六根互通，那是說：「我眼根有眞如，耳根也有眞如，鼻舌身根、意根都有眞如，眞如在六根中互相通流。」這只是見地上的，只是看見眞如在六根中通流，不是六根功能的互通。當然也不是眼見佛性的那個六根互通——六根、六識上都有佛性，並不是這個。諸佛的六根互通，是說眼根可以作耳根用、作舌根用、作身根用等等，每一根都可以如此互用。有時不叫你用眼根看，那時你要用身根去看也行；就可以這樣把六根的功能互相通流運用，因爲諸佛完全是以眞如而起用了！這才是清淨眞如啊！但這個內涵的具足了知和實證是很困難的，那你要怎麼樣去了知？無門可入。只有老老實實按部就班，先從斷三縛結開始，先從二乘的四聖諦、八正道實修，然後再實修菩薩道。這樣大家就可以稍微瞭解「清淨眞如」了，可是佛地的第八無垢識，卻可以具足五個別境心所法，以及十一個善心所，這可就不是妙覺菩薩之所能知了，這時才是眞正的「清淨眞如」。

那麼最後一個眞如，就叫作「正行眞如」。第七個眞如就是正行眞如，是相對於凡夫的邪行眞如而說的。那麼請問諸位：「二乘聖者有沒有正行眞如？」有沒有？沒有？有？都對。不能說你們都不對啦！你們那麼大老遠回家，怎麼可以說不對？（大眾爆笑…）所以我說「都對」，我就從另一個層面來說你們都對。爲什麼二乘聖者沒有正行眞如？他們也行八正道啊！爲什麼沒有正行眞如？因爲他們沒有證眞如，所以他們沒有「正行眞如」。他們是有正行而無證眞如，正因如此，所以也說二乘聖者有證解脫，卻沒有到彼岸；因爲他們的到彼岸是滅掉五蘊自己，五蘊自己已經滅失而沒有五蘊我存在了啊！哪裡還有誰到了無生無死的彼岸？是誰到彼岸啊？他們是有正行，可是他們沒有證眞如，所以他們當然沒有「正行眞如」。那你們說他沒有，就說對了！你們有智慧。可是這一邊你們說二乘聖者有「正行眞如」，那也對，因爲從菩薩的所見，阿羅漢行於解脫道的正行之中，依舊使他們的眞如分明顯現，無遮無隱啊！所以從菩薩的智慧所見，當然也有「正行眞如」，所以你們這邊說的也對。

可是現在要換我來說了，我說「不對」。爲什麼不對？因爲他們沒有「正行眞如」。爲什麼說他們沒有「正行眞如」呢？因爲他們所行的道諦——那個八正道，不是依眞如、不是依無生法忍而修；他們只是依蘊、處、界、入等現象法而修人無我，不是修證法無我，所以說他們沒有「正行眞如」，這是從是否實證的角度來說的。這也就是勝鬘夫人說的：「二乘聖者沒有滅諦、沒有道諦。」因爲這個「正行眞如」最基礎的實修，就是要證得「此經」。「此經」是什麼？（大眾回答：如來藏。）呵！如來藏啊！先要證得「此經」，《法華經》就是如來藏啊！《金剛經》就是如來藏啊！《大品般若、小品般若、金剛經、心經》全都是指如來藏，只有第八識如來藏才有眞如法性。

把《大品般若》濃縮一下變成《小品般若》，在《小品般若》裡面說有非心心、無住心、無心相心、不念心，這是《小品般若》講的聖教啊！《小品般若》再濃縮以後叫什麼經？（有人回答：《金剛經》。）正是《金剛經》。《金剛經》中就宣示說有一個法，性如金剛而不可壞滅。總不能說一切法空、斷滅空可以叫作金剛吧？斷滅以後是空無，怎麼能叫作金剛呢？所以《小品般若》再濃縮時叫作《金剛經》。那麼繼續再濃縮以後變成什麼經？（大眾回答：《心經》。）欸！（導師指著後方佛龕裡掛的《心經》說：）我們張老師寫的喔！在這裡，叫作《心經》。我們所有講堂佛龕裡的《心經》都請張老師寫，她這個福德可大了！好！《金剛經》再濃縮成爲《心經》，那麼《心經》是在講什麼？正是講「心」！因爲不是叫作《空經》，而是叫作《心經》啊！就表示這是演說「心」的經典。「心」是指什麼？就是「此經」，我們稱爲如來藏，又名阿賴耶識，在這部經中便叫作「妙法蓮華經」；未來成佛了，就改名爲無垢識。

好！想要修行大乘法而在「正行眞如」中去修行，第一個前提就是要先證「此經」；證得「此經」以後才懂得「本來無生」，不會再落入二乘聖人所修的「將滅止生」裡面啊！二乘聖人的無生，六祖早就罵過了，說他們「將滅止生」；他們的無生是把五蘊、十八界滅盡，說「我生已盡，不受後有」；不受後有所以不再有未來世的生，那是滅掉了蘊處界而說無生。可是六祖所說的不一樣，是大乘法的無生；是蘊處界都還具足存在而本來就無生，這是哪一個無生呢！（有人回答：如來藏。）欸！就是「此經」如來藏無生！這如來藏心本來就是自己已在、法爾如是，是本來無生的，不是將五蘊的消滅來「止生」啊！這就是大乘「正行眞如」實證的起點。

佛菩提道中的行者都要修大乘四聖諦，所謂的知苦、斷集、證滅、修道，這個大乘的修道就是「正行眞如」。而大乘四聖諦裡面的道諦依舊是八正道，這八正道跟二乘法所說的八正道名詞都一樣，沒有差別，但前提不同，是依於「此經」的實證，來說三賢位「正行眞如」的人無我八正道。再進修十地心，從初地到十地心的法無我，乃至終於到了妙覺心時一樣是「正行眞如」，要這樣來修「正行眞如」。

所以當菩薩如實修習大乘道諦的時候，他的正見不同於二乘法的正見；二乘法的正見只侷限在現象界中，所看得到的部分就是五蘊、六入、十二處、十八界，觀察無常、苦、空、無我，這是現象界中可以看得見的。可是菩薩修「正行眞如」，在這個道諦實修的時候，是依於「**此經**」的本來無生，來看待蘊處界的生住異滅和無常、苦、空、無我，然後把它收歸如來藏而說：「**我這蘊處界一切諸法亦復本來不生。**」因爲蘊處界入等法全都歸於如來藏所有，所以二乘法說一切法生住異滅，大乘法說一切法本來不生。

那個好笨的達賴喇嘛就因爲不懂這種正理，所以他說：「**佛陀三轉法輪說法前後矛盾。**」哪裡有矛盾？而是他自己不懂嘛！他根本就沒有入門，連二乘法都還沒入門呢！就別說是大乘法了。所以大乘菩薩修道諦，他的正見是依於「此經」的本來無生，來看待一切法；然後現見一切法生住異滅，無常、苦、空、無我，再把它收歸於「此經」如來藏，才說一切法也是本來無生。明明是生住異滅的蘊處界入等法，但菩薩依無生法忍所見時卻是本來無生。

在還沒有實證如來藏的人面前，你這樣跟他講，他會覺得說：「這個我要怎麼懂？無法理解。」是不是？但是，智者以譬喻得解。我就講譬喻給諸位聽，你就會瞭解，至少從思想的層面可以瞭解。譬如一顆很大的明珠，趙州禪師很喜歡講的一句話說：「胡來胡現，漢來漢現。」有沒有？（有人回答：有。）好！當胡人來到的時候（胡人就是你的上一世啦，你上一世就叫作胡人，這一世叫作漢人），當你上一世來到的時候，你的如來藏表面顯現出來就是你上一世的模樣，就是那個胡人嘛！上一世的你走了，就是胡人去了；那麼胡人走了以後換個漢人上來了——這一世的你來了，你的如來藏就顯現出你這一世的漢人模樣。好！上一世那個胡人，也就是明珠表面那個胡人，你能夠說那個胡人的影像不是明珠的一部分嗎？不能喔！它本來就是明珠的一部分。那胡人走了，換了漢人——換這一世，那麼這一世這個漢人的影像，當然也是明珠的一部分啊！由於明珠本來不生，而胡人與漢人都是明珠裡的一部分，那你怎麼可以說前世那個胡人有生有滅？怎麼可以說現在世這個漢人有生有滅？所以明珠表面上的胡人來了、去了，漢人來了、去了，就只是不生滅的明珠裡的一部分，其實胡人、漢人並沒有生滅。

那麼一切法亦復如是，一切法都屬於如來藏所有，所以當如來藏不生——當如來藏本來無生的時候，而一切法屬於如來藏，那就無妨一切法不斷地生住異滅，攝歸如來藏時其實都是沒有生住異滅。因爲一切法本來就是無生的如來藏中的一部分，怎麼可以說一切法有生滅呢？又譬如明鏡，一面明鏡在你面前，你不能把明鏡裡面的影像排除掉，說那些影像不屬於明鏡的一部分；眞的不可以啊！因爲那影像一定是明鏡的一部分！那麼明鏡既然本來無生，鏡中的影像又怎麼可以說是有生呢？影像只是變來變去而已，本就是明鏡中的一部分，所以鏡中影像就沒有生滅可說了。這樣就瞭解了呵？

菩薩依於大乘道諦的第一個部分——正見，這個大乘正見跟二乘法道諦的正見所見不同。二乘法道諦的正見所見，是一切法生住異滅，無常、苦、空、無我；大乘菩薩所見，雖然一切法生住異滅，是無常、苦、空、無我，可是又同時看見一切法本來無生；因爲是依常住的「此經」如來藏，把一切法攝歸無生的如來藏而說一切法本來無生，這才是大乘道諦的正見啊！正見如是，菩薩的正念亦復如是，所以菩薩的正念跟二乘人的正念是不一樣的，也是依於「此經」而有菩薩的正念，跟二乘人的正念剛好顚倒，卻全部函蓋而不矛盾；可是二乘人的正念，菩薩卻能具足了知。

同樣的，正思惟、正業、正精進、正命、正語、正定也是如此，證悟菩薩都是依於「此經」而修八正道；所以說，大乘是依於「此經」而有的根本無分別智、後得無分別智，乃至一切種智——也就是無生法忍，來修大乘的道諦八正道。像這樣一一親歷實修而完成了「清淨眞如」的時候，他的「正行眞如」才算圓滿。也就是到了妙覺位——就是到一生補處了，然後看見該度的弟子得度因緣成熟了，於是下生人間來示現成佛，這樣才算是完成了「正行眞如」。

所以這七眞如眞的不容易瞭解啊！因爲你從《深密解脫經》裡面雖然可以讀到七眞如的略說，也只是極略說；但其中的內涵何曾有誰能知？確實很難了知。但這一位菩薩能夠爲人如實宣演《法華經》的內涵，代表他已經瞭解這個七眞如；正因爲他瞭解了七眞如，所見一切法平等，所以他就依於這樣的大乘四聖諦而修，才能夠有這樣的大功德；所以這樣爲人如實演說《法華經》的法師——也就是如實演說大乘法之師，你別管他是男生、女生，也不要管他是出家、在家，更不管他是國王或者妓女；如果哪一天有一個妓女能夠這樣如實演講《法華經》，那一定是乘願前來示現的；那時你見了她，一樣要「**頭面接足禮，生心如佛想**」，要這樣來看待她。

假如哪一天有條狗來了，牠能夠說人話，也能夠像這樣講解七眞如，當牠把《法華經》具足圓滿告訴你的時候，你一定要對牠「**頭面接足禮，生心如佛想**」，因爲那一定是大菩薩乘願而來示現的。這個觀念大家要建立，在大乘法及二乘法中都一樣如此看待：不分身分，只看有無實證。在二乘法中，佛陀不管你是在家或出家，佛陀只看你有沒有證果；如果你證得阿羅漢果了，就算出意外死了，佛陀一樣叫出家的阿羅漢們去爲你辦後事。

有一位阿支羅迦葉，他是個養牛的在家人。他很厲害喔！他想要聽 佛陀說法，本來 佛陀不想爲他講法，因爲已經到了托缽的時間，但他硬纏著 佛陀爲他講法，佛陀被他纏得沒辦法，因爲慈悲嘛！就跟他講了四聖諦；當然講完了那天就不能去托缽了，因爲中午已經過去了啊！那天 佛陀就只能餓著肚子等明天才能吃飯了。可是這位阿支羅迦葉很厲害，聽 佛說完了法以後，他當場證得阿羅漢果，當場歸依三寶，求受五戒以後，他就繼續去牧牛。那天下午因爲一隻大公牛要撞死小牛，他爲了保護那一隻小牛，被公牛撞死了。消息傳到佛陀那裡去，佛陀說：「他已經得到解脫道的第一記。」也就是印證他是阿羅漢，就吩咐舍利弗他們：「你們要去幫他闍維。」就是要一起去幫他荼毘。那些大阿羅漢們就一起供養他的屍身，供養完了幫他火化。這都還是在二乘法中的《阿含經》說的喔！證明在二乘法中是依證果來定義沙門的身分，而不是依身相是否出家來定義沙門的身分。所以聲聞道中的果位，就因此而說爲「四沙門果」。

那麼不單是在二乘法，在大乘法中也是如此啊！不管你現什麼身相，不論是天人相也好，畜生相也好，就看你有沒有證果。大乘法的證果是什麼？是以菩薩道修證的五十二個階位來函蓋二乘果，第五十三個階位叫作佛，一樣是只看你有無證果。所以將來誦戒的時候，你們大陸的同修們就要遵守了：在我們同修會裡面，誦戒的時候就照這樣的規矩來：誰先受戒，誰坐前面；誰後受戒，誰就坐後面，不管你老少、男女、出家在家。如果是去年才受戒的，雖然他身爲比丘，人家那位小菩薩才十八、九歲，是前年受戒的，雖然也還在學校讀書，但他一樣要坐在那位比丘前面誦戒。

就是這樣啊！佛陀的規定就是這樣。戒律上如此，菩薩道上也是如此，所以大乘法跟二乘法其實都一樣，就看你有沒有實證，不管你的身相。假使有一個人，方便說之爲「人」，譬如牠是一條狗，但牠通人語，而牠已經受了菩薩戒，哪一天來誦戒的時候，比牠晚受戒的所有人，不管是比丘、比丘尼、優婆塞、優婆夷，只要比牠晚受戒，就得坐到牠的後面去，世尊是這樣規定的。

所以，所謂的法師；現在把話題拉回來，回到「法師」來說：「**若見此法師，成就如是德。**」像這樣懂得七眞如而能爲人如實演說《法華經》的法師，並不是二乘法中的法師，也不是大乘法中三賢位裡的法師；如果遇到像這樣的法師，「**其所住止處，經行若坐臥，乃至說一偈，**」佛陀交代說：「**是中應起塔。**」因爲他有這樣的功德啊！所以應該要起塔記念。

可是你們不要起了念頭懷疑說：「**欸！那咱們正覺同修會爲什麼沒有在**

這法座上起塔？爲什麼剛才老師您走過的地方沒有起塔？」我告訴你，我們同修們早就起好了。因爲這個起塔不是起世間塔，是要在每一個人心中起了這麼一個七寶塔；怎麼起呢？進了講堂這走道，每週二蕭老師來講《法華經》時都走過，就在這裡起個塔；你那個念頭成就了，寶塔便成就了。我們台北的同修們上週就起過了啦！現在換你們來起寶塔了！因爲《法華經》所講的是在理上說，這不是在事相上說起塔，而是在修行上來說；但是諸佛制戒的事相，卻同時也告訴了我們這個道理。

那麼因爲這樣的法師有這樣的功德，前面經文中說的第一個人的功德，第二、第三個人的功德，他全都有。爲什麼他都有？因爲他有無生法忍，他能夠通達七眞如，只是還沒有辦法具足實證而已，所以當他爲大眾這樣宣演《法華經》的時候，大眾就應當這樣爲他起塔。起了這個塔以後，心中不生疑；因爲你心中起了這個塔以後，應該要如同　世尊所開示的：「莊嚴令妙好，種種以供養。」該怎麼供養？你們心裡面想著：「我一定要護持正法，我來作無上的法供養。」這正是無上供養，沒有什麼比這個法供養更好，法供養在所有供養中的功德與福德最大。

那麼這樣所作的供養，獲得的福德以及受用的功德，將會追隨著你一世又一世，一直到成佛。所以這樣的法師並不是容易遇見的，因爲一般所謂的宣演《法華經》是怎麼宣演的？就是依文解義啊！可是依文解義之後，自己心裡就想：「爲什麼世尊要這樣講？」自己心裡面又起了懷疑，所以心裡面想：「欸？這裡應該要起塔？」心裡面懷疑起塔幹什麼？於是他的功德就不見了。當你生心說：「這裡要起塔。」那你不必擔心說：「哇！這個講桌、這個法座這麼小，我們這麼多人能起多少塔？」都不必擔心，你只要起了塔，這個塔既在你心中，自然也會在這個法座上，只是凡夫與二乘愚癡的聖者們都看不見。

我再講一個公案給諸位聽好了。有一天釋提桓因隨從 佛後在路上行走，佛陀突然在沙地畫個圈子說：「這裡應該要建造一座清淨梵刹。」釋提桓因一聽到了，馬上付諸於實行，趕快去路邊摘了一枝草來，在佛陀指定的地方就插下了，隨即稟告 世尊：「清淨梵刹已經建竟。」說清淨的佛刹已經建築完成了。那麼，你們就這樣子來起造七寶塔吧！然後一定要「莊嚴令妙好」；你如果心中有懷疑，可就不莊嚴了，所以如果生心說：「這個塔到底是眞的、假的？」那塔就不見了，也就壞掉了，只剩下五陰。

那麼心中無疑而令莊嚴，接著「種種以供養」：從你正在聞法的時候信心具足，就是作了第一種供養；然後就是付諸於實行，一步一步去修行，誠懇迴向：「將來我某某人也要像世尊這樣來宣演《法華經》。」要這樣子迴向，這才是最上供養。當你迴向久了，這個願就很堅固，繼續努力進修，將來就可以實現啦！世尊在因地也是這樣發願、這樣迴向啊！

那麼這樣子，大家就瞭解說，爲什麼持「此經」的人功德那麼大，而這麼大的功德，原因只是受持「此經」。他都還無法爲人讀誦、書寫、解說喔！只是受持「此經」，他的功德就等於建造一個很大的僧堂；這個僧堂高達八多羅樹。一棵多羅樹的高度大概三十公尺，八多羅樹可就很高了；像這樣的僧堂既高又廣，裡面總共建造了三十二座這樣的堂閣，供養比丘眾數百、數千人，又作種種四事供養。可是這都還無法跟受持「此經」相比啊！那受持「此經」之前，諸位要先瞭解什麼叫作「受持『此經』」？一定要先證得「此經」，證得「此經」以後心得決定而不退轉，才叫作「受持『此經』」。受持「此經」的功德比人家蓋那個高廣的僧坊，作種種的供養眾僧的功德還要大。但這還不算數，都還沒有辦法跟這位「**法師**」相比。

還有另一個人「**受持『此經』**」以後，還可以教人「**讀誦、書寫、供養經卷、散華**」等等，又以薰油常常供養，得到無量功德。可是竟然這樣作了以後，也還無法跟這位「**法師**」相比。還有另一位，除了以上兩種功德之外，他還加修六度，又遠離自高心，有人前來問難也不起瞋心，還能隨順爲人解說，像這樣第三種人的功德，依舊不能跟這位「**法師**」相比啊！因爲這位「**法師**」除了有這三個功德以外，還能夠爲人如實宣演《法華經》，次第鋪陳；還能教導你次第邁向佛道，使你能夠有所成就，所以你應該對他「**頭面接足禮，生心如佛想**」；然後他所曾經立足之處，經行坐臥之處，你都應該在心裡面趕快爲他建造一座座像那樣高廣的七寶塔，再以種種七寶莊嚴，好好地每天作法供養。

那，爲什麼要這樣作呢？佛陀最後點出那個原因了，就是這最後四句：「**佛子住此地，則是佛受用，常在於其中，經行及坐臥。**」首先說「**佛子**」，佛子一定是指入地了，因爲這時叫作「**生如來家**」。可是能夠如實宣演《法華經》，並且能夠爲人次第鋪陳的時候，已經叫作「**長於如來家**」了。「**佛子**」

住於此一境界時，已經是生於如來家中，是住於如來家的佛子。也就是入地之後，「住在這個境界之中，其實他所受用的就是諸佛的受用」。因爲諸佛之所受用也是「此經」，而這位菩薩所受用的也是「此經」。

那麼這樣看來，受持「此經」就是修學大乘法的菩薩們鼎鼎重要的第一件事了，所以就得要發願了：「我得要努力，將來讓我有因緣可以證得『此經』，然後受持『此經』永不退轉。」怎麼樣去具足這個因緣，就是諸位要努力的地方。好！世尊又說：「佛子住於這個境界，其實就是諸佛受用的境界；」又說：「常在於其中，經行及坐臥。」「常」就是永遠，都不改變，也就是：「永遠都住在諸佛的受用境界裡面，都在這裡面經行及坐臥。」

其實跟諸位說句老實話，你們也都得到諸佛的受用，你們也都是「常在於其中」，而你們也都在其中「經行及坐臥」。怎麼了？不敢承擔喔？聽到這裡傻眼了哦？（有人答…）對！不敢承擔的原因是爲什麼？因爲沒有現觀嘛！你們還沒有辦法現前觀察到自己能夠住在這個境界裡面，能夠得到諸佛同樣的受用；也沒有辦法現前觀察到自己眞的就是住在「此經」裡面經行、坐臥。其實你們現在一個個坐在這裡，全都坐在「此經」之中，卻又不知道，一定會覺得不順心，正是家家有本難唸的經。

這本經眞的很難唸啦！可是你們各人一定都有這一部經；要學著怎麼樣容易唸祂，這就是諸位跟正覺有緣的地方。如果不是跟正覺有緣，不是往世跟我結過緣，你們今天也不會這麼辛苦來到台北。眞的好辛苦，對不對？（有人回答：不辛苦。）不辛苦喔？（大眾笑…）可是我知道你們……因爲台北的旅館沒那麼多，有的人甚至住在高雄，然後搭遊覽車跑那麼久才能上來台北，眞的很辛苦，但還有另一個不辛苦的跟你在一起。

說辛苦的，是一天到晚抱怨個不停的人；可是那個眞正辛苦的人，從來沒有抱怨過，他就是你家的那一本經。你家的那一本經眞的很難唸，你看多少大師少小出家，一直到如今垂垂老矣！即將捨報了，都還不知道怎麼唸呢？不知道怎麼唸的當代大師們，就是這經上講的，說他不懂得如何「讀誦」，因爲「讀誦『此經』」是很困難的。「爲人解說」還在其次，單是「讀誦」就很困難了。

那麼你要怎麼樣去現觀說：「爲什麼我經行的時候，爲何我行住坐臥都在我自己這部經裡面？」這就是諸位應該要突破的地方。可是在突破之前，有一些條件你要先建立起來；你把這些基礎建立起來，你的努力夠了，才能夠突破。如果你一點力量都沒有，連舉手都舉不起來了，叫你把那張薄薄的紙戳破，根本都沒辦法戳。所以呢，諸位這一次回來很辛苦，「受菩薩戒」是建立第一個條件，諸位如今已經把這個條件先完成，也就向前邁進一大步了！那麼除了實證的菩薩以外，一切人、一切有情都不能現觀自己是住於這個境界中；可是一切爲人演述《法華經》的菩薩們，都能現觀，都知道自己的受用跟諸佛的受用是一樣的，都是在「**此經**」裡面得到受用，都是「**常在於其中，經行及坐臥**」。好，今天時間又到了，就講到這裡。

（〈分別功德品〉完，第十七輯從〈隨喜功德品〉續說。）

佛教正覺同修會〈修學佛道次第表〉

第一階段

* 以憶佛及拜佛方式修習動中定力。
* 學第一義佛法及禪法知見。
* 無相拜佛功夫成就。
* 具備一念相續功夫—動靜中皆能看話頭。
* 努力培植福德資糧，勤修三福淨業。

第二階段

* 參話頭，參公案。
* 開悟明心，一片悟境。
* 鍛鍊功夫求見佛性。
* 眼見佛性〈餘五根亦如是〉親見世界如幻，成就如幻觀。
* 學習禪門差別智。
* 深入第一義經典。
* 修除性障及隨分修學禪定。
* 修證十行位陽焰觀。

第三階段

* 學一切種智真實正理—楞伽經、解深密經、成唯識論…。
* 參究末後句。
* 解悟末後句。
* 透牢關—親自體驗所悟末後句境界，親見實相，無得無失。
* 救護一切眾生迴向正道。護持了義正法，修證十迴向位如夢觀。
* 發十無盡願，修習百法明門，親證猶如鏡像現觀。
* 修除五蓋，發起禪定。持一切善法戒。親證猶如光影現觀。
* 進修四禪八定、四無量心、五神通。進修大乘種智，求證猶如谷響現觀。

佛菩提二主要道次第概要表——二道並修，以外無別佛法

佛菩提道——大菩提道

十信位修集信心——一劫乃至一萬劫

資糧位

初住位修集布施功德（以財施爲主）。

二住位修集持戒功德。

三住位修集忍辱功德。

四住位修集精進功德。

五住位修集禪定功德。

六住位修集般若功德（熏習般若中觀及斷我見，加行位也）。

外門廣修六度萬行

七住位明心般若正觀現前，親證本來自性清淨涅槃。

八住位起於一切法現觀般若中道。漸除性障。

十住位眼見佛性，世界如幻觀成就。

一至十行位，於廣行六度萬行中，依般若中道慧，現觀陰處界猶如陽焰，至第十行滿心位，陽焰觀成就。

一至十迴向位熏習一切種智；修除性障，唯留最後一分思惑不斷。第十迴向滿心位成就菩薩道如夢觀。

內門廣修六度萬行

見道位

遠波羅蜜多

初地：第十迴向位滿心時，成就道種智一分（八識心王一一親證後，領受五法、三自性、七種第一義、七種性自性、二種無我法）復由勇發十無盡願，成通達位菩薩。復又永伏性障而不具斷，能證慧解脫而不取證，由大願故留惑潤生。此地主修法施波羅蜜多及百法明門。證「猶如鏡像」現觀，故滿初地心。

二地：初地功德滿足以後，再成就道種智一分而入二地；主修戒波羅蜜多及一切種智。滿心位成就「猶如光影」現觀，戒行自然清淨。

解脫道：二乘菩提

斷三縛結，成初果解脫 ←

薄貪瞋癡，成二果解脫 ←

斷五下分結，成三果解脫 ←

入地前的四加行令煩惱障現行悉斷，成四果解脫，留惑潤生。分段生死已斷，煩惱障習氣種子開始斷除，兼斷無始無明上煩惱。

近波羅蜜多

大波羅蜜多

圓滿波羅蜜多

修道位

究竟位

三地：二地滿心再證道種智一分，故入三地。此地主修忍波羅蜜多及四禪八定、四無量心、五神通。能成就俱解脫果而不取證，留惑潤生。滿心位成就「猶如谷響」現觀及無漏妙定意生身。

四地：由三地再證道種智一分故入四地。主修精進波羅蜜多，於此土及他方世界廣度有緣，無有疲倦。進修一切種智，滿心位成就「如水中月」現觀。

五地：由四地再證道種智一分故入五地。主修禪定波羅蜜多及一切種智，斷除下乘涅槃貪。滿心位成就「變化所成」現觀。

六地：由五地再證道種智一分故入六地。此地主修般若波羅蜜多——依道種智現觀十二因緣一一有支及意生身化身，皆自心眞如變化所現，「非有似有」，成就細相觀，不由加行而自然證得滅盡定，成俱解脫大乘無學。

七地：由六地「非有似有」現觀，再證道種智一分故入七地。此地主修一切種智及方便波羅蜜多，由重觀十二有支一一支中之流轉門及還滅門一切細相，成就方便善巧，念念隨入滅盡定。滿心位證得「如犍闥婆城」現觀。

八地：由七地極細相觀成就故再證道種智一分而入八地。此地主修一切種智及願波羅蜜多。至滿心位純無相觀任運恆起，故於相土自在，滿心位復證「如實覺知諸法相意生身」故。

九地：由八地再證道種智一分故入九地。主修力波羅蜜多及一切種智，成就四無礙，滿心位證得「種類俱生無行作意生身」。

十地：由九地再證道種智一分故入此地。此地主修一切種智——智波羅蜜多。滿心位起大法智雲，及現起大法智雲所含藏種種功德，成受職菩薩。

等覺：由十地道種智成就故入此地。此地應修一切種智，圓滿等覺地無生法忍；於百劫中修集極廣大福德，以之圓滿三十二大人相及無量隨形好。

妙覺：示現受生人間已斷盡煩惱障一切習氣種子，並斷盡所知障一切隨眠，永斷變易生死無明，成就大般涅槃，四智圓明。人間捨壽後，報身常住色究竟天利樂十方地上菩薩；以諸化身利樂有情，永無盡期，成就究竟佛道。

七地滿心斷除故意保留之最後一分思惑時，煩惱障所攝色、受、想三陰有漏習氣種子全部斷盡。

煩惱障所攝行、識二陰無漏習氣種子任運漸斷，所知障所攝上煩惱任運漸斷。

斷盡變易生死成就大般涅槃

圓滿成就究竟佛果

佛子蕭平實 謹製
（二〇〇九、〇二 修訂）
（二〇一二、〇二 增補）

佛教正覺同修會 共修現況 及 招生公告　2022/10/14

一、共修現況：（請在共修時間來電，以免無人接聽。）

台北正覺講堂 103 台北市承德路三段 277 號九樓 捷運淡水線圓山站旁
Tel..總機 02-25957295（晚上）（**分機：九樓**辦公室 10、11；知客櫃檯 12、13。 **十樓**知客櫃檯 15、16；書局櫃檯 14。 **五樓**辦公室 18；知客櫃檯 19。**二樓**辦公室 20；知客櫃檯 21。）
Fax..25954493

第一講堂　台北市承德路三段 277 號九樓

禪淨班：週一晚班、週三晚班、週四晚班、週五晚班、週六下午班、週六上午班（共修期間二年半，全程免費。皆須報名建立學籍後始可參加共修，欲報名者詳見本公告末頁。）

增上班：成唯識論釋：單週六晚班。雙週六晚班(重播班)。17.50～20.50。平實導師講解，2022 年 2 月末開講，預定六年內講完，僅限已明心之會員參加。

禪門差別智：每月第一週日全天　平實導師主講（事冗暫停）。

解深密經詳解　本經從六度波羅蜜多談到八識心王，再詳論大乘見道所證眞如，然後論及悟後進修的相見道位所觀七眞如，以及入地後的十地所修，乃至成佛時的四智圓明一切種智境界，皆是可修可證之法，流傳至今依舊可證，顯示佛法眞是義學而非玄談，淺深次第皆所論及之第一義諦妙義。已於 2021 年三月下旬起開講，由平實導師詳解。每逢週二晚上開講，第一至第六講堂都可同時聽聞，歡迎菩薩種性學人，攜眷共同參與此殊勝法會現場聞法，不限制聽講資格。本會學員憑上課證進入第一至第四講堂聽講，會外學人請以身分證件換證進入聽講（此爲大樓管理處安全管理規定之要求，敬請諒解）；第五及第六講堂（B1、B2）對外開放，不需出示任何證件，請由大樓側門直接進入。

第二講堂　台北市承德路三段 267 號十樓。

禪淨班：週一晚班。

進階班：週三晚班、週四晚班、週五晚班、週六早班、週六下午班。禪淨班結業後轉入共修。

增上班：成唯識論釋：單週六晚班，影音同步傳播。雙週六晚班（重播班）

解深密經詳解：平實導師講解。每週二 18.50~20.50 影像音聲即時傳輸。

第三講堂　台北市承德路三段 277 號五樓。

禪淨班：週六下午班。

增上班：成唯識論釋：單週六晚班，影音同步傳播。雙週六晚班（重播班）

進階班：週一晚班、週三晚班、週四晚班、週五晚班。

解深密經詳解：平實導師講解。每週二 18.50~20.50 影像音聲即時傳輸。

第四講堂　台北市承德路三段 267 號二樓。

進階班：週一晚班、週三晚班、週四晚班（禪淨班結業後轉入共修）。

解深密經詳解：平實導師講解。每週二 18.50~20.50 影像音聲即時傳輸。

第五、第六講堂

念佛班　每週日晚上，第六講堂共修（B2），一切求生極樂世界的三寶弟子皆可參加，不限制共修資格。

進階班：週一晚班、週三晚班、週四晚班。

解深密經詳解：平實導師講解。每週二 18.50~20.50 影像音聲即時傳輸。第五、第六講堂爲**開放式講堂**，不需以身分證件換證即可進入聽講，台北市承德路三段 267 號地下一樓、地下二樓。每逢週二晚上講經時段開放給會外人士自由聽經，請由大樓側面梯階逕行進入聽講。**聽講者請尊重講者的著作權及肖像權，請勿錄音錄影，以免違法；若有錄音錄影被查獲者，將依法處理。**

第七講堂　台北市承德路三段 267 號六樓。

解深密經詳解：平實導師講解。每週二 18.50~20.50 影像音聲即時傳輸。

正覺祖師堂　大溪區美華里信義路 650 巷坑底 5 之 6 號（台 3 號省道 34 公里處 妙法寺對面斜坡道進入）電話 03-3886110　傳眞 03-3881692 本堂供奉 克勤圓悟大師，專供會員每年四月、十月各三次精進禪三共修，兼作本會出家菩薩掛單常住之用。開放參訪日期請參見本會公告。教內共修團體或道場，得另申請其餘時間作團體參訪，務請事先與常住確定日期，以便安排常住菩薩接引導覽，亦免妨礙常住菩薩之日常作息及修行。

桃園正覺講堂（第一、第二講堂）：桃園市介壽路 286、288 號 10 樓（陽明運動公園對面）電話：03-3749363（請於共修時聯繫，或與台北聯繫）

禪淨班：週一晚班（1）、週一晚班（2）、週三晚班、週四晚班、週五晚班。

進階班：週四晚班、週五晚班、週六上午班。

增上班：成唯識論釋。雙週六晚班（增上重播班）。

解深密經詳解：平實導師講解。每週二晚上，以台北正覺講堂所錄 DVD 放映；歡迎會外學人共同聽講，不需出示身分證件。

新竹正覺講堂　新竹市東光路 55 號二樓之一　電話 03-5724297（晚上）

第一講堂：

禪淨班：週五晚班。

進階班：週三晚班、週四晚班、週六上午班。由禪淨班結業後轉入共修

增上班：成唯識論釋。單週六晚班。雙週六晚班（重播班）。

解深密經詳解：平實導師講解。每週二晚上，以台北正覺講堂所錄 DVD 放映。歡迎會外學人共同聽講，不需出示身分證件。

第二講堂：

禪淨班：週一晚班、週三晚班、週四晚班、週六上午班。

解深密經詳解：每週二晚上與第一講堂同步播放講經 DVD。

第三、第四講堂：裝修完畢，已經啓用。

台中正覺講堂　04-23816090（晚上）

第一講堂　台中市南屯區五權西路二段 666 號 13 樓之四（國泰世華銀行樓上。鄰近縣市經第一高速公路前來者，由五權西路交流道可以快速到達，大樓旁有停車場，對面有素食館）。

禪淨班：週四晚班、週五晚班。

進階班：週一晚班、週三晚班、週六上午班（由禪淨班結業後轉入共修）。

增上班：成唯識論釋。單週六晚班。雙週六晚班（重播班）。

解深密經詳解：平實導師講解。每週二晚上，以台北正覺講堂所錄 DVD 放映。歡迎會外學人共同聽講，不需出示身分證件。

第二講堂　台中市南屯區五權西路二段 666 號 4 樓

禪淨班：週一晚班、週三晚班。

第三講堂台中市南屯區五權西路二段 666 號 4 樓

禪淨班：週一晚班。

第四講堂台中市南屯區五權西路二段 666 號 4 樓。

進階班：週一晚班、週四晚班、週六上午班，由禪淨班結業後轉入共修

解深密經詳解：每週二晚上與第一講堂同步播放講經 DVD。

嘉義正覺講堂　嘉義市友愛路 288 號八樓之一　電話：05-2318228

第一講堂：

禪淨班：週四晚班、週五晚班、週六上午班。

進階班：週一晚班、週三晚班（由禪淨班結業後轉入共修）。

增上班：成唯識論釋。單週六晚班。雙週六晚班（重播班）。

解深密經詳解：平實導師講解。每週二晚上，以台北正覺講堂所錄 DVD 放映。歡迎會外學人共同聽講，不需出示身分證件。

第二講堂　嘉義市友愛路 288 號八樓之二。

第三講堂　嘉義市友愛路 288 號四樓之七。

禪淨班：週一晚班、週三晚班。

台南正覺講堂

第一講堂　台南市西門路四段 15 號 4 樓。06-2820541（晚上）

禪淨班：週一晚班、週三晚班、週四晚班、週五晚班、週六下午班。

增上班：成唯識論釋。單週六晚班。雙週六晚班（重播班）。

解深密經詳解：平實導師講解。每週二晚上，以台北正覺講堂所錄 DVD 放映。歡迎會外學人共同聽講，不需出示身分證件。

第二講堂　台南市西門路四段 15 號 3 樓。

解深密經詳解：每週二晚上與第一講堂同步播放講經 DVD。

第三講堂　台南市西門路四段 15 號 3 樓。

進階班：週一晚班、週三晚班、週四晚班、週五晚班（由禪淨班結業後轉入共修）。

解深密經詳解：每週二晚上與第一講堂同步播放講經 DVD。

高雄正覺講堂　高雄市新興區中正三路 45 號五樓 07-2234248（晚上）

第一講堂（五樓）：

禪淨班：週一晚班、週三晚班、週四晚班、週五晚班、週六上午班。

增上班：**成唯識論釋**。單週六晚班。雙週六晚班（重播班）。

解深密經詳解：平實導師講解。每週二晚上，以台北正覺講堂所錄 DVD 放映。歡迎會外學人共同聽講，不需出示身分證件。

第二講堂（四樓）：

進階班：週三晚班、週四晚班、週六上午班（由禪淨班結業後轉入共修）。

解深密經詳解：每週二晚上與第一講堂同步播放講經 DVD。

第三講堂（三樓）：

進階班：週四晚班（由禪淨班結業後轉入共修）。

香港正覺講堂

香港新界葵涌打磚坪街 93 號維京科技商業中心A 座 18 樓。

電話：(852) 23262231

英文地址：18/F, Tower A, Viking Technology & Business Centre, 93 Ta Chuen Ping Street, Kwai Chung, N.T., Hong Kong.

禪淨班：雙週六下午班、雙週日下午班、單週六下午班、單週日下午班

進階班：雙週五晚上班、雙週日早上班（由禪淨班結業後轉入共修）。

增上班：每月第一週週日，以台北增上班課程錄成 DVD 放映之。

增上重播班：每月第一週週六，以台北增上班課程錄成 DVD 放映之。

大法鼓經詳解：平實導師講解。每週六、日 19:00～21:00，以台北正覺講堂所錄 DVD 放映；歡迎會外學人共同聽講，不需出示身分證件。

二、招生公告　本會台北講堂及全省各講堂、香港講堂，每逢四月、十月下旬開新班，每週共修一次（每次二小時。開課日起三個月內仍可插班）；各班共修期間皆爲二年半，全程免費，欲參加者請向本會函索報名表（各共修處皆於共修時間方有人執事，非共修時間請勿電詢或前來洽詢、請書），或直接從本會官方網站(http://www.enlighten.org.tw/newsflash/class)或成佛之道網站下載報名表。共修期滿時，若經報名禪三審核通過者，可參加四天三夜之禪三精進共修，有機會明心、取證如來藏，發起般若實相智慧，成爲實義菩薩，脫離凡夫菩薩位。

三、新春禮佛祈福　農曆年假期間停止共修：自農曆新年前七天起停止共修與弘法，正月 8 日起回復共修、弘法事務。新春期間正月初一～初七 9.00～17.00 開放台北講堂、正月初一~初三開放新竹、台中、嘉義、台南、高雄講堂，以及大溪禪三道場（正覺祖師堂），方便會員供佛、祈福及會外人士請書。

密宗四大派修雙身法，是外道性力派的邪法；又以生滅的識陰作為常住法，是常見外道，是假的藏傳佛教。

西藏覺囊巴以他空見弘揚第八識如來藏勝法，才是真藏傳佛教

佛教正覺同修會　弘法行事表

2022/04/25

1、**禪淨班**　以無相念佛及拜佛方式修習動中定力，實證一心不亂功夫。傳授解脫道正理及第一義諦佛法，以及參禪知見。共修期間：二年六個月。每逢四月、十月開新班，詳見招生公告表。

2、**進階班**　禪淨班畢業後得轉入此班，進修更深入的佛法，期能證悟明心。各地講堂各有多班，繼續深入佛法、增長定力，悟後得轉入增上班修學道種智，期能證得無生法忍。

3、**增上班 成唯識論**詳解　詳解八識心王的唯識性、唯識相、唯識位，分說八識心王及其心所各別的自性、所依、所緣、相應心所、行相、功用等，並闡述緣生諸法的四緣：因緣、等無間緣、所緣緣、增上緣等四緣，並論及十因五果等。論中闡釋**佛法實證及成就的根本法即是第八識，由第八識成就三界世間及出世間的一切染淨諸法，方有成佛之道可修、可證、可成就，名爲圓成實性**。然後詳解末法時代學人極易混淆的見道位所函蓋的眞見道、相見道、通達位等內容，指正末法時代高慢心一類學人，於見道位前後不斷所墮的同一邪謬處。末後開示修道位的十地之中，各地所應斷的二愚及所應證的一智，乃至佛位的四智圓明及具足四種涅槃等一切種智之眞實正理。由平實導師講述，每逢一、三、五週之週末晚上開示，每逢二、四週之週末爲重播班，供作後悟之菩薩補聞所未聽聞之法。增上班課程僅限已明心之會員參加。未來每逢講完十分之一內容時，便予出書流通；總共十輯，敬請期待。(註：《瑜伽師地論》從 2003 年二月開講，至 2022 年 2 月 19 日已經圓滿，爲期 18 年整。)

4、**解深密經**詳解　本經所說妙法極爲甚深難解，非唯論及佛法中心主旨的八識心王及般若實證之標的，亦論及眞見道之後轉入相見道位中應該修學之法，即是七眞如之觀行內涵，然後始可入地。亦論及見道之後，如何與解脫及佛菩提智相應，兼論十地進修之道，末論如來法身及四智圓明的一切種智境界。如是眞見道、相見道、諸地修行之義，傳至今時仍然可證，顯示佛法眞是義學而非玄談或思想，有實證之標的與內容，非學術界諸思惟研究者之所能到，乃是離言絕句之第八識第一義諦妙義。重講本經之目的，在於令諸已悟之人明解大乘佛法之成佛次第，以及悟後進修一切種智之內涵，確實證知三種自性性，並得據此證解七眞如、十眞如等正理，成就三無性的境界。已於 2021 年三月下旬起每逢週二的晚上公開宣講，由平實導師詳解。不限制聽講資格。

5、**精進禪三**　主三和尚：平實導師。於四天三夜中，以克勤圓悟大師及大慧宗杲之禪風，施設機鋒與小參、公案密意之開示，幫助會員剋期取證，親證不生不滅之眞實心——人人本有之如來藏。每年四月、十月各舉辦三個梯次；平實導師主持。僅限本會會員參加禪淨班共修期滿，報名審核通過者，方可參加。並選擇會中定力、慧力、福德三條件皆已具足之已明心會員，給以指引，令得眼見自己無形無相之佛性遍佈山河大地，眞實而無障礙，得以肉眼現觀世界身心悉皆如幻，具足成就如幻觀，圓滿十住菩薩之證境。

6、**阿含經**詳解　選擇重要之阿含部經典，依無餘涅槃之實際而加以詳解，令大眾得以現觀諸法緣起性空，亦復不墮斷滅見中，顯示經中所隱說之涅槃實際—如來藏—確實已於四阿含中隱說；令大眾得以聞後觀行，確實斷除我見乃至我執，證得**見到**眞現觀，乃至**身證**……等眞現觀；已得大乘或二乘見道者，亦可由此聞熏及聞後之觀行，除斷我所之貪著，成就慧解脫果。由平實導師詳解。不限制聽講資格。

7、**精選如來藏系經典**詳解　精選如來藏系經典一部，詳細解說，以此完全印證會員所悟如來藏之眞實，得入不退轉住。另行擇期詳細解說之，由平實導師講解。僅限已明心之會員參加。

8、**禪門差別智**　藉禪宗公案之微細淆訛難知難解之處，加以宣說及剖析，以增進明心、見性之功德，啓發差別智，建立擇法眼。每月第一週日全天，由平實導師開示，僅限破參明心後，復又眼見佛性者參加（事冗暫停）。

9、**枯木禪**　先講智者大師的《小止觀》，後說《釋禪波羅蜜》，詳解四禪八定之修證理論與實修方法，細述一般學人修定之邪見與岔路，及對禪定證境之誤會，消除枉用功夫、浪費生命之現象。已悟般若者，可以藉此而實修初禪，進入大乘通教及聲聞教的三果心解脫境界，配合應有的大福德及後得無分別智、十無盡願，即可進入初地心中。親教師：平實導師。未來緣熟時將於正覺寺開講。不限制聽講資格。

註：本會例行年假，自 2004 年起，改爲每年農曆新年前七天開始停息弘法事務及共修課程，農曆正月 8 日回復所有共修及弘法事務。新春期間（每日 9.00~17.00）開放台北講堂，方便會員禮佛祈福及會外人士請書。大溪區的正覺祖師堂，開放參訪時間，詳見〈正覺電子報〉或成佛之道網站。本表得因時節因緣需要而隨時修改之，不另作通知。

佛教正覺同修會　贈閱書籍 目錄　2021/8/30

1.**無相念佛**　平實導師著　回郵 36 元
2.**念佛三昧修學次第**　平實導師述著　回郵 52 元
3.**正法眼藏—護法集**　平實導師述著　回郵 76 元
4.**真假開悟簡易辨正法&佛子之省思**　平實導師著　回郵 26 元
5.**生命實相之辨正**　平實導師著　回郵 31 元
6.**如何契入念佛法門**（附：印順法師否定極樂世界）平實導師著　回郵 26 元
7.**平實書箋**—答元覽居士書　平實導師著　回郵 52 元
8.**三乘唯識**—如來藏系經律彙編　平實導師編　回郵 80 元
（精裝本　長 27 cm　寬 21 cm　高 7.5 cm　重 2.8 公斤）
9.**三時繫念全集**—修正本　回郵掛號 52 元（長 26.5 cm×寬 19 cm）
10.**明心與初地**　平實導師述　回郵 31 元
11.**邪見與佛法**　平實導師述著　回郵 36 元
12.**甘露法雨**　平實導師述　回郵 36 元
13.**我與無我**　平實導師述　回郵 36 元
14.**學佛之心態**—修正錯誤之學佛心態始能與正法相應 孫正德老師著 回郵52元
附錄：平實導師著**《略說八、九識並存…等之過失》**
15.**大乘無我觀**—《悟前與悟後》別說　平實導師述著　回郵 36 元
16.**佛教之危機**—中國台灣地區現代佛教之真相（附錄：公案拈提六則）
平實導師著　回郵 52 元
17.**燈 影**—燈下黑（覆「求教後學」來函等）　平實導師著　回郵 76 元
18.**護法與毀法**—覆上平居士與徐恒志居士網站毀法二文
張正圜老師著　回郵 76 元
19.**淨土聖道**—兼評選擇本願念佛　正德老師著　由正覺同修會購贈 回郵 52 元
20.**辨唯識性相**—對「紫蓮心海《辯唯識性相》書中否定阿賴耶識」之回應
正覺同修會 台南共修處法義組 著　回郵 52 元
21.**假如來藏**—對法蓮法師《如來藏與阿賴耶識》書中否定阿賴耶識之回應
正覺同修會 台南共修處法義組 著　回郵 76 元
22.**入不二門**—公案拈提集錦 第一輯（於平實導師公案拈提諸書中選錄約二十則，
合輯爲一冊流通之）平實導師著　回郵 52 元
23.**真假邪說**—西藏密宗索達吉喇嘛《破除邪說論》真是邪說
釋正安法師著　上、下冊回郵各 52 元
24.**真假開悟**—真如、如來藏、阿賴耶識間之關係　平實導師述著　回郵 76 元
25.**真假禪和**—辨正釋傳聖之謗法謬說　孫正德老師著　回郵 76 元
26.**眼見佛性**—駁慧廣法師眼見佛性的含義文中謬說
游正光老師著　回郵 52 元

27.**普門自在**—公案拈提集錦 第二輯（於平實導師公案拈提諸書中選錄約二十則，合輯爲一冊流通之）平實導師著 回郵52元

28.**印順法師的悲哀**—以現代禪的質疑為線索 恒毓博士著 回郵52元

29.**識蘊真義**—現觀識蘊內涵、取證初果、親斷三縛結之具體行門。
—依《成唯識論》及《惟識述記》正義，略顯安慧《大乘廣五蘊論》之邪謬
平實導師著 回郵76元

30.**正覺電子報** 各期紙版本 免附回郵 每次最多函索三期或三本。
(已無存書之較早各期，不另增印贈閱)

31.**現代人應有的宗教觀** 蔡正禮老師 著 回郵31元

32.**遠惑趣道**—正覺電子報般若信箱問答錄 第一輯 回郵52元

33.**遠惑趣道**—正覺電子報般若信箱問答錄 第二輯 回郵52元

34.**確保您的權益**—器官捐贈應注意自我保護 游正光老師 著 回郵31元

35.**正覺教團電視弘法三乘菩提 DVD 光碟（一）**
由正覺教團多位親教師共同講述錄製 DVD 8 片，MP3 一片，共 9 片。有二大講題：一爲「三乘菩提之意涵」，二爲「學佛的正知見」。內容精闢，深入淺出，精彩絕倫，幫助大眾快速建立三乘法道的正知見，免被外道邪見所誤導。有志修學三乘佛法之學人不可不看。（製作工本費100元，回郵 52元）

36.**正覺教團電視弘法 DVD 專輯（二）**
總有二大講題：一爲「三乘菩提之念佛法門」，一爲「學佛正知見（第二篇）」，由正覺教團多位親教師輪番講述，內容詳細闡述如何修學念佛法門、實證念佛三昧，以及學佛應具有的正確知見，可以幫助發願往生西方極樂淨土之學人，得以把握往生，更可令學人快速建立三乘法道的正知見，免於被外道邪見所誤導。有志修學三乘佛法之學人不可不看。（一套17片，工本費160元。回郵 76元）

37.**喇嘛性世界**—揭開假藏傳佛教譚崔瑜伽的面紗 張善思 等人合著
由正覺同修會購贈 回郵52元

38.**假藏傳佛教的神話**—性、謊言、喇嘛教 張正玄教授編著
由正覺同修會購贈 回郵52元

39.**隨 緣**—理隨緣與事隨緣 平實導師述 回郵52元。

40.**學佛的覺醒** 正枝居士 著 回郵52元

41.**導師之真實義** 蔡正禮老師 著 回郵31元

42.**淺談達賴喇嘛之雙身法**—兼論解讀「密續」之達文西密碼
吳明芷居士 著 回郵31元

43.**魔界轉世** 張正玄居士 著 回郵31元

44.**一貫道與開悟** 蔡正禮老師 著 回郵31元

45.**博愛**—愛盡天下女人 正覺教育基金會 編印 回郵36元

46.**意識虛妄經教彙編**—實證解脫道的關鍵經文 正覺同修會編印 回郵36元

47.**邪箭囈語**—破斥藏密外道多識仁波切《破魔金剛箭雨論》之邪說

陸正元老師著　上、下冊回郵各 52 元

48.**真假沙門**—依 佛聖教闡釋佛教僧寶之定義

蔡正禮老師著　俟正覺電子報連載後結集出版

49.**真假禪宗**—藉評論釋性廣《印順導師對變質禪法之批判

及對禪宗之肯定》以顯示真假禪宗

附論一：凡夫知見 無助於佛法之信解行證

附論二：世間與出世間一切法皆從如來藏實際而生而顯

余正偉老師著　俟正覺電子報連載後結集出版　回郵未定

★ 上列贈書之郵資，係台灣本島地區郵資，大陸、港、澳地區及外國地區，請另計酌增（大陸、港、澳、國外地區之郵票不許通用）。尚未出版之書，請勿先寄來郵資，以免增加作業煩擾。

★ 本目錄若有變動，唯於後印之書籍及「成佛之道」網站上修正公佈之，不另行個別通知。

函索書籍請寄：佛教正覺同修會　103 台北市承德路 3 段 277 號 9 樓
台灣地區函索書籍者請附寄郵票，無時間購買郵票者可以等值現金抵用，但不接受郵政劃撥、支票、匯票。大陸地區得以人民幣計算，國外地區請以美元計算（請勿寄來當地郵票，在台灣地區不能使用）。欲以掛號寄遞者，請另附掛號郵資。

親自索閱：正覺同修會各共修處。　★請於共修時間前往取書，餘時無人在道場，請勿前往索取；共修時間與地點，詳見書末正覺同修會共修現況表（以近期之共修現況表爲準）。

註：正智出版社發售之局版書，請向各大書局購閱。若書局之書架上已經售出而無陳列者，請向書局櫃台指定洽購；若書局不便代購者，請於正覺同修會共修時間前往各共修處請購，正智出版社已派人於共修時間送書前往各共修處流通。 郵政劃撥購書及 大陸地區 購書，請詳別頁正智出版社發售書籍目錄最後頁之說明。

成佛之道 網站：http://www.a202.idv.tw　正覺同修會已出版之結緣書籍，多已登載於 成佛之道 網站，若住外國、或住處遙遠，不便取得正覺同修會贈閱書籍者，可以從本網站閱讀及下載。

＊＊假藏傳佛教修雙身法，非佛教＊＊

正智出版社 籌募弘法基金發售書籍目錄　2022/10/19

1.**宗門正眼**—公案拈提 第一輯 重拈　平實導師著　500 元
因重寫內容大幅度增加故，字體必須改小，並增為 576 頁 主文 546 頁。比初版更精彩、更有內容。初版《禪門摩尼寶聚》之讀者，可寄回本公司免費調換新版書。免附回郵，亦無截止期限。（2007 年起，每冊附贈本公司精製公案拈提〈超意境〉CD 一片。市售價格 280 元，多購多贈。）

2.**禪淨圓融**　平實導師著　200 元（第一版舊書可換新版書。）

3.**真實如來藏**　平實導師著　400 元

4.**禪—悟前與悟後**　平實導師著　上、下冊，每冊 250 元

5.**宗門法眼**—公案拈提 第二輯　平實導師著　500 元
（2007 年起，每冊附贈本公司精製公案拈提〈超意境〉CD 一片）

6.**楞伽經詳解**　平實導師著　全套共 10 輯　每輯 250 元

7.**宗門道眼**—公案拈提 第三輯　平實導師著　500 元
（2007 年起，每冊附贈本公司精製公案拈提〈超意境〉CD 一片）

8.**宗門血脈**—公案拈提 第四輯　平實導師著　500 元
（2007 年起，每冊附贈本公司精製公案拈提〈超意境〉CD 一片）

9.**宗通與說通**—成佛之道 平實導師著 主文 381 頁 全書 400 頁售價 300 元

10.**宗門正道**—公案拈提 第五輯　平實導師著　500 元
（2007 年起，每冊附贈本公司精製公案拈提〈超意境〉CD 一片）

11.**狂密與真密 一～四輯**　平實導師著　西藏密宗是人間最邪淫的宗教，本質不是佛教，只是披著佛教外衣的印度教性力派流毒的喇嘛教。此書中將西藏密宗密傳之男女雙身合修樂空雙運所有祕密與修法，毫無保留完全公開，並將全部喇嘛們所不知道的部分也一併公開。內容比大辣出版社喧騰一時的《西藏慾經》更詳細。並且函蓋藏密的所有祕密及其錯誤的中觀見、如來藏見……等，藏密的所有法義都在書中詳述、分析、辨正。每輯主文三百餘頁　每輯全書約 400 頁　售價每輯 300 元

12.**宗門正義**—公案拈提 第六輯　平實導師著　500 元
（2007 年起，每冊附贈本公司精製公案拈提〈超意境〉CD 一片）

13.**心經密意**—心經與解脫道、佛菩提道、祖師公案之關係與密意　平實導師述　300 元

14.**宗門密意**—公案拈提 第七輯　平實導師著　500 元
（2007 年起，每冊附贈本公司精製公案拈提〈超意境〉CD 一片）

15.**淨土聖道**—兼評「選擇本願念佛」　正德老師著　200 元

16.**起信論講記**　平實導師述著　共六輯　每輯三百餘頁　售價各 250 元

17.**優婆塞戒經講記**　平實導師述著 共八輯 每輯三百餘頁 售價各 250 元

18.**真假活佛**—略論附佛外道盧勝彥之邪說（對前岳靈犀網站主張「盧勝彥是證悟者」之修正）　正犀居士（岳靈犀）著　流通價 140 元

19.**阿含正義**—唯識學探源　平實導師著　共七輯　每輯 300 元

20.**超意境** CD 以平實導師公案拈提書中超越意境之頌詞，加上曲風優美的旋律，錄成令人嚮往的超意境歌曲，其中包括正覺發願文及平實導師親自譜成的黃梅調歌曲一首。詞曲雋永，殊堪翫味，可供學禪者吟詠，有助於見道。內附設計精美的彩色小冊，解說每一首詞的背景本事。每片 280 元。【每購買公案拈提書籍一冊，即贈送一片。】

21.**菩薩底憂鬱** CD 將菩薩情懷及禪宗公案寫成新詞，並製作成超越意境的優美歌曲。 1.主題曲〈菩薩底憂鬱〉，描述地後菩薩能離三界生死而迴向繼續生在人間，但因尚未斷盡習氣種子而有極深沈之憂鬱，非三賢位菩薩及二乘聖者所知，此憂鬱在七地滿心位方才斷盡；本曲之詞中所說義理極深，昔來所未曾見；此曲係以優美的情歌風格寫詞及作曲，聞者得以激發嚮往諸地菩薩境界之大心，詞、曲都非常優美，難得一見；其中勝妙義理之解說，已印在附贈之彩色小冊中。 2.以各輯公案拈提中直示禪門入處之頌文，作成各種不同曲風之超意境歌曲，值得玩味、參究；聆聽公案拈提之優美歌曲時，請同時閱讀內附之印刷精美說明小冊，可以領會超越三界的證悟境界；未悟者可以因此引發求悟之意向及疑情，眞發菩提心而邁向求悟之途，乃至因此眞實悟入般若，成眞菩薩。 3.正覺總持咒新曲，總持佛法大意；總持咒之義理，已加以解說並印在隨附之小冊中。本 CD 共有十首歌曲，長達 63 分鐘。每盒各附贈二張購書優惠券。每片 320 元。

22.**禪意無限** CD 平實導師以公案拈提書中偈頌寫成不同風格曲子，與他人所寫不同風格曲子共同錄製出版，幫助參禪人進入禪門超越意識之境界。盒中附贈彩色印製的精美解說小冊，以供聆聽時閱讀，令參禪人得以發起參禪之疑情，即有機會證悟本來面目而發起實相智慧，實證大乘菩提般若，能如實證知般若經中的眞實意。本 CD 共有十首歌曲，長達 69 分鐘，每盒各附贈二張購書優惠券。每片 320 元。

23.**我的菩提路**第一輯　釋悟圓、釋善藏等人合著　售價 300 元

24.**我的菩提路**第二輯　郭正益等人合著　售價 300 元

（初版首刷至第四刷，都可以寄來免費更換爲第二版，免附郵費）

25.**我的菩提路**第三輯　王美伶等人合著　售價 300 元

26.**我的菩提路**第四輯　陳晏平等人合著　售價 300 元

27.**我的菩提路**第五輯　林慈慧等人合著　售價 300 元

28.**我的菩提路**第六輯　劉惠莉等人合著　售價 300 元

29.**我的菩提路**第七輯　余正偉等人合著　售價 300 元

30.**鈍鳥與靈龜**—考證後代凡夫對大慧宗杲禪師的無根誹謗。

平實導師著　共 458 頁　售價 350 元

31.**維摩詰經講記**　平實導師述　共六輯　每輯三百餘頁　售價各 250 元

32.**真假外道**—破劉東亮、杜大威、釋證嚴常見外道見　正光老師著　200 元

33.**勝鬘經講記**—兼論印順《勝鬘經講記》對於《勝鬘經》之誤解。
平實導師述　共六輯　每輯三百餘頁　售價250元
34.**楞嚴經講記**　平實導師述　共**15**輯，每輯三百餘頁　售價300元
35.**明心與眼見佛性**—駁慧廣〈蕭氏「眼見佛性」與「明心」之非〉文中謬說
正光老師著　共448頁　售價300元
36.**見性與看話頭**　黃正倖老師　著，本書是禪宗參禪的方法論。
內文375頁，全書416頁，售價300元。
37.**達賴真面目**—玩盡天下女人　白正偉老師　等著　中英對照彩色精裝大本　800元
38.**喇嘛性世界**—揭開假藏傳佛教譚崔瑜伽的面紗　張善思　等人著　200元
39.**假藏傳佛教的神話**—性、謊言、喇嘛教　正玄教授編著　200元
40.**金剛經宗通**　平實導師述　共九輯　每輯售價250元。
41.**空行母**—性別、身分定位，以及藏傳佛教。
珍妮·坎貝爾著　呂艾倫　中譯　售價250元
42.**末代達賴**—性交教主的悲歌　張善思、呂艾倫、辛燕編著　售價250元
43.**霧峰無霧**—給哥哥的信　辨正釋印順對佛法的無量誤解
游宗明　老師著　售價250元
44.**霧峰無霧**—第二輯—救護佛子向正道　細說釋印順對佛法的各類誤解
游宗明　老師著　售價250元
45.**第七意識與第八意識？**—穿越時空「超意識」
平實導師述　每冊300元
46.**黯淡的達賴**—失去光彩的諾貝爾和平獎
正覺教育基金會編著　每冊250元
47.**童女迦葉考**—論呂凱文〈佛教輪迴思想的論述分析〉之謬。
平實導師　著　定價180元
48.**人間佛教**—實證者必定不悖三乘菩提
平實導師　述，定價400元
49.**實相經宗通**　平實導師述　共八輯　每輯250元
50.**真心告訴您(一)**—達賴喇嘛在幹什麼？
正覺教育基金會編著　售價250元
51.**中觀金鑑**—詳述應成派中觀的起源與其破法本質
孫正德老師著　分爲上、中、下三冊，每冊250元
52.**藏傳佛教要義**—《狂密與真密》之簡體字版　平實導師　著　上、下冊
僅在大陸流通　每冊300元
53.**法華經講義**　平實導師述　共二十五輯　每輯300元
已於2015/05/31起開始出版，每二個月出版一輯
54.**西藏「活佛轉世」制度**—附佛、造神、世俗法
許正豐、張正玄老師合著　定價150元
55.**廣論三部曲**　郭正益老師著　定價150元
56.**真心告訴您(二)**—達賴喇嘛是佛教僧侶嗎？
—補祝達賴喇嘛八十大壽
正覺教育基金會編著　售價300元

57.**次法**—實證佛法前應有的條件
張善思居士著　分爲上、下二冊，每冊 250 元
58.**涅槃**—解說四種涅槃之實證及內涵　平實導師著 上、下冊 各 350 元
59.**山法**—西藏關於他空與佛藏之根本論
篤補巴·喜饒堅贊著　　傑弗里·霍普金斯英譯
張火慶教授、呂艾倫老師中譯　精裝大本 1200 元
60.**佛藏經講義**　平實導師述　2019 年 7 月 31 日開始出版　共 21 輯
每二個月出版一輯，每輯 300 元。
61.**成唯識論**　大唐 玄奘菩薩所著鉅論。重新正確斷句，並以不同字體及標點符號顯示質疑文，令得易讀。全書 288 頁，精裝大本 400 元。
62.**成唯識論釋**—詳解大唐玄奘菩薩所著《成唯識論》，平實導師述著。共十輯，於每講完一輯的分量以後即予出版，預計 2023 年八月出版第一輯，以後每七到九個月出版一輯，每輯 400 元。
63.**假鋒虛焔金剛乘**—揭示顯密正理，兼破索達吉師徒《般若鋒兮金剛焔》
釋正安法師著 簡體字版 即將出版 售價未定
64.**廣論之平議**—宗喀巴《菩提道次第廣論》之平議　正雄居士著
約二或三輯　俟正覺電子報連載後結集出版　書價未定
65.**大法鼓經講義**　平實導師講述　《佛藏經講義》出版後發行，每輯 300 元
66.**不退轉法輪經講義** 平實導師講述　《大法鼓經講義》出版後發行
67.**八識規矩頌**詳解　○○居士 註解　出版日期另訂　書價未定。
68.**中觀正義**—註解平實導師《中論正義頌》。
○○法師（居士）著　出版日期未定　書價未定
69.**中論正義**—釋龍樹菩薩《中論》頌正理。
孫正德老師著　出版日期未定　書價未定
70.**中國佛教史**—依中國佛教正法史實而論。 ○○老師 著　書價未定。
71.**印度佛教史**—法義與考證。依法義史實評論印順《印度佛教思想史、佛教史地考論》之謬說　正偉老師著　出版日期未定　書價未定
72.**阿含經講記**—將選錄四阿含中數部重要經典全經講解之，講後整理出版。
平實導師述　約二輯　每輯 300 元　出版日期未定
73.**寶積經講記** 平實導師述　每輯三百餘頁 優惠價 300 元 出版日期未定
74.**解深密經講義**　平實導師述 約四輯　將於重講後整理出版
75.**修習止觀坐禪法要講記**　平實導師述　每輯三百餘頁
將於正覺寺建成後重講、以講記逐輯出版　出版日期未定
76.**無門關**—《無門關》公案拈提　平實導師著　出版日期未定
77.**中觀再論**—兼述印順《中觀今論》謬誤之平議。 正光老師著 出版日期未定
78.**輪迴與超度**—佛教超度法會之真義。
○○法師（居士）著　出版日期未定　書價未定
79.**《釋摩訶衍論》平議**—對偽稱龍樹所造《釋摩訶衍論》之平議
○○法師（居士）著　出版日期未定　書價未定

80.**正覺發願文**註解—以真實大願為因 得證菩提
正德老師著　出版日期未定　書價未定
81.**正覺總持咒**—佛法之總持　正圜老師著　出版日期未定　書價未定
82.**三自性**—依四食、五蘊、十二因緣、十八界法，說三性三無性。
作者未定　出版日期未定
83.**道品**—從三自性說大小乘三十七道品　作者未定　出版日期未定
84.**大乘緣起觀**—依四聖諦七真如現觀十二緣起 作者未定　出版日期未定
85.**三德**—論解脫德、法身德、般若德。　作者未定　出版日期未定
86.**真假如來藏**—對印順《如來藏之研究》謬說之平議　作者未定 出版日期未定
87.**大乘道次第**　作者未定　出版日期未定　書價未定
88.**四緣**—依如來藏故有四緣。　作者未定　出版日期未定
89.**空之探究**—印順《空之探究》謬誤之平議　作者未定 出版日期未定
90.**十法義**—論阿含經中十法之正義　作者未定　出版日期未定
91.**外道見**—論述外道六十二見　作者未定　出版日期未定

正智出版社有限公司　書籍介紹

禪淨圓融：言淨土諸祖所未曾言，示諸宗祖師所未曾示；禪淨圓融，另闢成佛捷徑，兼顧自力他力，闡釋淨土門之速行易行道，亦同時揭櫫聖教門之速行易行道；令廣大淨土行者得免緩行難證之苦，亦令聖道門行者得以藉著淨土速行道而加快成佛之時劫。乃前無古人之超勝見地，非一般弘揚禪淨法門典籍也，先讀爲快。平實導師著 200元。

宗門正眼—公案拈提第一輯：繼承克勤圜悟大師碧巖錄宗旨之禪門鉅作。先則舉示當代大法師之邪說，消弭當代禪門大師鄉愿之心態，摧破當今禪門「世俗禪」之妄談；次則旁通教法，表顯宗門正理；繼以道之次第，消弭古今狂禪；後藉言語及文字機鋒，直示宗門入處。悲智雙運，禪味十足，數百年來難得一睹之禪門鉅著也。平實導師著　500元（原初版書《禪門摩尼寶聚》，改版後補充爲五百餘頁新書，總計多達二十四萬字，內容更精彩，並改名爲《宗門正眼》，讀者原購初版《禪門摩尼寶聚》皆可寄回本公司免費換新，免附回郵，亦無截止期限）（2007年起，凡購買公案拈提第一輯至第七輯，每購一輯皆贈送本公司精製公案拈提〈超意境〉CD一片，市售價格280元，多購多贈）。

禪—悟前與悟後：本書能建立學人悟道之信心與正確知見，圓滿具足而有次第地詳述禪悟之功夫與禪悟之內容，指陳參禪中細微淆訛之處，能使學人明自眞心、見自本性。若未能悟入，亦能以正確知見辨別古今中外一切大師究係眞悟？或屬錯悟？便有能力揀擇，捨名師而選明師，後時必有悟道之緣。一旦悟道，遲者七次人天往返，便出三界，速者一生取辦。學人欲求開悟者，不可不讀。　平實導師著。上、下冊共500元，單冊250元。

眞實如來藏：如來藏眞實存在，乃宇宙萬有之本體，並非印順法師、達賴喇嘛等人所說之「唯有名相、無此心體」。如來藏是涅槃之本際，是一切有智之人竭盡心智、不斷探索而不能得之生命實相；是古今中外許多大師自以爲悟而當面錯過之生命實相。如來藏即是阿賴耶識，乃是一切有情本自具足、不生不滅之眞實心。當代中外大師於此書出版之前所未能言者，作者於本書中盡情流露、詳細闡釋。眞悟者讀之，必能增益悟境、智慧增上；錯悟者讀之，必能檢討自己之錯誤，免犯大妄語業；未悟者讀之，能知參禪之理路，亦能以之檢查一切名師是否眞悟。此書是一切哲學家、宗教家、學佛者及欲昇華心智之人必讀之鉅著。　平實導師著　售價400元。

宗門法眼—公案拈提第二輯：列舉實例，闡釋土城廣欽老和尚之悟處；並直示這位不識字的老和尚妙智橫生之根由，繼而剖析禪宗歷代大德之開悟公案，解析當代密宗高僧卡盧仁波切之錯悟證據，並例舉當代顯宗高僧、大居士之錯悟證據（凡健在者，爲免影響其名聞利養，皆隱其名）。藉辨正當代名師之邪見，向廣大佛子指陳禪悟之正道，彰顯宗門法眼。悲勇兼出，強捋虎鬚；慈智雙運，巧探驪龍；摩尼寶珠在手，直示宗門入處，禪味十足；若非大悟徹底，不能爲之。禪門精奇人物，允宜人手一冊，供作參究及悟後印證之圭臬。本書於2008年4月改版，增寫爲大約500頁篇幅，以利學人研讀參究時更易悟入宗門正法，以前所購初版首刷及初版二刷舊書，皆可免費換取新書。平實導師著　500元（2007年起，凡購買公案拈提第一輯至第七輯，每購一輯皆贈送本公司精製公案拈提〈超意境〉CD一片，市售價格280元，多購多贈）。

宗門道眼—公案拈提第三輯：繼宗門法眼之後，再以金剛之作略、慈悲之胸懷、犀利之筆觸，舉示寒山、拾得、布袋三大士之悟處，消弭當代錯悟者對於寒山大士……等之誤會及誹謗。　亦舉出民初以來與虛雲和尚齊名之蜀郡鹽亭袁煥仙夫子——南懷瑾老師之師，其「悟處」何在？並蒐羅許多眞悟祖師之證悟公案，顯示禪宗歷代祖師之睿智，指陳部分祖師、奧修及當代顯密大師之謬悟，作爲殷鑑，幫助禪子建立及修正參禪之方向及知見。假使讀者閱此書已，一時尚未能悟，亦可一面加功用行，一面以此宗門道眼辨別眞假善知識，避開錯誤之印證及歧路，可免大妄語業之長劫慘痛果報。欲修禪宗之禪者，務請細讀。平實導師著　售價500元（2007年起，凡購買公案拈提第一輯至第七輯，每購一輯皆贈送本公司精製公案拈提〈超意境〉CD一片，市售價格280元，多購多贈）。

楞伽經詳解：本經是禪宗見道者印證所悟眞僞之根本經典，亦是禪宗見道者悟後起修之依據經典；故達摩祖師於印證二祖慧可大師之後，將此經典連同佛缽祖衣一併交付二祖，令其依此經典佛示金言、進入修道位，修學一切種智。由此可知此經對於眞悟之人修學佛道，是非常重要之一部經典。此經能破外道邪說，亦破佛門中錯悟名師之謬說，亦破禪宗部分祖師之狂禪：不讀經典、一向主張「一悟即成究竟佛」之謬執。並開示愚夫所行禪、觀察義禪、攀緣如禪、如來禪等差別，令行者對於三乘禪法差異有所分辨；亦糾正禪宗祖師古來對於如來禪之誤解，嗣後可免以訛傳訛之弊。此經亦是法相唯識宗之根本經典，禪者悟後欲修一切種智而入初地者，必須詳讀。平實導師著，全套共十輯，已全部出版完畢，每輯主文約320頁，每冊約352頁，定價250元。

宗門血脈—公案拈提第四輯：末法怪象—許多修行人自以爲悟，每將無念靈知認作眞實；崇尙二乘法諸師及其徒衆，則將外於如來藏之緣起性空—無因論之無常空、斷滅空、一切法空—錯認爲 佛所說之般若空性。這兩種現象已於當今海峽兩岸及美加地區顯密大師之中普遍存在；人人自以爲悟，心高氣壯，便敢寫書解釋祖師證悟之公案，大多出於意識思惟所得，言不及義，錯誤百出，因此誤導廣大佛子同陷大妄語之地獄業中而不能自知。彼等書中所說之悟處，其實處處違背第一義經典之聖言量。彼等諸人不論是否身披袈裟，都非佛法宗門血脈，或雖有禪宗法脈之傳承，亦只徒具形式；猶如螟蛉，非眞血脈，未悟得根本眞實故。禪子欲知 佛、祖之眞血脈者，請讀此書，便知分曉。平實導師著，主文452頁，全書464頁，定價500元（2007年起，凡購買公案拈提第一輯至第七輯，每購一輯皆贈送本公司精製公案拈提〈超意境〉CD一片，市售價格280元，多購多贈）。

宗通與說通：古今中外，錯誤之人如麻似粟，每以常見外道所說之靈知心，認作眞心；或妄想虛空之勝性能量爲眞如，或錯認物質四大元素藉冥性（靈知心本體）能成就吾人色身及知覺，或認初禪至四禪中之了知心爲不生不滅之涅槃心。此等皆非通宗者之見地。復有錯悟之人一向主張「宗門與教門不相干」，此即尙未通達宗門之人也。其實宗門與教門互通不二，宗門所證者乃是眞如與佛性，故教門與宗門不二。本書作者以宗教二門互通之見地，細說「宗通與說通」，從初見道至悟後起修之道、細說分明；並將諸宗諸派在整體佛教中之地位與次第，加以明確之教判，學人讀之即可了知佛法之梗概也。欲擇明師學法之前，允宜先讀。平實導師著，主文共381頁，全書392頁，只售成本價300元。

宗門正道—公案拈提第五輯：修學大乘佛法有二果須證—解脫果及大菩提果。二乘人不證大菩提果，唯證解脫果；此果之智慧，名爲聲聞菩提、緣覺菩提。大乘佛子所證二果之菩提果爲佛菩提，故名大菩提果，其慧名爲一切種智—函蓋二乘解脫果。然此大乘二果修證，須經由禪宗之宗門證悟方能相應。而宗門證悟極難，自古已然；其所以難者，咎在古今佛教界普遍存在三種邪見：1.以修定認作佛法， 2.以無因論之緣起性空—否定涅槃本際如來藏以後之一切法空作爲佛法，3.以常見外道邪見（離語言妄念之靈知性）作爲佛法。 如是邪見，或因自身正見未立所致，或因邪師之邪教導所致，或因無始劫來虛妄熏習所致。若不破除此三種邪見，永劫不悟宗門眞義、不入大乘正道，唯能外門廣修菩薩行。 平實導師於此書中，有極爲詳細之說明，有志佛子欲摧邪見、入於內門修菩薩行者，當閱此書。主文共496頁，全書512頁。售價500元（2007年起，凡購買公案拈提第一輯至第七輯，每購一輯皆贈送本公司精製公案拈提〈超意境〉CD一片，市售價格280元，多購多贈）。

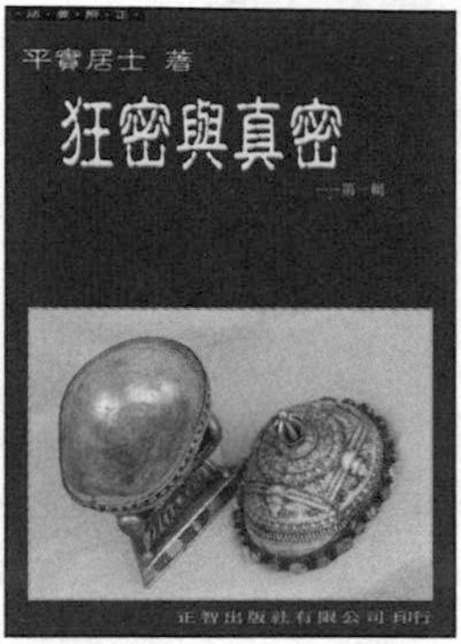

狂密與真密：密教之修學，皆由有相之觀行法門而入，其最終目標仍不離顯教經典所說第一義諦之修證；若離顯教第一義經典、或違背顯教第一義經典，即非佛教。西藏密教之觀行法，如灌頂、觀想、遷識法、寶瓶氣、大聖歡喜雙身修法、喜金剛、無上瑜伽、大樂光明、樂空雙運等，皆是印度教兩性生生不息思想之轉化，自始至終皆以如何能運用交合淫樂之法達到全身受樂爲其中心思想，純屬欲界五欲的貪愛，不能令人超出欲界輪迴，更不能令人斷除我見；何況大乘之明心與見性，更無論矣！故密宗之法絕非佛法也。而其明光大手印、大圓滿法教，又皆同以常見外道所說離語言妄念之無念靈知心錯認爲佛地之眞如，不能直指不生不滅之眞如。西藏密宗所有法王與徒眾，都尚未開頂門眼，不能辨別眞僞，以依人不依法、依密續不依經典故，不肯將其上師喇嘛所說對照第一義經典，純依密續之藏密祖師所說爲準，因此而誇大其證德與證量，動輒謂彼祖師上師爲究竟佛、爲地上菩薩；如今台海兩岸亦有自謂其師證量高於 釋迦文佛者，然觀其師所述，猶未見道，仍在觀行即佛階段，尚未到禪宗相似即佛、分證即佛階位，竟敢標榜爲究竟佛及地上法王，誑惑初機學人。凡此怪象皆是狂密，不同於眞密之修行者。近年狂密盛行，密宗行者被誤導者極眾，動輒自謂已證佛地眞如，自視爲究竟佛，陷於大妄語業中而不知自省，反謗顯宗眞修實證者之證量粗淺；或如義雲高與釋性圓…等人，於報紙上公然誹謗眞實證道者爲「騙子、無道人、人妖、癩蛤蟆…」等，造下誹謗大乘勝義僧之大惡業；或以外道法中有爲有作之甘露、魔術……等法，誑騙初機學人，狂言彼外道法爲眞佛法。如是怪象，在西藏密宗及附藏密之外道中，不一而足，舉之不盡，學人宜應愼思明辨，以免上當後又犯毀破菩薩戒之重罪。密宗學人若欲遠離邪知邪見者，請閱此書，即能了知密宗之邪謬，從此遠離邪見與邪修，轉入眞正之佛道。 平實導師著 共四輯 每輯約400頁（主文約340頁）每輯售價300元。

宗門正義—公案拈提第六輯：佛教有六大危機，乃是藏密化、世俗化、膚淺化、學術化、宗門密意失傳、悟後進修諸地之次第混淆；其中尤以宗門密意之失傳，爲當代佛教最大之危機。由宗門密意失傳故，易令 世尊本懷普被錯解，易令 世尊正法被轉易爲外道法，以及加以淺化、世俗化，是故宗門密意之廣泛弘傳與具緣佛弟子，極爲重要。然而欲令宗門密意之廣泛弘傳予具緣之佛弟子者，必須同時配合錯誤知見之解析、普令佛弟子知之，然後輔以公案解析之直示入處，方能令具緣之佛弟子悟入。而此二者，皆須以公案拈提之方式爲之，方易成其功、竟其業，是故平實導師續作宗門正義一書，以利學人。 全書500餘頁，售價500元（2007年起，凡購買公案拈提第一輯至第七輯，每購一輯皆贈送本公司精製公案拈提〈超意境〉CD一片，市售價格280元，多購多贈）。

心經密意—心經與解脫道、佛菩提道、祖師公案之關係與密意。二乘菩提所證之解脫道，實依第八識心之斷除煩惱障現行而立解脫之名；大乘菩提所證之佛菩提道，實依親證第八識如來藏之涅槃性、清淨自性、及其中道性而立般若之名；禪宗祖師公案所證之眞心，即是此第八識如來藏；是故三乘佛法所修所證之三乘菩提，皆依此如來藏心而立名也。此第八識心，即是《心經》所說之心也。證得此如來藏已，即能漸入大乘佛菩提道，亦可因證知此心而了知二乘無學所不能知之無餘涅槃本際，是故《心經》之密意，與三乘佛菩提之關係極爲密切、不可分割，三乘佛法皆依此心而立名故。今者平實導師以其所證解脫道之無生智及佛菩提之般若種智，將《心經》與解脫道、佛菩提道、祖師公案之關係與密意，以演講之方式，用淺顯之語句和盤托出，發前人所未言，呈三乘菩提之眞義，令人藉此《心經密意》一舉而窺三乘菩提之堂奧，迥異諸方言不及義之說；欲求眞實佛智者、不可不讀！主文317頁，連同跋文及序文…等共384頁，售價300元。

宗門密意—公案拈提第七輯：佛教之世俗化，將導致學人以信仰作爲學佛，則將以感應及世間法之庇祐，作爲學佛之主要目標，不能了知學佛之主要目標爲親證三乘菩提。大乘菩提則以般若實相智慧爲主要修習目標，以二乘菩提解脫道爲附帶修習之標的；是故學習大乘法者，應以禪宗之證悟爲要務，能親入大乘菩提之實相般若智慧中故，般若實相智慧非二乘聖人所能知故。此書則以台灣世俗化佛教之三大法師，說法似是而非之實例，配合眞悟祖師之公案解析，提示證悟般若之關節，令學人易得悟入。平實導師著，全書五百餘頁，售價500元（2007年起，凡購買公案拈提第一輯至第七輯，每購一輯皆贈送本公司精製公案拈提〈超意境〉CD一片，市售價格280元，多購多贈）。

淨土聖道—兼評選擇本願念佛：佛法甚深極廣，般若玄微，非諸二乘聖僧所能知之，一切凡夫更無論矣！所謂一切證量皆歸淨土是也！是故大乘法中「聖道之淨土、淨土之聖道」，其義甚深，難可了知；乃至眞悟之人，初心亦難知也。今有正德老師眞實證悟後，復能深探淨土與聖道之緊密關係，憐憫衆生之誤會淨土實義，亦欲利益廣大淨土行人同入聖道，同獲淨土中之聖道門要義，乃振奮心神、書以成文，今得刊行天下。主文279頁，連同序文等共301頁，總有十一萬六千餘字，正德老師著，成本價200元。

起信論講記：詳解大乘起信論心生滅門與心眞如門之眞實意旨，消除以往大師與學人對起信論所說心生滅門之誤解，由是而得了知眞心如來藏之非常非斷中道正理；亦因此一講解，令此論以往隱晦而被誤解之眞實義，得以如實顯示，令大乘佛菩提道之正理得以顯揚光大；初機學者亦可藉此正論所顯示之法義，對大乘法理生起正信，從此得以眞發菩提心，眞入大乘法中修學，世世常修菩薩正行。平實導師演述，共六輯，都已出版，每輯三百餘頁，售價各250元。

優婆塞戒經講記：本經詳述在家菩薩修學大乘佛法，應如何受持菩薩戒？對人間善行應如何看待？對三寶應如何護持？應如何正確地修集此世後世證法之福德？應如何修集後世「行菩薩道之資糧」？並詳述第一義諦之正義：五蘊非我非異我、自作自受、異作異受、不作不受……等深妙法義，乃是修學大乘佛法、行菩薩行之在家菩薩所應當了知者。出家菩薩今世或未來世登地已，捨報之後多數將如華嚴經中諸大菩薩，以在家菩薩身而修行菩薩行，故亦應以此經所述正理而修之，配合《楞伽經、解深密經、楞嚴經、華嚴經》等道次第正理，方得漸次成就佛道；故此經是一切大乘行者皆應證知之正法。平實導師講述，每輯三百餘頁，售價各250元；共八輯，已全部出版。

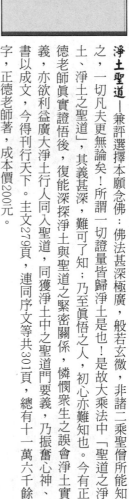

真假活佛—略論附佛外道盧勝彥之邪說：人人身中都有眞活佛，永生不滅而有大神用，但衆生都不了知，所以常被身外的西藏密宗假活佛籠罩欺瞞。本來就眞實存在的眞活佛，才是眞正的密宗無上密！諾那活佛因此而說禪宗是大密宗，但藏密的所有活佛都不知道、也不曾實證自身中的眞活佛。本書詳實宣示眞活佛的道理，舉證盧勝彥的「佛法」不是眞佛法，也顯示盧勝彥是假活佛，直接的闡釋第一義佛法見道的眞實正理。眞佛宗的所有上師與學人們，都應該詳細閱讀，包括盧勝彥個人在內。正犀居士著，優惠價140元。

阿含正義—唯識學探源：廣說四大部《阿含經》諸經中隱說之眞正義理，一一舉示佛陀本懷，令阿含時期初轉法輪根本經典之眞義，如實顯現於佛子眼前。並提示末法大師對於阿含眞義誤解之實例，一一比對之，證實唯識增上慧學確於原始佛法之阿含諸經中已隱覆密意而略說之，證實 世尊確於原始佛法中已曾密意而說第八識如來藏之總相；亦證實 世尊在四阿含中已說此藏識是名色十八界之因、之本—證明如來藏是能生萬法之根本心。佛子可據此修正以往受諸大師（譬如西藏密宗應成派中觀師：印順、昭慧、性廣、大願、達賴、宗喀巴、寂天、月稱、……等人）誤導之邪見，建立正見，轉入正道乃至親證初果而無困難；書中並詳說三果所證的心解脫，以及四果慧解脫的親證，都是如實可行的具體知見與行門。全書共七輯，已出版完畢。平實導師著，每輯三百餘頁，售價300元。

超意境CD：以平實導師公案拈提書中超越意境之頌詞，加上曲風優美的旋律，錄成令人嚮往的超意境歌曲，其中包括正覺發願文及平實導師親自譜成的黃梅調歌曲一首。詞曲雋永，殊堪翫味，可供學禪者吟詠，有助於見道。內附設計精美的彩色小冊，解說每一首詞的背景本事。每片280元。【每購買公案拈提書籍一冊，即贈送一片。】

我的菩提路第一輯：凡夫及二乘聖人不能實證的佛菩提證悟，末法時代的今天仍然有人能得實證，由正覺同修會釋悟圓、釋善藏法師等二十餘位實證如來藏者所寫的見道報告，已爲當代學人見證宗門正法之絲縷不絕，證明大乘義學的法脈仍然存在，爲末法時代求悟般若之學人照耀出光明的坦途。由二十餘位大乘見道者所繕，敘述各種不同的學法、見道因緣與過程，參禪求悟者必讀。全書三百餘頁，售價300元。

我的菩提路第二輯：由郭正益老師等人合著，書中詳述彼等諸人歷經各處道場學法，一一修學而加以檢擇之不同過程以後，因閱讀正覺同修會、正智出版社書籍而發起抉擇分，轉入正覺同修會中修學；乃至學法及見道之過程，都一一詳述之。**本書已改版印製重新流通**，讀者原購的初版書，不論是第一刷或第二、三、四刷，都可以寄回換新，免附郵費。

我的菩提路第三輯：由王美伶老師等人合著。自從正覺同修會成立以來，每年夏初、冬初都舉辦精進禪三共修，藉以助益會中同修們得以證悟明心發起般若實相智慧；凡已實證而被平實導師印證者，皆書具見道報告用以證明佛法之眞實可證而非玄學，證明佛法並非純屬思想、理論而無實質，是故每年都能有人證明正覺同修會的「實證佛教」主張並非虛語。特別是眼見佛性一法，自古以來中國禪宗祖師實證者極寡，較之明心開悟的證境更難令人信受；至2017年初，正覺同修會中的證悟明心者已近五百人，然而其中眼見佛性者至今唯十餘人爾，可謂難能可貴，是故明心後欲冀眼見佛性者實屬不易。黃正倖老師是懸絕七年無人見性後的第一人，她於2009年的見性報告刊於本書的第二輯中，爲大眾證明佛性確實可以眼見；其後七年之中求見性者都屬解悟佛性而無人眼見，幸而又經七年後的2016冬初，以及2017夏初的禪三，復有三人眼見佛性，希冀鼓舞四眾佛子求見佛性之大心，今則具載一則於書末，顯示求見佛性之事實經歷，供養現代佛教界欲得見性之四眾弟子。全書四百頁，售價300元，已於2017年6月30日發行。

我的菩提路第四輯：由陳晏平等人著。中國禪宗祖師往往有所謂「見性」之言，所言多屬看見如來藏具有能令人發起成佛之自性，並非《大般涅槃經》中　如來所說之眼見佛性。眼見佛性者，於親見佛性之時，即能於山河大地眼見自己佛性，亦能於他人身上眼見自己佛性及對方之佛性，如是境界無法爲尚未實證者解釋；勉強說之，縱使眞實明心證悟之人聞之，亦只能以自身明心之境界想像之，但不論如何想像多屬非量，能有正確之比量者亦是稀有，故說眼見佛性極爲困難。眼見佛性之人若所見極分明時，在所見佛性之境界下所眼見之山河大地、自己五蘊身心皆是虛幻，自有異於明心者之解脫功德受用，此後永不思證二乘涅槃，必定邁向成佛之道而進入第十住位中，已超第一阿僧祇劫三分有一，可謂之爲超劫精進也。今又有明心之後眼見佛性之人出於人間，將其明心及後來見性之報告，連同其餘證悟明心者之精彩報告一同收錄於此書中，供養眞求佛法實證之四衆佛子。全書380頁，售價300元，已於2018年6月30日發行。

我的菩提路第五輯：林慈慧老師等人著，本輯中所舉學人從相似正法中來到正覺同修會的過程，各人都有不同，發生的因緣亦是各有差別，然而都會指向同一個目標——證實生命實相的源底，確證自己生從何來、死往何去的事實，所以最後都證明佛法眞實而可親證，絕非玄學；本書將彼等諸人的始修及末後證悟之實例，羅列出來以供學人參考。本期亦有一位會裡的老師，是從1995年即開始追隨　平實導師修學，1997年明心後持續進修不斷，直到2017年眼見佛性之實例，足可證明《大般涅槃經》中世尊開示眼見佛性之法正眞無訛，第十住位的實證在末法時代的今天仍有可能，如今一併具載於書中以供學人參考，並供養現代佛教界欲得見性之四衆弟子。全書四百頁，售價300元，已於2019年12月31日發行。

我的菩提路第六輯：劉惠莉老師等人著，本輯中舉示劉老師明心多年以後的眼見佛性實錄，供末法時代學人了知明心之異於見性本質，足可證明《大般涅槃經》中世尊開示眼見佛性之法正眞無訛。亦列舉多篇學人從各道場來到正覺學法之不同過程，以及如何發覺邪見之異於正法的所在，最後終能在正覺禪三中悟入的實況，以證明佛教正法仍在末法時代的人間繼續弘揚的事實，鼓舞一切眞實學法的菩薩大衆思之：我等諸人亦可有因緣證悟，絕非空想白思。約四百頁，售價300元，已於2020年6月30日發行。

我的菩提路第七輯：余正偉老師等人著，本輯中舉示余老師明心二十餘年以後的眼見佛性實錄，供末法時代學人了知明心異於見性之本質，並且舉示其見性後與平實導師互相討論眼見佛性之諸多疑訛處；除了證明《大般涅槃經》中世尊開示眼見佛性之法正眞無訛以外，亦得一解明心後尚未見性者之所未知處，甚爲精彩。此外亦列舉多篇學人從各不同宗教進入正覺學法之不同過程，以及發覺諸方道場邪見之內容與過程，最終得於正覺精進禪三中悟入的實況，足供末法精進學人借鑑，以彼鑑己而生信心，得以投入了義正法中修學及實證。凡此，皆足以證明不唯明心所證之第七住位般若智慧及解脫功德仍可實證，乃至第十住位的實證與當場發起如幻觀之實證，於末法時代的今天皆仍有可能。本書約四百頁，售價300元。

鈍鳥與靈龜：鈍鳥及靈龜二物，被宗門證悟者說爲二種人：前者是精修禪定而無智慧者，也是以定爲禪的愚癡禪人；後者是或有禪定、或無禪定的宗門證悟者，凡已證悟者皆是靈龜。但後者被人虛造事實，用以嘲笑大慧宗杲禪師，說他雖是靈龜，卻不免被天童禪師預記「患背」痛苦而亡：「鈍鳥離巢易，靈龜脫殼難。」藉以貶低大慧宗杲的證量。同時將天童禪師實證如來藏的證量，曲解爲意識境界的離念靈知。自從大慧禪師入滅以後，錯悟凡夫對他的不實毀謗就一直存在著，不曾止息，並且捏造的假事實也隨著年月的增加而越來越多，終至編成「鈍鳥與靈龜」的假公案、假故事。本書是考證大慧與天童之間的不朽情誼，顯現這件假公案的虛妄不實；更見大慧宗杲面對惡勢力時的正直不阿，亦顯示大慧對天童禪師的至情深義，將使後人對大慧宗杲的誣謗至此而止，不再有人誤犯毀謗賢聖的惡業。書中亦舉證宗門的所悟確以第八識如來藏爲標的，詳讀之後必可改正以前被錯悟大師誤導的參禪知見，日後必定有助於實證禪宗的開悟境界，得階大乘眞見道位中，即是實證般若之賢聖。全書459頁，售價350元。

維摩詰經講記：本經係 世尊在世時，由等覺菩薩維摩詰居士藉疾病而演說之大乘菩提無上妙義，所說函蓋甚廣，然極簡略，是故今時諸方大師與學人讀之悉皆錯解，何況能知其中隱含之深妙正義，是故普遍無法爲人解說；若強爲人說，則成依文解義而有諸多過失。今由平實導師公開宣講之後，詳實解釋其中密意，令維摩詰菩薩所說大乘不可思議解脫之深妙正法得以正確宣流於人間，利益當代學人及與諸方大師。書中詳實演述大乘佛法深妙不共二乘之智慧境界，顯示諸法之中絕待之實相境界，建立大乘菩薩妙道於永遠不敗不壞之地，以此成就護法偉功，欲冀永利娑婆人天。已經宣講圓滿整理成書流通，以利諸方大師及諸學人。全書共六輯，每輯三百餘頁，售價各250元。

真假外道：本書具體舉證佛門中的常見外道知見實例，並加以教證及理證上的辨正，幫助讀者輕鬆而快速的了知常見外道的錯誤知見，進而遠離佛門內外的常見外道知見，因此即能改正修學方向而快速實證佛法。游正光老師著　。成本價200元。

勝鬘經講記：如來藏爲三乘菩提之所依，若離如來藏心體及其含藏之一切種子，即無三界有情及一切世間法，亦無二乘菩提緣起性空之出世間法；本經詳說無始無明、一念無明皆依如來藏而有之正理，藉著詳解煩惱障與所知障間之關係，令學人深入了知二乘菩提與佛菩提相異之妙理；聞後即可了知佛菩提之特勝處及三乘修道之方向與原理，邁向攝受正法而速成佛道的境界中。平實導師講述，共六輯，每輯三百餘頁，售價各250元。

楞嚴經講記：楞嚴經係大乘祕密教之重要經典，亦是佛教中普受重視之經典；經中宣說明心與見性之內涵極爲詳細，將一切法都會歸如來藏及佛性—妙眞如性；亦闡釋五陰區宇及五陰盡的境界，作諸地菩薩自我檢驗證量之依據，旁及佛菩提道修學過程中之種種魔境，以及外道誤會涅槃之狀況，亦兼述明三界世間之起源，具足宣示大乘菩提之奧祕。然因言句深澀難解，法義亦復深妙寬廣，學人讀之普難通達，是故讀者大多誤會，不能如實理解佛所說之明心與見性內涵，亦因是故多有悟錯之人引爲開悟之證言，成就大妄語罪。今由平實導師詳細講解之後，整理成文，以易讀易懂之語體文刊行天下，以利學人。全書十五輯，全部出版完畢。每輯三百餘頁，售價每輯300元。

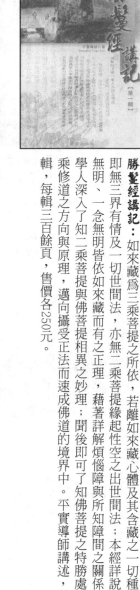

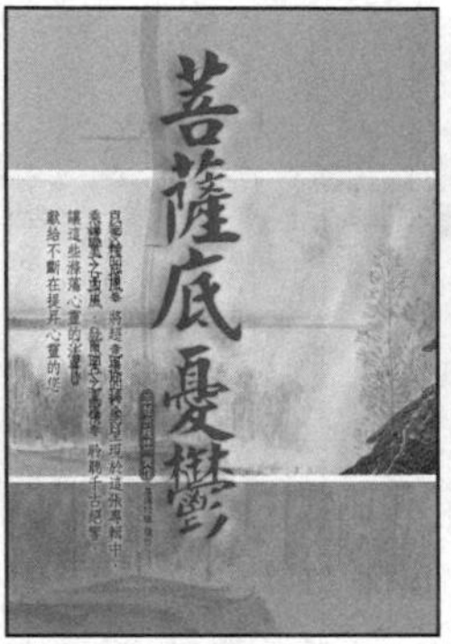

明心與眼見佛性：本書細述明心與眼見佛性之異同，同時顯示了中國禪宗破初參明心與重關眼見佛性二關之間的關聯；書中又藉法義辨正而旁述其他許多勝妙法義，讀後必能遠離佛門長久以來積非成是的錯誤知見，令讀者在佛法的實證上有極大助益。也藉慧廣法師的謬論來教導佛門學人回歸正知正見，遠離古今禪門錯悟者所墮的意識境界，非唯有助於斷我見，也對未來的開悟明心實證第八識如來藏有所助益，是故學禪者都應細讀之。游正光老師著　共448頁　售價300元。

菩薩底憂鬱CD：將菩薩情懷及禪宗公案寫成新詞，並製作成超越意境的優美歌曲。1.主題曲〈菩薩底憂鬱〉，描述地後菩薩能離三界生死而迴向繼續生在人間，但因尚未斷盡習氣種子而有極深沈之憂鬱，非三賢位菩薩及二乘聖者所知，此憂鬱在七地滿心位方才斷盡；本曲之詞中所說義理極深，昔來所未曾見；此曲係以優美的情歌風格寫詞及作曲，聞者得以激發嚮往諸地菩薩境界之大心，詞、曲都非常優美，難得一見；其中勝妙義理之解說，已印在附贈之彩色小冊中。2.以各輯公案拈提中直示禪門入處之頌文，作成各種不同曲風之超意境歌曲，值得玩味、參究；聆聽公案拈提之優美歌曲時，請同時閱讀內附之印刷精美說明小冊，可以領會超越三界的證悟境界；未悟者可以因此引發求悟之意向及疑情，眞發菩提心而邁向求悟之途，乃至因此眞實悟入般若，成眞菩薩。3.正覺總持咒新曲，總持佛法大意；總持咒之義理，已加以解說並印在隨附之小冊中。本CD共有十首歌曲，長達63分鐘，附贈二張購書優惠券。每片320元。

金剛經宗通：三界唯心，萬法唯識，是成佛之修證內容，是諸地菩薩之所修；般若則是成佛之道（實證三界唯心、萬法唯識）的入門，若未證悟實相般若，即無成佛之可能，必將永在外門廣行菩薩六度，永在凡夫位中。然而實相般若的發起，全賴實證萬法的實相；若欲證知萬法的眞相，則必須探究萬法之所從來，則須實證自心如來—金剛心如來藏，然後現觀這個金剛心的金剛性、眞實性、如如性、清淨性、涅槃性、能生萬法的自性性、本住性，名爲證眞如；進而現觀三界六道唯是此金剛心所成，人間萬法須藉八識心王和合運作方能現起。如是實證《華嚴經》的「三界唯心、萬法唯識」以後，由此等現觀而發起實相般若智慧，繼續進修第十住位的如幻觀、第十行位的陽焰觀、第十迴向位的如夢觀，再生起增上意樂而勇發十無盡願，方能滿足三賢位的實證，轉入初地；自知成佛之道而無偏倚，從此按部就班、次第進修乃至成佛。第八識自心如來是般若智慧之所依，般若智慧的修證則要從實證金剛心自心如來開始；《金剛經》則是解說自心如來之經典，是一切三賢位菩薩所應進修之實相般若經典。這一套書，是將平實導師宣講的《金剛經宗通》內容，整理成文字而流通之；書中所說義理，迴異古今諸家依文解義之說，指出大乘見道方向與理路，有益於禪宗學人求開悟見道，及轉入內門廣修六度萬行。已於2013年9月出版完畢，總共9輯，每輯約三百餘頁，售價各250元。

禪意無限CD：平實導師以公案拈提書中偈頌寫成不同風格曲子，與他人所寫不同風格曲子共同錄製出版，幫助參禪人進入禪門超越意識之境界。盒中附贈彩色印製的精美解說小冊，以供聆聽時閱讀，令參禪人得以發起參禪之疑情，即有機會證悟本來面目，實證大乘菩提般若。本CD共有十首歌曲，長達69分鐘，每盒各附贈二張購書優惠券。每片320元。

空行母—性別、身分定位，以及藏傳佛教：本書作者為蘇格蘭哲學家，因為嚮往佛教深妙的哲學內涵，於是進入當年盛行於歐美的假藏傳佛教密宗，擔任卡盧仁波切的翻譯工作多年以後，被邀請成為卡盧的空行母（又名佛母、明妃），開始了她在密宗裡的實修過程；後來發覺在密宗雙身法中的修行，其實無法使自己成佛，也發覺密宗對女性歧視而處處貶抑，並剝奪女性在雙身法中擔任一半角色時應有的身分定位。當她發覺自己只是雙身法中被喇嘛利用的工具，沒有獲得絲毫應有的尊重與基本定位時，發現了密宗的父權社會控制女性的本質；於是作者傷心地離開了卡盧仁波切與密宗，但是卻被恐嚇不許講出她在密宗裡的經歷，也不許她說出自己對密宗的教義與教制下對女性剝削的本質，否則將被咒殺死亡。後來她去加拿大定居，十餘年後方才擺脫這個恐嚇陰影，下定決心將親身經歷的實情及觀察到的事實寫下來並且出版，公諸於世。出版之後，她被流亡的達賴集團人士大力攻訐，誣指她為精神狀態失常、說謊……等。但有智之士並未被達賴集團的政治操作及各國政府政治運作吹捧達賴的表相所欺，使她的書銷售無阻而又再版。正智出版社鑑於作者此書是親身經歷的事實，所說具有針對「藏傳佛教」而作學術研究的價值，也有使人認清假藏傳佛教剝削佛母、明妃的男性本位實質，因此洽請作者同意中譯而出版於華人地區。珍妮·坎貝爾女士著，呂艾倫 中譯，每冊250元。

霧峰無霧—給哥哥的信：本書作者藉兄弟之間信件往來論義，略述佛法大義；並以多篇短文辨義，舉出釋印順對佛法的無量誤解證據，並一一給予簡單而清晰的辨正，令人一讀即知。久讀、多讀之後即能認清楚釋印順的六識論見解，與真實佛法之牴觸是多麼嚴重；於是在久讀、多讀之後，於不知不覺之間提升了對佛法的極深入理解，正知正見就在不知不覺間建立起來了。當三乘佛法的正知見建立起來之後，對於三乘菩提的見道條件便將隨之具足，於是聲聞解脫道的見道也就水到渠成；接著大乘見道的因緣也將次第成熟，未來自然也會有親見大乘菩提之道的因緣，悟入大乘實相般若也將自然成功，自能通達般若系列諸經而成實義菩薩。作者居住於南投縣霧峰鄉，自喻見道之後不復再見霧峰之霧，故鄉原野美景一一明見，於是立此書名為《霧峰無霧》；讀者若欲撥霧見月，可以此書為緣。游宗明 老師著 已於2015年出版 售價250元。

霧峰無霧—第二輯—救護佛子向正道 本書作者藉釋印順著作中之各種錯謬法義提出辨正，以詳實的文義一一提出理論上及實證上之解析，列舉釋印順對佛法的無量誤解證據，藉此教導佛門大師與學人釐清佛法義理，遠離岐途轉入正道，然後知所進修，久之便能見道明心而入大乘勝義僧數。被釋印順誤導的大師與學人極多，很難救轉，是故作者大發悲心深入解說其錯謬之所在，佐以各種義理辨正而令讀者在不知不覺之間轉歸正道。如是久讀之後欲得斷身見、證初果，即不為難事；乃至久之亦得大乘見道而得證眞如，脫離空有二邊而住中道，實相般若智慧生起，於佛法不再茫然，漸漸亦知悟後進修之道。屆此之時，對於大乘般若等深妙法之迷雲暗霧亦將一掃而空，生命及宇宙萬物之故鄉原野美景一一明見，是故本書仍名《霧峰無霧》，為第二輯；讀者若欲撥雲見日、離霧見月，可以此書為緣。游宗明 老師著 已於2019年出版 售價250元。

假藏傳佛教的神話—性、謊言、喇嘛教：本書編著者是由一首名為「阿姊鼓」的歌曲為緣起，展開了序幕，揭開假藏傳佛教—喇嘛教—的神秘面紗。其重點是蒐集、摘錄網路上質疑「喇嘛教」的帖子，以揭穿「假藏傳佛教的神話」為主題，串聯成書，並附加彩色插圖以及說明，讓讀者們瞭解西藏密宗及相關人事如何被操作為「神話」的過程，以及神話背後的眞相。作者：張正玄教授。售價200元。

達賴真面目—玩盡天下女人：假使您不想戴綠帽子，請記得詳細閱讀此書；假使您不想讓好朋友戴綠帽子，請您將此書介紹給您的好朋友。假使您想保護家中的女性，也想要保護好朋友的女眷，請記得將此書送給家中的女性和好友的女眷都來閱讀。本書為印刷精美的大本彩色中英對照精裝本，為您揭開達賴喇嘛的眞面目，內容精彩不容錯過，為利益社會大眾，特別以優惠價格嘉惠所有讀者。編著者：白志偉等。大開版雪銅紙彩色精裝本。售價800元。

童女迦葉考—論呂凱文〈佛教輪迴思想的論述分析〉之謬：童女迦葉是佛世率領五百大比丘遊行於人間的歷史事實，是以童貞行而依止菩薩戒弘化於人間的大菩薩，不依別解脫戒（聲聞戒）來弘化於人間。這是大乘佛教與聲聞佛教同時存在於佛世的歷史明證，證明大乘佛教不是從聲聞法中分裂出來的部派佛教的產物，卻是聲聞佛教分裂出來的部派佛教聲聞凡夫僧所不樂見的史實；於是古今聲聞法中的凡夫都欲加以扭曲而作詭說，更是末法時代高聲大呼「大乘非佛說」的六識論聲聞凡夫極力想要扭曲的佛教史實之一，於是想方設法扭曲迦葉菩薩爲聲聞僧，以及扭曲迦葉童女爲比丘僧等荒謬不實之論著便陸續出現，古時聲聞僧寫作的《分別功德論》是最具體之事例，現代之代表作則是呂凱文先生的〈佛教輪迴思想的論述分析〉論文。鑑於如是假藉學術考證以籠罩大眾之不實謬論，未來仍將繼續造作及流竄於佛教界，繼續扼殺大乘佛教學人法身慧命，必須舉證辨正之，遂成此書。平實導師 著，每冊180元。

末代達賴—性交教主的悲歌：簡介從藏傳僞佛教（喇嘛教）的修行核心—性力派男女雙修，探討達賴喇嘛及藏傳僞佛教的修行內涵。書中引用外國知名學者著作、世界各地新聞報導，包含：歷代達賴喇嘛的祕史、達賴六世修雙身法的事蹟，以及《時輪續》中的性交灌頂儀式……等；達賴喇嘛書中開示的雙修法、達賴喇嘛的黑暗政治手段；達賴喇嘛所領導的寺院爆發喇嘛性侵兒童；新聞報導《西藏生死書》作者索甲仁波切性侵女信徒、澳洲喇嘛秋達公開道歉、美國最大假藏傳佛教組織領導人邱陽創巴仁波切的性氾濫，等等事件背後眞相的揭露。作者：張善思、呂艾倫、辛燕。售價250元。

黯淡的達賴—失去光彩的諾貝爾和平獎：本書舉出很多證據與論述，詳述達賴喇嘛不爲世人所知的一面，顯示達賴喇嘛並不是眞正的和平使者，而是假借諾貝爾和平獎的光環來欺騙世人；透過本書的說明與舉證，讀者可以更清楚的瞭解，達賴喇嘛是結合暴力、黑暗、淫欲於喇嘛教裡的集團首領，其政治行爲與宗教主張，早已讓諾貝爾和平獎的光環染污了。　本書由財團法人正覺教育基金會寫作、編輯，由正覺出版社印行，每冊250元。

第七意識與第八意識？—穿越時空「超意識」：「三界唯心，萬法唯識」是佛教中應該實證的聖教，也是《華嚴經》中明載而可以實證的法界實相。唯心者，三界一切境界、一切諸法唯是一心所成就，即是每一個有情的第八識如來藏，不是意識心。唯識者，即是人類各各都具足的八識心王——眼識、耳鼻舌身意識、意根、阿賴耶識，第八阿賴耶識又名如來藏，人類五陰相應的萬法，莫不由八識心王共同運作而成就，故說萬法唯識。依聖教量及現量、比量，都可以證明意識是二法因緣生，是由第八識藉意根與法塵二法爲因緣而出生，又是夜夜斷滅不存之生滅心，即無可能反過來出生第七識意根、第八識如來藏，當知不可能從生滅性的意識心中，細分出恆審思量的第七識意根，更無可能細分出恆而不審的第八識如來藏。本書是將演講內容整理成文字，細說如是內容，並已在《正覺電子報》連載完畢，今彙集成書以廣流通，欲幫助佛門有緣人斷除意識我見，跳脫於識陰之外而取證聲聞初果；嗣後修學禪宗時即得不墮外道神我之中，得以求證第八識金剛心而發起般若實智。平實導師　述，每冊300元。

中觀金鑑—詳述應成派中觀的起源與其破法本質：學佛人往往迷於中觀學派之不同學說，被應成派與自續派所迷惑；修學般若中觀二十年後自以爲實證般若中觀了，卻仍不曾入門，甫聞實證般若中觀者之所說，則茫無所知，迷惑不解；隨後信心盡失，不知如何實證佛法；凡此，皆因惑於這二派中觀學說所致。自續派中觀所說同於常見，以意識境界立爲第八識如來藏之境界，應成派所說則同於斷見，但又同立意識爲常住法，故亦具足斷常二見。今者孫正德老師有鑑於此，乃將起源於密宗的應成派中觀學說，追本溯源，詳考其來源之外，亦一一舉證其立論內容，詳加辨正，令密宗雙身法祖師以識陰境界而造之應成派中觀學說本質，詳細呈現於學人眼前，令其維護雙身法之目的無所遁形。若欲遠離密宗此二大派中觀謬說，欲於三乘菩提有所進道者，允宜具足閱讀並細加思惟，反覆讀之以後將可捨棄邪道返歸正道，則於般若之實證即有可能，證後自能現觀如來藏之中道境界而成就中觀。本書分上、中、下三冊，每冊250元，全部出版完畢。

人間佛教—實證者必定不悖三乘菩提：「大乘非佛說」的講法似乎流傳已久，卻只是日本人企圖擺脫中國正統佛教的影響，而在明治維新時期才開始提出來的說法；台灣佛教、大陸佛教的淺學無智之人，由於未曾實證佛法而迷信日本人錯誤的學術考證，錯認為這些別有用心的日本佛學考證的講法為天竺佛教的眞實歷史；甚至還有更激進的反對佛教者提出「釋迦牟尼佛並非眞實存在，只是後人捏造的假歷史人物」，竟然也有少數佛教徒願意跟著「學術」的假光環而信受不疑，亦導致部分台灣佛教界人士，造作了反對中國大乘佛教而推崇南洋小乘佛教的行為，使台灣佛教的信仰者難以檢擇，亦導致一般大陸人士開始轉入基督教的盲目迷信中。在這些佛教及外教人士之中，也就有一分人根據此邪說而大聲主張「大乘非佛說」的謬論，這些人以「人間佛教」的名義來抵制中國正統佛教，公然宣稱中國的大乘佛教是由聲聞部派佛教的凡夫僧所創造出來的。這樣的說法流傳於台灣及大陸佛教界凡夫僧之中已久，卻非眞正的佛教歷史中曾經發生過的事，只是繼承六識論的聲聞法中凡夫僧，以及別有居心的日本佛教界，依自己的意識境界立場，純憑臆想而編造出來的妄想說法，卻已經影響許多無智之凡夫僧俗信受不移。本書則是從佛教的經藏法義實質及實證的現量內涵本質立論，證明大乘佛法本是佛說，是從《阿含正義》尚未說過的不同面向來討論「人間佛教」的議題，證明「大乘眞佛說」。閱讀本書可以斷除六識論邪見，迴入三乘菩提正道發起實證的因緣；也能斷除禪宗學人學禪時普遍存在之錯誤知見，對於建立參禪時的正知見有很深的著墨。平實導師 述，內文488頁，全書528頁，定價400元。

喇嘛性世界—揭開假藏傳佛教譚崔瑜伽的面紗：這個世界中的喇嘛，號稱來自世外桃源的香格里拉，穿著或紅或黃的喇嘛長袍，散布於我們的身邊傳教灌頂，吸引了無數的人嚮往學習；這些喇嘛虔誠地為大眾祈福，手中拿著寶杵（金剛）與寶鈴（蓮花），口中唸著咒語：「唵．嘛呢．叭咪．吽……」，咒語的意思是說：「我至誠歸命金剛杵上的寶珠伸向蓮花寶穴之中」！「喇嘛性世界」是什麼樣的「世界」呢？本書將為您呈現喇嘛世界的面貌。當您發現眞相以後，您將會唸：「噢！喇嘛．性．世界，譚崔性交嘛！」作者：張善思、呂艾倫。售價200元。

見性與看話頭：黃正倖老師的《見性與看話頭》於《正覺電子報》連載完畢，今結集出版。書中詳說禪宗看話頭的詳細方法，並細說看話頭與眼見佛性的關係，以及眼見佛性者求見佛性前必須具備的條件。本書是禪宗實修者追求明心開悟時參禪的方法書，也是求見佛性者作功夫時必讀的方法書，內容兼顧眼見佛性的理論與實修之方法，是依實修之體驗配合理論而詳述，條理分明而且極爲詳實、周全、深入。本書內文375頁，全書416頁，售價300元。

實相經宗通：學佛之目的在於實證一切法界背後之實相，禪宗稱之爲本來面目或本地風光，佛菩提道中稱之爲實相法界；此實相法界即是金剛藏，又名佛法之祕密藏，即是能生有情五陰、十八界及宇宙萬有（山河大地、諸天、三惡道世間）的第八識如來藏，又名阿賴耶識心，即是禪宗祖師所說的眞如心，此心即是三界萬有背後的實相。證得此第八識心時，自能瞭解般若諸經中隱說的種種密意，即得發起實相般若——實相智慧。每見學佛人修學佛法二十年後仍對實相般若茫然無知，亦不知如何入門，茫無所趣；更因不知三乘菩提的互異互同，是故越是久學者對佛法越覺茫然，都肇因於尚未瞭解佛法的全貌，亦未瞭解佛法的修證內容即是第八識心所致。本書對於修學佛法者所應實證的實相境界提出明確解析，並提示趣入佛菩提道的入手處，有心親證實相般若的佛法實修者，宜詳讀之，於佛菩提道之實證即有下手處。平實導師述著，共八輯，已於2016年出版完畢，每輯成本價250元。

真心告訴您（一）——達賴喇嘛在幹什麼？這是一本報導篇章的選集，更是「破邪顯正」的暮鼓晨鐘。「破邪」是戳破假象，說明達賴喇嘛及其所率領的密宗四大派法王、喇嘛們，弘傳的佛法是仿冒的佛法；他們是假藏傳佛教，是坦特羅（譚崔性交）外道法和藏地崇奉鬼神的苯教混合成的「喇嘛教」，推廣的是以所謂「無上瑜伽」的男女雙身法冒充佛法的假佛教，詐財騙色誤導衆生，常常造成信徒家庭破碎、家中兒少失怙的嚴重後果。「顯正」是揭櫫眞相，指出眞正的藏傳佛教只有一個，就是覺囊巴，傳的是　釋迦牟尼佛演繹的第八識如來藏妙法，稱爲他空見大中觀。正覺教育基金會即以此古今輝映的如來藏正法正知見，在眞心新聞網中逐次報導出來，將箇中原委「眞心告訴您」，如今結集成書，與想要知道密宗眞相的您分享。售價250元。

法華經講義：此書為平實導師始從2009/7/21演述至2014/1/14之講經錄音整理所成。世尊一代時教，總分五時三教，即是華嚴時、聲聞緣覺教、般若教、種智唯識教、法華時；依此五時三教區分為藏、通、別、圓四教。本經是最後一時的圓教經典，圓滿收攝一切法教於本經中，是故最後的圓教聖訓中，特地指出無有三乘菩提，其實唯有一佛乘；皆因眾生愚迷故，方便區分為三乘菩提以助眾生證道。世尊於此經中特地說明如來示現於人間的唯一大事因緣，便是為有緣眾生「開、示、悟、入」諸佛的所知所見——第八識如來藏妙真如心，並於諸品中隱說「妙法蓮花」如來藏心的密意。然因此經所說甚深難解，真義隱晦，古來難得有人能窺堂奧；平實導師以知如是密意故，特為末法佛門四眾演述《妙法蓮華經》中各品蘊含之密意，使古來未曾被古德註解出來的「此經」密意，如實顯示於當代學人眼前。乃至〈藥王菩薩本事品〉、〈妙音菩薩品〉、〈觀世音菩薩普門品〉、〈普賢菩薩勸發品〉中的微細密意，亦皆一併詳述之，可謂開前人所未曾言之密意，示前人所未見之妙法。最後乃至以〈法華大義〉而總其成，全經妙旨貫通始終，而依佛旨圓攝於一心如來藏妙心，厥為曠古未有之大說也。平實導師述，共有25輯，已於2019/05/31出版完畢。每輯300元。

西藏「活佛轉世」制度—附佛、造神、世俗法：歷來關於喇嘛教活佛轉世的研究，多針對歷史及文化兩部分，於其所以成立的理論基礎，較少系統化的探討。尤其是此制度是否依據「佛法」而施設？是否合乎佛法真實義？現有的文獻大多含糊其詞，或人云亦云，不曾有明確的闡釋與如實的見解。因此本文先從活佛轉世的由來，探索此制度的起源、背景與功能，並進而從活佛的尋訪與認證之過程，發掘活佛轉世的特徵，以確認「活佛轉世」在佛法中應具足何種果德。定價150元。

真心告訴您（二）—達賴喇嘛是佛教僧侶嗎？補祝達賴喇嘛八十大壽：這是一本針對當今達賴喇嘛所領導的喇嘛教，冒用佛教名相、於師徒間或師兄姊間，實修男女邪淫，而從佛法三乘菩提的現量與聖教量，揭發其謊言與邪術，證明達賴及其喇嘛教是仿冒佛教的外道，是「假藏傳佛教」。藏密四大派教義雖有「八識論」與「六識論」的表面差異，然其實修之內容，皆共許「無上瑜伽」四部灌頂為究竟「成佛」之法門，也就是共以男女雙修之邪淫法為「即身成佛」之密要，雖美其名曰「欲貪為道」之「金剛乘」，並誇稱其成就超越於（應身佛）釋迦牟尼佛所傳之顯教般若乘之上；然詳考其理論，則或以意識離念時之粗細心為第八識如來藏，或以中脈裡的明點為第八識如來藏，或如宗喀巴與達賴堅決主張第六意識為常恆不變之真心者，分別墮於外道之常見與斷見中；全然違背 佛說能生五蘊之如來藏的實質。售價300元。

涅槃—解說四種涅槃之實證及內涵：真正學佛之人，首要即是見道，由見道故方有涅槃之實證，證涅槃者方能出生死，但涅槃有四種：二乘聖者的有餘涅槃、無餘涅槃，以及大乘聖者的本來自性清淨涅槃、佛地的無住處涅槃。大乘聖者實證本來自性清淨涅槃，入地前再取證二乘涅槃，然後起惑潤生捨離二乘涅槃，繼續進修而在七地心前斷盡三界愛之習氣種子，依七地無生法忍之具足而證得念念入滅盡定；八地後進斷異熟生死，直至妙覺地下生人間成佛，具足四種涅槃，方是真正成佛。此理古來少人言，以致誤會涅槃正理者比比皆是，今於此書中廣說四種涅槃、如何實證之理、實證前應有之條件，實屬本世紀佛教界極重要之著作，令人對涅槃有正確無訛之認識，然後可以依之實行而得實證。本書共有上下二冊，每冊各四百餘頁，對涅槃詳加解說，每冊各350元。

佛藏經講義：本經說明為何佛菩提難以實證之原因，都因往昔無數阿僧祇劫前的邪見，引生此世求證時之業障而難以實證。即以諸法實相詳細解說，繼之以念佛品、念法品、念僧品，說明諸佛與法之實質；然後以淨戒品之說明，期待佛弟子四眾堅持清淨戒而轉化心性，並以往古品的實例說明歷代學佛人在實證上的業障由來，教導四眾務必滅除邪見轉入正見中，不再造作謗法及謗賢聖之大惡業，以免未來世尋求實證之時被業障所障；然後以了戒品的說明和囑累品的付囑，期望末法時代的佛門四眾弟子皆能清淨知見而得以實證。平實導師於此經中有極深入的解說，總共21輯，每輯300元，於2019/07/31開始每二個月發行一輯。

大法鼓經講義：本經解說佛法的總成：法、非法。由開解法、非法二義，說明了義佛法與世間戲論法的差異，指出佛法實證之標的即是法——第八識如來藏；並顯示實證後的智慧，如實擊大法鼓、演深妙法，演說如來祕密教法，非二乘定性及諸凡夫所能得聞，唯有具足菩薩性者方能得聞。正聞之後即得依於 世尊大願而拔除邪見，入於正法而得實證；深解不了義經之方便說，亦能實解了義經所說之眞實義，得以證法——如來藏，而得發起根本無分別智，乃至進修而發起後得無分別智；並堅持布施及受持清淨戒而轉化心性，得以現觀眞我眞法如來藏之各種層面。此爲第一義諦聖教，並授記末法最後餘四十年時，一切世間樂見離車童子將繼續護持此經所說正法。平實導師於此經中有極深入的解說，總共六輯，每輯300元，於《佛藏經講義》出版完畢後開始發行，每二個月發行一輯。

成唯識論釋：本論係大唐玄奘菩薩揉合當時天竺十大論師的說法加以辨正而著成，攝盡佛門證悟菩薩及部派佛教聲聞凡夫論師對佛法的論述，並函蓋當時天竺諸大外道對生命實相的錯誤論述加以辨正，是由玄奘大師依據無生法忍證量加以評論確定而成爲此論。平實導師弘法初期即已依於證量略講過一次，歷時大約四年，當時正覺同修會規模尚小，聞法成員亦多尚未證悟，是故並未整理成書；如今正覺同修會中的證悟同修已超過六百人，鑑於此論在護持正法、實證佛法及悟後進修上的重要性，已於2022年初重講，並已經預先註釋完畢編輯成書，名爲《成唯識論釋》，總共十輯，每輯目次41頁、序文7頁、內文四百餘頁，並將原本13級字縮小爲12級字編排，以增加其內容；於增上班宣講時的內容將會更詳細於書中所說，涉及佛法密意的詳細內容只於增上班中宣講，於書中皆依佛誡隱覆密意而說，攝屬判教的〈目次〉已經詳盡判定論中諸段句義，用供學人參考；是故讀者閱完此論之釋，即可深解成佛之道的正確內涵；預定將於每一輯內容講述完畢時即予出版，預計每七個月出版一輯，每輯定價400元。

不退轉法輪經講義：世尊弘法有五時三教之別，分為藏、通、別、圓四教之理，本經是大乘般若期前的通教經典，所說之大乘般若正理與所證解脫果，通於二乘解脫道，佛法智慧則通大乘般若，皆屬大乘般若與解脫甚深之理，故其所證解脫果位通於二乘法教；而其中所說第八識無分別法之正理，即是世尊降生人間的第一大事因緣。如是第八識能仁而且寂靜，恆順眾生於生死之中從無乖違，識體中所藏之本來無漏性的有為法以及眞如涅槃境界，皆能助益學人最後成就佛道；此謂釋迦意為能仁、牟尼意為寂靜，此第八識即名釋迦牟尼，釋迦牟尼即是能仁寂靜的第八識眞如；若有人聽聞如是第八識常住、如來不滅之正理，信受奉行之人皆有大乘實證之因緣，永得不退於成佛之道，是故聽聞釋迦牟尼名號而解其義者，皆得不退轉無上正等正覺，未來必有實證之因緣。如是深妙經典，已由平實導師詳述圓滿並整理成書，預定於《大法鼓經講義》發行圓滿之後接著梓行，每二個月發行一輯，總共十輯，每輯300元。

解深密經講義：本經是所有尋求大乘見道及悟後欲入地者所應詳習串習的三經之一，即是《楞伽經》、《解深密經》、《楞嚴經》三經中的一經，亦可作為見道眞假的自我印證依據。此經是 世尊晚年第三轉法輪時，宣說地上菩薩所應熏修之無生法忍唯識正義經典；經中總說眞見道位所見的智慧總相，兼及相見道位所應熏修的七眞如等法，以及入地應修之十地眞如等義理，乃是大乘一切種智增上慧學，以阿陀那識一如來藏一阿賴耶識為成佛之道的主體。禪宗之證悟者，若欲修證初地無生法忍乃至八地無生法忍者，必須修學《楞伽經、解深密經、楞嚴經》所說之八識心王一切種智。此三經所說正法，方是眞正成佛之道；印順法師否定第八識如來藏之後所說萬法緣起性空之法，墮於六識論中而著作的《成佛之道》，乃宗本於密宗宗喀巴六識論邪思而寫成的邪見，是以誤會後之二乘解脫道取代大乘眞正成佛之道，承襲自古天竺部派佛教聲聞凡夫論師的邪見，尚且不符二乘解脫道正理，亦已墮於斷滅見及常見中，所說全屬臆想所得的外道見，不符本經中佛所說的正義。平實導師曾於本會郭故理事長往生時，於喪宅中從首七開始宣講此經，於每一七起各宣講三小時，至第十七而快速略講圓滿，作為郭老之往生後的佛事功德，迴向郭老早證八地、速返娑婆住持正法。茲為今時後世學人故，已經開始重講《解深密經》，以淺顯之語句講畢後，將會整理成文並梓行流通，用供證悟者進道；亦令諸方未悟者，據此經中佛語正義修正邪見，依之速能入道。平實導師述著，全書輯數未定，每輯三百餘頁，將於未來重講完畢後逐輯陸續出版。

修習止觀坐禪法要講記：修學四禪八定之人，往往錯會禪定之修學知見，欲以無止盡之坐禪而證禪定境界，卻不知修除性障之行門才是修證四禪八定不可或缺之要素，故智者大師云「性障初禪」；性障不除，初禪永不現前，云何修證二禪等？又：行者學定，若唯知數息，而不解六妙門之方便善巧者，欲求一心入定，未到地定極難可得，智者大師名之爲「事障未來」：障礙未到地定之修證。又禪定之修證，不可違背二乘菩提及第一義法，否則縱使具足四禪八定，亦不能實證涅槃而出三界。此諸知見，智者大師於《修習止觀坐禪法要》中皆有闡釋。作者平實導師以其第一義之見地及禪定之實證證量，曾加以詳細解析。將俟正覺寺竣工啓用後重講，不限制聽講者資格；講後將以語體文整理出版。欲修習世間定及增上定之學者，宜細讀之。平實導師述著。

阿含經講記—小乘解脫道之修證：數百年來，南傳佛法所說證果之不實，所說解脫道之虛妄，所弘解脫道法義之世俗化，皆已少人知之；從南洋傳入台灣與大陸之後，所說法義虛謬之事，亦復少人知之；今時台灣全島印順系統之法師居士，多不知南傳佛法數百年來所說解脫道之義理已然偏斜、已然世俗化、已非眞正之二乘解脫正道，猶極力推崇與弘揚。彼等南傳佛法近代所謂之證果者皆非眞實證果者，譬如阿迦曼、葛印卡、帕奧禪師、一行禪師……等人，悉皆未斷我見故。近年更有台灣南部大願法師，高抬南傳佛法之二乘修證行門爲「捷徑究竟解脫之道」者，然而南傳佛法縱使眞修實證，得成阿羅漢，至高唯是二乘菩提解脫之道，絕非究竟解脫，無餘涅槃中之實際尚未得證故，法界之實相尚未了知故，習氣種子待除故，一切種智未實證故，焉得謂爲「究竟解脫」？即使南傳佛法近代眞有實證之阿羅漢，尚且不及三賢位中之七住明心菩薩本來自性清淨涅槃智慧境界，則不能知此賢位菩薩所證之無餘涅槃實際，仍非大乘佛法中之見道者，何況普未實證聲聞果乃至未斷我見之人？謬充證果已屬逾越，更何況是誤會二乘菩提之後，以未斷我見之凡夫知見所說之二乘菩提解脫偏斜法道，焉可高抬爲「究竟解脫」？而且自稱「捷徑之道」？又妄言解脫之道即是成佛之道，完全否定般若實智、否定三乘菩提所依之如來藏心體，此理大大不通也！平實導師爲令修學二乘菩提欲證解脫果者，普得迴入二乘菩提正見、正道中，是故選錄四阿含諸經中，對於二乘解脫道法義有具足圓滿說明之經典，預定未來十年內將會加以詳細講解，令學佛人得以了知二乘解脫道之修證理路與行門，庶免被人誤導之後，未證言證，梵行未立，干犯道禁自稱阿羅漢或成佛，成大妄語，欲升反墮。本書首重斷除我見，以助行者斷除我見而實證初果爲著眼之目標，若能根據此書內容，配合平實導師所著《識蘊眞義》《阿含正義》內涵而作實地觀行，實證初果非爲難事，行者可以藉此三書自行確認聲聞初果爲實際可得現觀成就之事。此書中除依二乘經典所說加以宣示外，亦依斷除我見等之證量，及大乘法中道種智之證量，對於意識心之體性加以細述，令諸二乘學人必定得斷我見、常見，免除三縛結之繫縛。次則宣示斷除我執之理，欲令升進而得薄貪瞋痴，乃至斷五下分結…等。平實導師將擇期講述，然後整理成書。共二冊，每冊三百餘頁。每輯300元。

喇嘛教修外道雙身法，墮識陰境界，非佛教

弘揚如來藏他空見的覺囊派才是真正藏傳佛教

總經銷： 聯合發行股份有限公司

231 新北市新店區寶橋路 235 巷 6 弄 6 號 4F

Tel.02－2917-8022（代表號） Fax.02－2915-6275（代表號）

零售：1.**全台連鎖經銷書局：**

三民書局、誠品書局、何嘉仁書店

敦煌書店、紀伊國屋、金石堂書局、建宏書局

諾貝爾圖書城、墊腳石圖書文化廣場

2.**台北市：**佛化人生 **大安區**羅斯福路 3 段 325 號 6 樓之 4　台電大樓對面

3.**新北市：**春大地書店 **蘆洲區**中正路 117 號

4.**桃園市：**御書堂 **龍潭區**中正路 123 號

5.**新竹市：**大學書局 **東區**建功路 10 號

6.**台中市：**瑞成書局 **東區**雙十路 1 段 4 之 33 號

佛教詠春書局 **南屯區**永春東路 884 號

文春書店 **霧峰區**中正路 1087 號

7.**彰化市：**心泉佛教文化中心 南瑤路 286 號

8.**高雄市：**政大書城 **前鎮區**中華五路 789 號 2 樓（高雄夢時代店）

明儀書局 **三民區**明福街 2 號

青年書局 **苓雅區**青年一路 141 號

9.**台東市：**東普佛教文物流通處 博愛路 282 號

10.**其餘鄉鎮市經銷書局：**請電詢總經銷**聯合**公司。

11.**大陸地區請洽：**

香港：樂文書店

銅鑼灣店 :香港銅鑼灣駱克道 506 號 2 樓

電話 : (852) 2881 1150　email: luckwinbs@gmail.com

廈門：廈門外圖臺灣書店有限公司

地址：廈門市思明區湖濱南路809 號 廈門外圖書城3 樓 郵編：361004

電話：0592-5061658（臺灣地區請撥打 86-592-5061658）

E-mail：JKB118＠188.COM

12.**美國：世界日報圖書部：**紐約圖書部　電話 7187468889#6262

洛杉磯圖書部　電話 3232616972#202

13.**國內外地區網路購書：**

正智出版社 書香園地　http://books.enlighten.org.tw/

（書籍簡介、經銷書局可直接聯結下列網路書局購書）

三民 網路書局　http://www.sanmin.com.tw

誠品 網路書局　http://www.eslitebooks.com

博客來 網路書局　http://www.books.com.tw

金石堂 網路書局　http://www.kingstone.com.tw

聯合 網路書局　http:// www.nh.com.tw

附註：1.請儘量向各經銷書局購買：郵政劃撥需要八天才能寄到（本公司在您劃撥後第四天才能接到劃撥單，次日寄出後第二天您才能收到書籍，此六天中可能會遇到週休二日，是故共需八天才能收到書籍）若想要早日收到書籍者，請劃撥完畢後，將劃撥收據貼在紙上，旁邊寫上您的姓名、住址、郵區、電話、買書詳細內容，直接傳眞到本公司 02-28344822，並來電 02-28316727、28327495 確認是否已收到您的傳眞，即可提前收到書籍。 2.因台灣每月皆有五十餘種宗教類書籍上架，書局書架空間有限，故唯有新書方有機會上架，通常每次只能有一本新書上架；本公司出版新書，大多上架不久便已售出，若書局未再叫貨補充者，書架上即無新書陳列，則請直接向書局櫃台訂購。 3.若書局不便代購時，可於晚上共修時間向正覺同修會各共修處請購（共修時間及地點，詳閱**共修現況表**。每年例行年假期間請勿前往請書，年假期間請見共修現況表）。 4.郵購：郵政劃撥帳號 19068241。 5.正覺同修會會員購書都以八折計價（戶籍台北市者爲一般會員，外縣市爲護持會員）都可獲得優待，欲一次購買全部書籍者，可以考慮入會，節省書費。入會費一千元（第一年初加入時才需要繳），年費二千元。**6.尚未出版之書籍，請勿預先郵寄書款與本公司，謝謝您！** 7.若欲一次購齊本公司書籍，或同時取得正覺同修會贈閱之全部書籍者，請於正覺同修會共修時間，親到各共修處請購及索取；**台北市讀者**請洽：103 台北市承德路三段 267 號 10 樓（捷運淡水線 圓山站旁）請書時間：週一至週五爲 18.00~21.00，第一、三、五週週六爲 10.00~21.00，雙週之週六爲 10.00~18.00 請購處專線電話：25957295-分機 14（於請書時間方有人接聽）。

敬告大陸讀者：

大陸讀者購書、索書捷徑（尚未在大陸出版的書籍，以下二個途徑都可以購得，電子書另包括結緣書籍）：

1.廈門外國圖書公司：廈門市思明區湖濱南路 809 號 廈門外圖書城 3F
郵編：361004 電話：0592-5061658 網址：http://www.xibc.com.cn/

2.電子書：正智出版社有限公司及正覺同修會在台灣印行的各種局版書、結緣書，已有『**正覺電子書**』陸續上線中，提供讀者於手機、平板電腦上購書、下載、閱讀正智出版社、正覺同修會及正覺教育基金會所出版之電子書，詳細訊息敬請參閱『正覺電子書』專頁：http://books.enlighten.org.tw/ebook

關於平實導師的書訊，請上網查閱：

成佛之道 http://www.a202.idv.tw

正智出版社 書香園地 http://books.enlighten.org.tw/

中國網採訪佛教正覺同修會、正覺教育基金會訊息：

http://foundation.enlighten.org.tw/newsflash/20150817_1

http://video.enlighten.org.tw/zh-CN/visit_category/visit10

★ 正智出版社有限公司售書之稅後盈餘，全部捐助財團法人正覺寺籌備處、佛教正覺同修會、正覺教育基金會，供作弘法及購建道場之用；懇請諸方大德支持，功德無量。

★ 聲 明 ★

本社於 2015/01/01 開始調整本目錄中部分書籍之售價，以因應各項成本的持續增加。

＊喇嘛教修外道雙身法、墮識陰境界，非佛教＊

＊弘揚如來藏他空見的覺囊派才是真正藏傳佛教＊

售後服務—換書啓事（免附回郵）　　2017/12/05

《楞伽經詳解》第三輯初版免費調換新書啓事：茲因 平實導師弘法早期尚未回復往世全部證量，有些法義接受他人的說法，寫書當時並未察覺而有二處（同一種法義）跟著誤說，如今發現已將之修正。茲爲顧及讀者權益，已開始免費調換新書；敬請所有讀者將以前所購第三輯（不論第幾刷），攜回或寄回本公司免費換新；郵寄者之回郵由本公司負擔，不需寄來郵票。因此而造成讀者閱讀、以及換書的不便，在此向所有讀者致上萬分的歉意，祈請讀者大眾見諒！

《楞嚴經講記》第 14 輯初版首刷本免費調換新書啓事：本講記第 14 輯出版前因 平實導師諸事繁忙，未將之重新閱讀而只改正校對時發現的錯別字，故未能發覺十年前所說法義有部分錯誤，於第 15 輯付印前重閱時才發覺第 14 輯中有部分錯誤尚未改正。今已重新審閱修改並已重印完成，煩請所有讀者將以前所購第 14 輯初版首刷本，寄回本公司免費換新（初版二刷本無錯誤），本公司將於寄回新書時同時附上您寄書來換新時的郵資，並在此向所有讀者致上最誠懇的歉意。

《心經密意》初版書免費調換二版新書啓事：本書係演講錄音整理成書，講時因時間所限，省略部分段落未講。後於再版時補寫增加 13 頁，維持原價流通之。茲爲顧及初版讀者權益，自 2003/9/30 開始免費調換新書，原有初版一刷、二刷書籍，皆可寄來本公司換書。

《宗門法眼》已經增寫改版爲 464 頁新書，2008 年 6 月中旬出版。讀者原有初版之第一刷、第二刷書本，都可以寄回本公司免費調換改版新書。改版後之公案及錯悟事例維持不變，但將內容加以增說，較改版前更具有廣度與深度，將更能助益讀者參究實相。

換書者**免附回郵**，亦無截止期限；舊書請寄：111 台北郵政 73-151 號信箱 或 103 台北市承德路三段 267 號 10 樓 正智出版社有限公司。舊書若有塗鴨、殘缺、破損者，仍可換取新書；但缺頁之舊書至少應仍有五分之三頁數，方可換書。所有讀者不必顧念本公司是否有盈餘之問題，都請踴躍寄來換書；本公司成立之目的不是營利，只要能眞實利益學人，即已達到成立及運作之目的。若以郵寄方式換書者，免附回郵；並於寄回新書時，由本公司附上您寄來書籍時耗用的郵資。造成您不便之處，再次致上萬分的歉意。

正智出版社有限公司 啓

換書及道歉公告

《法華經講義》第十三輯，因謄稿、印製等相關人員作業疏失，導致該書中的經文及內文用字將「**親近**」誤植成「清淨」。茲爲顧及讀者權益，自 2017/8/30 開始免費調換新書；敬請所有讀者將以前所購第十三輯初版首刷及二刷本，攜回或寄回本社免費換新，或請自行更正其中的錯誤之處；郵寄者之回郵由本社負擔，不需寄來郵票。同時對因此而造成讀者閱讀、以及換書的困擾及不便，在此向所有讀者致上最誠懇的歉意，祈請讀者大眾見諒！錯誤更正說明如下：

一、第 256 頁第 10 行~第 14 行：【就是先要具備「法**親近**處」、「眾生**親近**處」；法**親近**處就是在實相之法有所實證，如果在實相法上有所實證，他在二乘菩提中自然也能有所實證，以這個作爲第一個**親近**處——第一個基礎。然後還要有第二個基礎，就是瞭解應該如何善待眾生；對於眾生不要有排斥或者是貪取之心，平等觀待而攝受、親近一切有情。以這兩個**親近**處作爲基礎，來實行其他三個安樂行法。】。

二、第 268 頁第 13 行：【具足了那兩個「**親近**處」，使你能夠在末法時代，如實而圓滿的演述《法華經》時，那麼你作這個夢，它就是如理作意的，完全符合邏輯去完成這個過程，就表示你那個晚上，在那短短的一場夢中，已經度了不少眾生了。】

正智出版社有限公司 敬啓

國家圖書館出版品預行編目(CIP)資料

法華經講義 / 平實導師述. -- 初版. --臺北市：正智, 2015.05 面； 公分

ISBN 978-986-56553-0-3 (第一輯：平裝)
ISBN 978-986-56554-6-4 (第二輯：平裝)
ISBN 978-986-56555-6-3 (第三輯：平裝)
ISBN 978-986-56556-1-7 (第四輯：平裝)
ISBN 978-986-56556-9-3 (第五輯：平裝)
ISBN 978-986-56557-9-2 (第六輯：平裝)
ISBN 978-986-56558-2-2 (第七輯：平裝)
ISBN 978-986-56558-9-1 (第八輯：平裝)
ISBN 978-986-56559-8-3 (第九輯：平裝)
ISBN 978-986-93725-2-7 (第十輯：平裝)
ISBN 978-986-93725-4-1 (第十一輯：平裝)
ISBN 978-986-93725-6-5 (第十二輯：平裝)
ISBN 978-986-93725-7-2 (第十三輯：平裝)
ISBN 978-986-94970-3-9 (第十四輯：平裝)
ISBN 978-986-94970-7-7 (第十五輯：平裝)
ISBN 978-986-94970-9-1 (第十六輯：平裝)
ISBN 978-986-95830-1-5 (第十七輯：平裝)
ISBN 978-986-95830-4-6 (第十八輯：平裝)
ISBN 978-986-95830-9-1 (第十九輯：平裝)
ISBN 978-986-96548-1-4 (第二十輯：平裝)
ISBN 978-986-96548-5-2 (第二十一輯：平裝)
ISBN 978-986-97233-0-5 (第二十二輯：平裝)
ISBN 978-986-97233-2-9 (第二十三輯：平裝)
ISBN 978-986-97233-4-3 (第二十四輯：平裝)
ISBN 978-986-97233-6-7 (第二十五輯：平裝)

1. 法華部

221.5 104004638

法華經講義——第十六輯

著述者：平實導師
音文轉換：章乃鈞、高惠齡、劉惠莉、蔡正利、黃昇金
校　對：高震國 陳介源 孫淑貞 傅素嫻 王美伶
出版者：正智出版社有限公司
電話：〇二 28327495 28316727（白天）
傳眞：〇二 28344822
111 台北郵政 73-151 號信箱
郵政劃撥帳號：一九〇六八二四一
正覺講堂：總機〇二 25957295（夜間）
總經銷：聯合發行股份有限公司
231 新北市新店區寶橋路 235 巷 6 弄 6 號 4 樓
電話：〇二 29178022（代表號）
傳眞：〇二 29156275
初版首刷：二〇一七年十一月三十日 二千冊
初版四刷：二〇二三年十一月 二千冊
定　價：三〇〇元